계리직시험 대비

2023년
우편상식(일반)

북적북적
저절로
암기노트

Speed Check Book 수록

빈칸채우기, 오엑스 답하기,
스피드 단답식 구하기로
최종정리

전범위 구석구석 빈 틈 없이
완벽하게 암기 확인

2023 계리직 시험에서 금융상식 & 우편상식을 대하는 우리의 자세

모두가 주지하고 있다시피 계리직 공무원 시험에서 금융상식·우편상식은 고득점이 절실한 전략과목입니다. 그리고 모두가 알고 있는 것처럼 금융상식·우편상식은 전형적인 암기과목에 해당합니다.
그래서 달달달 암기해서 반드시 고득점을 획득해야 하는 과목으로 이해되고 있습니다.

그런데 지나치게 지엽적으로 출제되었던 지난 기출문제의 낭패감이 우리를 옥죄어옵니다. 대체 어디서부터 어디까지 암기해야 고득점에 도달할 수 있는 것인지 난감하기만 합니다. 통째로 암기하지 않으면 안 된다는 비장함마저 감돕니다.

현장에서 강의하며 수험생과 동거동락하고 있는 저 같은 이들도 난감하기는 마찬가지입니다. 본래 강의하는 사람의 업(業)은 수험생의 어깨를 가벼이 해주는 것이라고 믿고 있습니다. 중요한 부분과 그렇지 않은 부분을 솎아내어 주고 부담은 줄이면서도 합격에는 근접할 수 있도록 해주어야 합니다. 하지만 혹여나 최근 몇 차례의 기출 경향이 앞으로의 시험에서 패턴화되지는 않을까 근심어린 시선으로 마음 졸이는 것은 수험생 여러분과 별반 다르지 않습니다.

그렇다면 이런 상황에서 강의하는 사람으로서 수험생 여러분들에게 도움이 될 수 있는 방법이 무엇일까? 깊은 고민을 거듭하지 않을 수 없었습니다. 그리고 내린 결론은 수험생 스스로 반복학습을 하면서 자연스럽게 저절로 암기가 이루어질 수 있게끔 해보자는 것이었습니다. 계리직 금융상식·우편상식은 우정사업본부가 교안을 제시해주고 있으니 해당 내용을 통째로 암기한다면 제아무리 시험이 어렵고 세세하게 출제된다손 치더라도 고득점을 획득할 수 있을 것이고, 그 암기에 대한 어려움을 덜어내 줄 수만 있다면 그것이 지금 상황에서 선택할 수 있는 최선의 대안일 것이라는 확신에 도달했습니다. 수험생이 능동적으로 반복하면서 자연스럽게 저절로 암기되도록 구성한 본서는 그렇게 세상 밖으로 나오게 되었습니다.

'북적북적'은 수험생 여러분 스스로 직접 문항들을 풀어보면서 책에다 아는 것 모르는 것, 암기된 것 아직 더 봐야 할 것 등을 체크도 하고 밑줄도 그으면서 적어나가야 한다는 의미입니다. 그렇게 빈칸 채우기, 오엑스로 답하기, 단답형 말하기를 반복하다보면 나도 모르게 어느새 '저절로' 암기되는 기적 아닌 기적을 경험하게 될 것입니다.

계리직 뿐만 아니라 대개의 공무원 시험은 방대한 분량의 학습내용을 누가 더 많이 내 머릿속 저장창고에 기억해 두고 시험장에서 쏟아낼 수 있는가의 싸움입니다. 그 고단하고 지루하고 고통스러운 과정에 여러분과 함께 걷고 함께 응원하고 함께 정진해 나가고자 합니다. 본서가 계리직 공무원을 꿈꾸는 수험생 여러분이 조금이라도 효율적이고 효과적으로 합격의 문을 열어낼 수 있도록 하는데 작은 보탬이라도 될 수 있기를 진심으로 간절하게 바라마지 않습니다. 합격의 그날까지 여러분과 늘 함께 하겠습니다. 파이팅입니다!!

편저자 **이종학**

Contents /목/차/

PART 1. 국내우편

chapter 01 총 론 ··· 8
chapter 02 우편서비스 종류와 이용조건 ································· 17
chapter 03 우편물의 접수 ··· 29
chapter 04 국내우편물의 부가서비스 ······································· 31
chapter 05 그 밖의 우편서비스 ··· 46
chapter 06 우편에 관한 요금 ··· 57
chapter 07 손해배상 및 손실보상 ·· 71
chapter 08 그 밖의 청구와 계약 ·· 78

PART 2. 우편물류

chapter 01 우편물류 ··· 84

PART 3. 국제우편

chapter 01 국제우편 총설 ··· 100
chapter 02 국제우편물 종별 접수요령 ··································· 119
chapter 03 국제우편요금 ··· 130
chapter 04 주요 부가서비스 및 제도 ···································· 139
chapter 05 EMS프리미엄 서비스 ·· 152
chapter 06 각종 청구제도 ··· 161

chapter 07 국제우편물 및 국제우편요금의 반환 ·················· 167
chapter 08 국제우편 수수료 및 우편요금 고시(우정사업본부 고시)
·· 171

PART 4. 부 록

01 국제우편규정 ··· 176
02 우편법/우편법 시행령/우편법 시행규칙 ················ 186

PART 5. 북적북적 Speed Check Book

01 국내우편 ··· 238
02 우편물류 ··· 249
03 국제우편 ··· 251

북적북적 저절로 암기노트
[우편상식]

PART 1 [국내우편]

01 총 론
02 우편서비스 종류와 이용조건
03 우편물의 접수
04 국내우편물의 부가서비스
05 그 밖의 우편서비스
06 우편에 관한 요금
07 손해배상 및 손실보상
08 그 밖의 청구와 계약

chapter 01 총론

Step 1 빈칸 채우기

01 우편의 좁은 의미는 ☐☐☐☐☐☐가 책임지고 서신 등의 의사를 전달하는 문서나 통화 그 밖의 물건을 나라 안팎으로 보내는 업무이다.

01 우정사업본부

02 우편의 넓은 의미는 ☐☐☐☐가 문서나 물품을 전달하거나 이에 덧붙여 제공하는 업무를 통틀어 이르는 것이다.

02 우편관서

03 우편은 국민이 일상생활에서 평균적인 삶을 꾸릴 수 있도록 국가가 제공하는 기본적인 ☐☐☐☐☐ 가운데 하나이다.

03 사회서비스

04 우리나라뿐만 아니라 많은 나라에서 의무적으로 보편적 우편 서비스를 제공할 것을 ☐☐에 규정하고 있다.

04 법령

05 우편은 주요 통신수단의 하나로 정치·경제·사회·문화·행정 등의 모든 분야에서 ☐☐를 전달하는 중추신경과 같은 임무를 수행한다.

05 정보

06 우편은 서신이나 물건 등의 실체를 전달한다는 점에서 전기적인 방법으로 정보를 전달하는 ☐☐☐☐과는 구별된다.

06 전기통신

07 우편사업은 「정부기업예산법」에 따라 ☐☐☐☐으로 정해져 있다.

07 정부기업

08 우편사업의 회계 제도는 경영 합리성과 사업운영 효율성을 확보하고 예산을 신축적으로 사용하기 위해 ☐☐☐☐로서 독립채산제를 채택하고 있다.

08 특별회계

09 우편사업은 정부기업으로서의 ☐☐☐과 회계상의 기업성을 다가지고 있으므로 이 두면의 조화가 과제이다.

09 공익성

10 우편사업은 콜린 클라크(Colin Clark)의 산업분류에 의하면 노동집약적 성격이 강한 ☐차 산업에 속한다.

10 3

11 우편사업 경영 주체는 ☐☐이며 공익적 성격을 띠고 있으므로 이용관계에서 다소 권위적인 면이 있다.

11 국가

12 우편 이용관계자는 ☐☐☐☐, 발송인, 수취인이다.

12 우편관서

13 우편물에 대한 방문 접수와 집배원이 접수한 경우에는 ☐☐☐을 교부한 때가 계약의 성립시기가 된다.

13 영수증

14 우편사업은 국가가 경영하며 ☐☐☐☐☐☐☐☐부 장관이 관장한다.

14 과학기술정보통신

15 ☐☐법은 사실상의 우편에 관한 기본법으로서 우편사업 경영 형태·우편 특권·우편 서비스의 종류·이용 조건·손해 배상·벌칙 등 기본적인 사항을 규정하고 있다.

15 우편

16 ☐☐☐☐국은 국민의 우체국 이용 수요를 맞추기 위해 일반인에게 우편창구의 업무를 위탁하여 운영하게 한 사업소이다.

16 우편취급

17 ◯◯우체국은 우체국이 없는 지역의 주민 불편을 없애기 위해, 국가에서 위임을 받은 일반인이 건물과 시설을 마련하여 운영하는 우체국이다.

17 별정

18 국가의 ◯◯◯◯권에 따라 누구든지 타인을 위한 서신의 송달행위를 업(業)으로 하지 못하며, 자기의 조직이나 계통을 이용하여 타인의 서신을 전달하는 행위를 하여서는 안된다.

18 서신독점

19 타인을 위한 서신의 송달행위를 업(業)으로 하거나 자기의 조직 또는 계통을 이용하여 타인의 서신을 전달하는 행위가 금지됨은 물론 그러한 행위를 하는 자에게 서신의 송달을 위탁하는 행위도 금지되지만, 중량이 ◯◯◯그램을 넘거나 기본통상우편요금의 ◯◯배를 넘는 서신은 위탁이 가능하지만 국가기관이나 지방자치단체에서 발송하는 등기취급 서신은 위탁이 불가하다.

19 350, 10

20 우편관서는 철도, 궤도, 자동차, 선박, 항공기 등의 경영자에게 ◯◯◯◯권을 가진다.

20 운송요구

21 우편업무를 집행 중인 우편운송원, 우편집배원과 우편물을 운송중인 항공기, 차량, 선박 등이 사고를 당하였을 때에는 주위에 ◯◯◯◯권을 행사할 수 있다.

21 조력청구

22 우편운송원, 우편집배원과 우편물을 운송중인 항공기, 차량, 선박 등은 도로의 장애로 통행이 곤란할 경우에는 담장이나 울타리 없는 택지, 전답, 그 밖의 장소에 대한 ◯◯권을 행사할 수 있다.

22 통행

23 우편물의 ◯◯◯◯권은 우편관서에서 운송 중이거나 발송 준비를 마친 우편물에 대해 압류를 거부할 수 있는 권리이다.

23 압류거부

Step 2 오엑스로 답하기

01 우편의 넓은 의미는 "우정사업본부가 책임지고 서신 등의 의사를 전달하는 문서나 통화 그 밖의 물건을 나라 안팎으로 보내는 업무"이다. O X

01 ×
좁은 의미이다.

02 우편사업은 「공공기관 운영에 관한 법률」에 따라 정부기업으로 정해져 있다. O X

02 ×
공공기관 운영에 관한 법률 → 정부기업예산법

03 우정사업본부는 국가공무원으로 구성된다. O X

03 ○

04 우편사업은 일반회계로 관리한다. O X

04 ×
일반회계 → 특별회계

05 우편사업에 적자가 발생할 경우 다른 회계로부터 지원을 받을 수 있다. O X

05 ○

06 우편사업의 회계 제도는 경영 합리성과 사업운영의 효율성을 확보하기 위해 예산에 대한 통제가 중요하다. O X

06 ×
통제 → 신축성

07 우편사업은 정부기업으로서의 기업성과 회계상의 공익성의 조화가 필요하다. O X

07 ×
정부기업으로서의 공익성, 회계상의 기업성

08 우편사업은 콜린 클라크(Colin Clark)의 산업분류에 의하면 기술집약적 성격이 강한 3차 산업에 속한다. O X

08 ×
기술집약적 → 노동집약적

09 우편사업은 많은 인력이 필요한 사업 성격 때문에 인건비는 사업경영에 있어서 큰 부담이 되고 있다. O X

09 ○

10 우편 이용관계는 이용자가 우편 서비스 제공을 목적으로 마련된 인적·물적 시설을 이용하는 관계이다. O X

10 ○

11 우편 이용관계는 우편 이용자와 우편관서 간의 우편물 송달 계약을 내용으로 하는 공법상의 계약 관계라는 것이 통설이다. O X

11 ×
공법상 → 사법상

12 우편관서는 우편물 송달의 의무, 요금·수수료 징수권 등, 수취인은 송달요구권, 우편물 반환청구권 등, 발송인은 우편물 수취권, 수취거부권 등 권리와 의무관계를 가진다. O X

12 ×
수취인과 발송인이 반대로 기술되었다.

13 우편이용 계약의 성립은 우체국 창구에서 직원이 접수한 때나 우체통에 넣은 때로 본다. O X

13 ○

14 우편사업의 '관장'은 관리와 장악을 말하는데, 경영주체와 소유주체를 의미한다. O X

14 ○

15 우편사업을 국가가 직접 경영하는 이유는 전국에 체계적인 조직을 갖춰 적정한 요금의 우편 서비스를 신속하고 정확하게 제공하기 위함이다. O X

15 ○

16 우정사업 운영에 관한 특례법상 우정사업의 범위는 우편·우편환·우편대체·우체국예금·우체국보험에 관한 사업 및 이에 딸린 사업 등이며, 이 특례법을 통해 조직·인사·예산·경영평가, 요금 및 수수료 결정, 우정재산의 활용 등을 규정하고 있다. O X

16 ○

17 아시아와 태평양 지역에 있는 우정청 간에 광범위한 협력관계를 설정하고 이를 발전시킬 목적으로 1962년에 만국우편연합(UPU)이 창설되었다. O X

17 ×
만국우편연합(UPU) → 아시아·태평양우편연합(APPU)

18 국제특급우편(EMS)을 교환하기 위하여 우리나라와 해당 국가(들) 사이에 맺는 협정의 유형에는 표준 다자간 협정 또는 양자협정(쌍무협정)이 있다. O X

18 ○

19 우편사업은 국민생활에 많은 영향을 미치므로 공공의 이익과 국민의 권리를 보호하고 안정적인 우편 서비스를 제공하기 위하여 대통령령으로 보호 규정을 두고 있다. O X

19 ×
대통령령 → 법률

20 국내에서 회사(공공기관 포함)의 본점과 지점 간 또는 지점 상호 간에 수발하는 우편물로서 발송 후 12시간 이내에 배달이 요구되는 상업용 서류는 서신에 포함된다. O X

20 ×
해당 우편물은 서신에서 제외된다.

21 중량이 350그램을 넘거나 기본통상우편요금의 10배를 넘는 서신(국가기관이나 지방자치단체에서 발송하는 등기취급 서신 포함)은 위탁이 가능하다. O X

21 ×
중량이 350그램을 넘거나 기본통상우편요금의 10배를 넘는 서신은 위탁이 가능하지만, 국가기관이나 지방자치단체에서 발송하는 등기취급 서신은 위탁이 불가하다.

22 우편관서는 철도·궤도사업 경영자 및 자동차·선박·항공기 운송사업 경영자에게 운송요구권을 가지며, 이 경우 우편물을 운송한 자에 대하여 정당한 보상을 한다. O X

22 ○

23 우편업무의 집행 중 사고를 당하였을 때에는 주위에 조력을 청구할 수 있지만 조력의 요구를 받은 자는 스스로의 판단에 따라 이를 거부할 수 있다. O X

23 ×
조력의 요구를 받은 자는 정당한 사유 없이 이를 거부할 수 없다.

24 우편업무의 집행 중 사고로 인해 조력청구권을 행사한 경우 도움을 준 자의 청구에 따라 우편관서가 적절한 보수를 지급하여야 한다. O X

24 ○

25 우편업무 집행중에 있는 운송원 등에 대하여는 도선장, 운하, 도로, 교량 기타의 장소에 있어서 통행요금을 지급하지 아니하고 통행할 수 있으므로 청구권자의 청구가 있더라도 이에 대한 보상을 하지 않아도 상관없다. OX

25 ×
운송원 등의 통행료 면제에도 불구하고 청구권자의 청구가 있을 때에는 우편관서가 정당한 보상을 하여야 한다.

26 우편업무를 위해서만 사용하는 물건과 우편업무를 위해 사용 중인 물건은 압류할 수 없다. OX

26 ○

27 우편업무를 위해서만 사용하는 물건(우편에 관한 서류를 포함)에 대해서는 국세·지방세 등의 제세공과금을 매기지 않는다. OX

27 ○

28 상법상 공동 해상 손해 부담에도 불구하고 우편물에 대해서는 이를 분담시킬 수 없다. OX

28 ○

29 우편물의 발송·수취나 그 밖에 우편 이용에 관하여 제한능력자의 행위라도 능력자가 행한 것으로 간주된다. OX

29 ○

Step 3 스피드 단답식 말하기

01 좁은 의미의 우편에서 볼 때 우편을 책임지는 정부조직은?
답 _____

01 우정사업본부

02 국민의 이익을 추구하기 위해 정부가 출자·관리·경영하는 기업은?
답 _____

02 정부기업

03 우편 이용관계자에 해당하는 3주체는? 답 _____

03 우편관서, 발송인, 수취인

04 다음 빈칸에 채워질 내용은?

구분	권리	의무
우편관서	(ㄱ) _____	(ㄴ) _____
발송인	송달요구권, 우편물반환청구권	요금·수수료 납부의무
수취인	우편물 수취권, 수취거부권	

04 (ㄱ) 요금·수수료 징수권
   (ㄴ) 우편물 송달의 의무

05 사실상의 우편에 관한 기본법으로서 우편사업 경영 형태·우편 특권·우편 서비스의 종류·이용 조건·손해 배상·벌칙 등 기본적인 사항을 규정하고 있는 법은?   답 _____

05 우편법

06 우편법의 최초 제정 연도는?   답 _____

06 1960년

07 개인이 우편창구 업무를 위임받아 운영하는 우편취급국의 업무, 이용자 보호, 물품 보급 등에 대한 사항을 규정한 법령은?   답 _____

07 우체국창구업무의 위탁에 관한 법률

08 우정사업의 경영 합리성과 우정 서비스의 품질을 높이기 위한 특례규정은?   답 _____

08 우정사업 운영에 관한 특례법

09 개인이 국가의 위임을 받아 운영하는 별정우체국의 업무, 직원 복무·급여 등에 대한 사항을 규정한 법령은?   답 _____

09 별정우체국법

10 아시아·태평양 우편연합(APPU)의 회원국 간의 조약으로 회원국 상호 간 우편물의 원활한 교환과 우편사업 발전을 위한 협력증진을 목적으로 체결된 조약은?   답 _____

10 아시아·태평양 우편연합 조약

11 의사전달을 위하여 특정인이나 특정 주소로 송부하는 것으로서 문자·기호·부호 또는 그림 등으로 표시한 유형의 문서 또는 전단은 무엇인가?   답 _____

11 서신

12 다음 중 서신의 예외에 해당하는 것을 모두 고르시오.

> (ㄱ) 「신문 등의 진흥에 관한 법률」에 따른 신문
> (ㄴ) 「잡지 등 정기간행물의 진흥에 관한 법률」에 따른 정기간행물
> (ㄷ) 표지를 제외한 48쪽 이하인 책자의 형태로 인쇄·제본된 서적
> (ㄹ) 상품의 가격·기능·특성 등을 문자·사진·그림으로 인쇄한 16쪽 이상 (표지 제외)인 책자 형태의 상품안내서

답 _____

12 (ㄱ)(ㄴ) ⇒ (ㄷ) 48쪽 이하 → 48쪽 이상, (ㄹ) 표지 제외 → 표지 포함 / 그 외 화물에 첨부하는 봉지 아니한 첨부서류 또는 송장, 외국과 주고받는 국제서류, 국내에서 회사(「공공기관의 운영에 관한 법률」에 따른 공공기관을 포함)의 본점과 지점 간 또는 지점 상호 간에 수발하는 우편물로써 발송 후 12시간 이내에 배달이 요구되는 상업용 서류, 「여신전문금융업법」에 해당하는 신용카드 등

13 선박이 위험에 직면하였을 때 선장은 적하되어 있는 물건을 처분할 수 있는데 이때의 손해에 대하여는 그 선박의 화주전원이 적재화물비례로 공동 분담하여야 하는 것은?

답 _____

13 공동 해상 손해 부담

14 우편물이 전염병의 유행지에서 발송되거나 유행지를 통과할 때 등에는 검역법에 의한 검역을 최우선으로 받을 수 있는 권리는?

답 _____

14 우편물의 우선검역권

chapter 02 우편서비스 종류와 이용조건

Step 1 빈칸 채우기

01 우편서비스는 ☐☐☐ 우편서비스와 ☐☐☐ 우편서비스로 구분한다.

01 보편적, 선택적

02 우정사업본부가 약속한 우편물 배달에 걸리는 시간을 ☐☐☐☐이라고 한다.

02 배달기한

03 교통 여건 등으로 인해 우편물 운송이 특별히 어려운 곳은 관할 ☐☐☐☐☐이 별도로 배달 기한을 정하여 공고한다.

03 지방우정청장

04 ☐☐ 등 의사전달물, 송금통지서를 포함한 ☐☐, 소형포장우편물을 통상우편물이라고 한다.

04 서신, 통화

05 통상우편물은 봉투에 넣어 ☐☐하여 발송하는 것이 원칙이다.

05 봉함

06 통상우편물의 색상은 ☐☐% 이상 반사율을 가진 흰색이나 밝은색, 지질(재질)은 70g/㎡ 이상, 불투명도 75% 이상, 창봉투 창문은 불투명도 20% 이하가 권장된다.

06 70

07 우편물 정기발송계약을 맺은 정기간행물은 고시에서 정하는 바에 따라 ☐☐☐ 등으로 묶어서 발송할 수 있다.

07 띠종이

08 신문형태 정기간행물용 띠종이의 크기는 '세로 ☐☐mm이상 × 가로 최소90mm~최대235mm'가 권장된다.

08 70

09 우편이용자는 우편물 접수 시 우편물의 외부에 발송인 및 수취인의 ☐☐, 성명, 우편번호, 우편요금의 납부표기를 하여 발송하여야 한다.

09 주소

10 봉투에 넣어 봉함하거나 포장하여 발송하는 우편물의 규격요건에 대한 빈칸을 순서대로 채우시오.

구분	최소	최대	비고
세로(D)	☐☐mm	130mm	허용 오차 ±5mm
가로(W)	140mm	☐☐☐mm	허용 오차 ±5mm
두께(T)	0.16mm	☐mm	누르지 않은 자연 상태
무게	☐g	50g	

10 90, 235, 5, 3

11 봉투에 넣어 봉함하거나 포장하여 발송하는 우편물의 기계처리를 위한 공백 공간은 좌우 끝에서 ☐☐☐mm, 밑면에서 17mm, 우편번호 오른쪽 끝에서 20mm, 허용 오차는 ±5mm이다.

11 140

12 우정사업본부에서 발행하는 우편엽서 요건의 빈칸을 순서대로 채우시오.

구분	최소	최대	비고
세로(D)	☐☐mm	120mm	허용 오차 ±5mm
가로(W)	140mm	☐☐☐mm	허용 오차 ±5mm
무게	☐g	5g	세로 크기가 110mm를 넘거나 가로 크기가 153mm를 넘는 경우에는 최소 4g, 최대 5g

12 90, 170, 2

13 우정사업본부에서 발행하는 우편엽서의 기계처리를 위한 공백 공간은 오른쪽 끝에서 140mm × 밑면에서 ☐☐mm, 우편번호 오른쪽 끝에서 20mm, 허용 오차는 ±5mm이다.

13 17

14 50g까지 규격외 엽서는 ☐☐☐원의 요금을 적용한다.

14 450

15 우편번호는 국가기초구역 도입에 따라 지형지물을 경계로 구역을 설정한 ☐자리 국가기초구역번호로 구성된다.

15 5

16 서신 등의 의사전달물과 통화 및 서적, 달력, 다이어리의 최대용적은 가로, 세로, 두께를 합하여 ☐☐cm이고, 소형포장우편물의 최대용적은 가로, 세로, 두께를 합하여 ☐☐cm 미만이다.

16 90, 35

17 원통형의 의사전달물과 통화, 서적, 달력, 다이어리 우편물은 지름의 2배와 길이를 합하여 ☐m를 초과할 수 없고, 원통형의 소형포장우편물은 지름의 2배와 길이를 합하여 ☐☐cm 미만이다.

17 1, 35

18 의사전달물과 통화는 어느 길이나 ☐☐cm를 초과할 수 없다.

18 60

19 통상우편물의 최소용적은 평면의 크기가 길이 ☐☐cm, 너비 9cm이상, 원통형으로 된 것은 직경의 2배와 길이를 합하여 23cm(길이는 ☐☐cm 이상)이다.

19 14, 14

20 통상우편물의 제한중량은 최소 2g~최대 ☐☐☐☐g이지만 정기간행물과 서적·달력·다이어리로서 요금감액을 받는 우편물은 1,200g, 요금감액을 받지 않는 서적·달력·다이어리는 800g, 국내특급은 30kg이 최대중량이다.

20 6000

21 소포우편물 중 ☐☐kg 이하는 보편적 우편서비스, 초과는 선택적 우편서비스로 구분한다.

21 20

22 소포우편물의 최대 중량은 30kg, 최대 용적은 가로·세로·높이를 합하여 ☐☐☐cm이내이며 어느 길이도 1m를 초과할 수 없다.

22 160

23 소포우편물의 최소 용적은 가로·세로·높이 세 변을 합하여 □□cm이고 가로는 17cm 이상, 세로는 12cm 이상이어야 한다.

23 35

24 원통형의 소포우편물은 지름의 2배와 길이를 합하여 □□cm이고 지름은 3.5cm 이상, 길이는 17cm 이상이어야 한다.

24 35

25 소포우편물의 접수검사 시에는 폭발물·인화물질·마약류 등의 우편금지 물품의 포함 여부 및 다른 우편물을 훼손하거나 □□을 초래할 가능성 여부를 문의하여야 한다.

25 침습

26 소포우편물의 표면 □□ 중간에 '소포' 표시를 하고 발송인에게 문의하여 확인한 후에는 '내용문의 끝냄'을 표시한다.

26 왼쪽

27 소포번호의 표시는 등기번호, 접수국명, 중량 및 요금을 표시한 등기번호 바코드 라벨을 우편물의 표면 □□ 하단에 부착한다.

27 왼쪽

28 요금별·후납 등기소포는 우편물의 표면 □□쪽 윗부분에 요금별·후납 표시인을 날인하고 접수번호, 접수우체국 및 중량을 기재한다.

28 오른

29 등기소포와 일반소포를 비교한 표의 빈칸을 순서대로 채우시오.

29 우표납부, 등기통상(일반등기통상×)

구분	등기소포	일반소포
취급방법	접수에서 배달까지의 송달과정에 대해 기록	기록하지 않음
요금납부 방법	현금, 우표첩부, □□□□, 신용카드 결제 등	현금, 우표첩부, 신용카드 결제 등
손해배상	분실·훼손, 지연배달 시 손해배상 청구 가능	없음
반송료	반송시 반송수수료(□□□□취급수수료) 징수	없음
부가취급서비스	가능	불가능

30 계약소포의 계약요금 중 초소형 특정 요금은 월 평균 10,000통 이상 발송업체 중 초소형 물량이 ◯◯% 이상인 경우에 적용 가능하다.

30 90

31 계약소포의 ◯◯계약은 계약기간이 12개월(1년)인 계약으로 세부 종류에는 일반 계약, 연합체 발송계약, 다수지 발송계약, 반품계약 등이 있다.

31 연간

32 계약소포의 한시적 발송계약은 각종 행사 등 ◯개월 이내에 한시적으로 계약소포를 발송하는 것이다.

32 3

33 계약소포 중 요금수취인 지불소포 즉, ◯◯소포는 계약소포 수취인이 요금을 납부하는 소포이다.

33 착불

34 계약소포 중 초소형 소포는 중량이 1kg 이하이고 크기는 ◯◯cm 이하인 계약 소포이다.

34 50

35 소포우편을 접수할 때에는 우편◯◯◯◯시스템에 관련 접수정보를 정확히 입력하여 분실을 사전에 예방하여야 한다.

35 물류통합

Step 2 오엑스로 답하기

01 보편적 우편서비스에는 2kg 이하의 통상우편물과 30kg 이하의 소포우편물이 포함된다. ◯✗

01 ✗
보편적 우편서비스에는 2kg 이하의 통상우편물과 20kg의 소포우편물이 포함되고, 선택적 우편서비스에는 2kg을 초과하는 통상우편물과 20kg을 초과하는 소포우편물이 포함된다.

02 선택적 우편서비스에는 전자우편, 모사전송(FAX)우편, 우편물 방문접수 등 우편과 다른 기술 또는 서비스가 결합된 우편서비스가 포함된다. ◯✗

02 ◯
선택적 우편서비스에는 2kg을 초과하는 통상우편물과 20kg을 초과하는 소포우편물 및 이들 우편물의 기록취급 등 특수취급우편물, 우편과 다른 기술 또는 서비스가 결합된 서비스, 우편시설·우표·우편엽서·우편요금 표시 인영이 인쇄된 봉투 또는 우편차량장비 등을 이용하는 서비스, 우편 이용과 관련된 용품의 제조 및 판매, 그 밖에 우편서비스에 부가하거나 부수하여 제공하는 서비스가 포함된다.

03 익일특급과 등기소포의 배달기한은 접수한 다음날이지만, 제주선편의 경우는 '우편물을 접수한 날+3일'이다. ◯✗

03 ✗
'우편물을 접수한 날+3일' → '우편물을 접수한 날+2일'

04 당일특급의 배달기한은 접수한 당일 20:00 이내이다. ◯✗

04 ◯

05 「신문 등의 진흥에 관한 법률」에 따라 주 5회 발행하는 일간신문과 관보규정에 따른 관보는 일반우편물을 다음날까지 배달하여야 한다. ◯✗

05 ◯

06 의사전달을 위하여 특정인이나 특정 주소로 송부하는 유형의 문서 또는 전단, 신문, 정기간행물, 서적, 상품안내서 등을 서신이라고 한다. ◯✗

06 ✗
서신은 문자·기호·부호 또는 그림 등으로 표시하여 특정인이나 특정 주소로 송부하는 유형의 문서 또는 전단이다. 신문, 정기간행물, 서적, 상품안내서, 화물 첨부 서류 혹은 송장, 외국과 수발하는 국제서류, 본점과 지점 상호간 또는 지점 상호간 12시간 이내에 수발하는 서류, 신용카드 등은 서신이 아닌 의사전달물이다.

07 우정사업본부장이 발행하는 우편엽서와 제조요건에 적합하게 제조한 사제엽서 및 전자우편물은 봉함하지 않고 발송할 수 있다. O X

07 ○

08 우편번호는 일체의 가려짐이나 겹침없이 정확히 기재해야 하며, 여백의 규격은 상하좌우에 5㎜ 이상의 여백을 두어야 한다. O X

08 ×
5mm → 4mm

09 우편번호는 국가기초구역 체계로 개편된 5자리를 정확히 기재해야 하며, 2019년 10월 이전에 여섯자리 우편번호 작성란이 인쇄된 봉투는 우편번호 숫자를 왼쪽 칸부터 한 칸에 하나씩 차례대로 기입하고 마지막 칸은 공란으로 두어야 한다. O X

09 ○

10 사제하는 우편엽서는 우정사업본부에서 발행하는 우편엽서의 규격요건 및 외부표시 사항을 충족하여야 한다. O X

10 ○

11 우편번호 5자리 중 앞의 두자리는 일련번호, 뒤의 세자리는 지역을 나타낸다. O X

11 ×
우편번호 5자리 중 앞의 두자리는 광역자치단체(세자리는 광역 및 기초차지단체), 뒤의 두자리는 일련번호이다.

12 집배코드는 총 9자리로 도착집중국 3자리, 배달국 2자리, 집배팀 2자리, 집배구 2자리로 구성된다. O X

12 ×
집배코드는 도착집중국 2자리, 배달국 3자리, 집배팀 2자리, 집배구 2자리로 구성된다.

13 우편물에는 집배코드를 기재할 수 있고, 통상우편물 감액을 받기 위해서는 집배코드별로 구분하여 제출하여야 한다. O X

13 ○

14 우체국과 협의되지 않은 우편요금표시인영 및 개인정보보호법령에 따른 주민등록번호 등 고유식별정보 등은 우편물의 외부에 기재할 수 없다. O X

14 ○

15 백지노트 등 의사 전달 기능이 없는 물건은 소포로 취급해야 한다. O X

15 ○

16 우편물은 크기에 따라서 소형포장우편물과 소포우편물로 나뉘고, 소형포장우편물은 통상우편물로 구분하여 취급한다. OX

16 ○

17 소포우편물에는 서신, 설명서, 감사인사 메모 등을 함께 보낼 수 없다. OX

17 ×
소포우편물에는 원칙적으로 서신을 넣을 수 없지만, 물건과 관련이 있는 납품서, 영수증, 설명서, 감사인사 메모 등은 함께 보낼 수 있다.

18 소포우편물의 내용품에 대하여 발송인이 허위로 진술한다고 의심이 가는 경우 개피를 요구하고 내용품을 확인하되, 발송인이 개피를 거부할 때에는 접수를 거절할 수 있다. OX

18 ○

19 등기소포의 금액은 현금, 우표, 우편요금을 표시하는 증표, 신용카드, 전자화폐와 전자결제 등으로 즉납 또는 후납으로 납부할 수 있다. OX

19 ○

20 착불소포는 우편물 수취인에게 수수료를 제외한 우편요금을 수납하여 세입처리한다. OX

20 ×
착불소포는 수취인에게 수수료를 포함한 우편요금을 수납한다.

21 소포번호의 부여는 우편물류시스템으로 접수국 일련번호로 자동으로 부여된다. OX

21 ○

22 부가서비스 안내 스티커는 우편물의 품위를 유지하면서 뒷면에 깨끗하게 부착한다. OX

22 ×
부가서비스 안내 스티커는 잘 보이는 곳에 깨끗하게 부착한다.

23 일반소포와 달리 등기소포에는 부가취급서비스가 불가능하다. OX

23 ×
등기소포에는 부가취급서비스가 가능하지만, 일반소포에는 부가취급서비스가 불가능하다.

24 우체국소포의 방문접수지역은 4급 또는 5급 우체국이 설치되어 있는 시·군의 시내 배달구 및 관할 우체국장이 방문접수를 실시하도록 한 지역이다. OX

24 ○

25 계약소포의 계약요금 중 규격·물량단계별 요금을 발송물량의 규격별 점유비에 따라 산출된 요금을 합산하여 단일요금으로 적용하는 '평균 요금'은 발송물량이 월평균 10,000통 이상인 연간 계약자에 한하여 적용 가능하다. O X

25 ○

26 계약소포의 계약요금에 대하여 지방우정청장 특별감액을 적용해 줄 수 있다. O X

26 ○

27 계약소포 중 반품우편물은 수취거절, 수취인불명, 주소불명 등으로 수취인에게 배달하지 못한 우편물을 발송인에게 다시 되돌려 보내는 우편물이다. O X

27 ×
반품우편물 → 반송우편물, 반품우편물은 수취인에게 정상적으로 배달한 우편물을 수취인 또는 발송인의 요구로 재접수하여 발송인에게 보내는 우편물이다.

28 소포우편물의 접수 시 포장방법이 포장기준에 적합하지 아니한 때에는 보완을 요구해야 하지만, 이를 발송인이 거절한 때에는 상품훼손의 책임을 지지 않음을 고지하고 해당 우편물을 접수한다. O X

28 ×
포장이 부실한 것을 알면서도 발송인의 요청을 거절하지 못하고 접수하여 다른 우편물을 오염 또는 훼손시킨 사례(화장품 파손, 유리액자 파손, 고추장 또는 김치 등의 누출)가 종종 발생하여 민원의 대상이 되고 있으므로 발송인이 포장 보완요구를 거절한 때에는 그 우편물의 접수를 거절할 수 있다.

29 파손 변질에 취약한 물품을 소포우편물로 접수할 때에는 에어캡, 비닐봉투 등 내부 완충재와 테이프를 이용하여 □□□하도록 하여야 한다. O X

29 재포장

30 기표지가 탈락할 우려가 있는 소포우편물은 접수를 거절하여야 한다. O X

30 ×
보완하여 발송해야 한다.

31 우편집중국의 소포 구분기에 소포우편물 포장용 끈이 끼어 운행장애가 자주 발생되기 때문에 내용품에 적합하게 포장된 소포우편물은 끈으로 묶지 않도록 안내하고, 끈으로 묶는 소포우편물도 송달과정에서 끈이 풀리지 않도록 확인한다. O X

31 ○

Step 3 스피드 단답식 말하기

01 국가가 전국에 걸쳐 효율적인 우편송달에 관한 체계적인 조직을 갖추어 모든 국민이 공평하게 적정한 요금으로 보내고 받을 수 있는 기본적인 우편서비스는?
답 _____

02 등기를 포함한 통상우편물과 일반소포의 배달기한은?
답 _____

03 유통 수단이나 지불 수단으로 기능하는 화폐, 보조 화폐, 은행권 등의 통상우편물은?
답 _____

04 우편물 구분을 편리하게 하도록 문자로 기재된 수취인의 주소정보를 일정한 기준에 따라 숫자로 변환한 것은?
답 _____

05 우편물의 구분·운송·배달에 필요한 구분정보를 가독성이 높은 단순한 문자와 숫자로 표기한 것은?
답 _____

06 통상우편물 외의 물건을 포장한 우편물은?
답 _____

07 소포우편물의 방문서비스 브랜드명은?
답 _____

08 접수에서 배달까지의 송달과정에 대해 기록하는 등기소포와 달리 송달과정을 기록하지 않는 소포는?
답 _____

09 방문소포 중 발송인의 요청에 따라 방문하여 접수하는 등기소포 우편물은?
답 _____

---

01 보편적 우편서비스

02 접수한 다음날부터 3일 이내

03 통화

04 우편번호

05 집배코드

06 소포우편물

07 우체국소포
 (KPS, Korea Parcel Service)

08 일반소포(보통소포×)

09 개별방문소포

10 방문소포 중 발송인과 우편관서 간 우편물 발송(수취)에 관한 별도의 계약에 따라 접수하는 소포우편물은? 답 _____

10 계약소포

11 우체국 전화번호는? 답 _____

11 1588-1300번

12 인터넷우체국의 주소는? 답 _____

12 www.epost.kr

13 우편관서와 발송인이 발송물량, 우편물의 규격, 처리비용 등을 종합적으로 고려하여 상호계약에 의해 결정하는 계약소포의 계약요금의 종류별 명칭을 쓰시오.

(1) 계약요금 중 규격·물량단계에 따라 각 단계별로 구분하여 적용하는 요금
(2) 계약요금 중 규격·물량단계별 요금을 발송물량의 규격별 점유비에 따라 산출된 요금을 합산하여 적용하는 단일요금
(3) 초소형 계약소포에 대하여 규격·물량 단계별 요금 및 평균요금을 적용하지 않고 본부장 또는 지방우정청장 승인으로 적용하는 요금

답 _____

13 (1) 규격·물량단계별 요금
   (2) 평균 요금
   (3) 초소형 특정 요금

14 연간 계약소포의 종류별 명칭을 쓰시오.

(1) 개인 또는 업체가 방문소포 중 발송인과 우편관서 간 우편물 발송(수취)에 관한 별도의 계약에 따라 접수하는 소포우편물은?
(2) 상가나 시장 또는 농장 등 일정한 장소에 유사사업을 목적으로 연합되어 있는 법인, 임의단체의 회원들이 1개의 우편관서와 계약을 체결하고 한 장소에 집하하여 계약소포를 발송하는 것
(3) 계약자(계약업체)가 주계약 우편관서를 지정하여 계약을 체결하고 여러 우편관서에서 별도의 계약 없이 계약소포를 이용·발송하는 것
(4) 반품하는 물품의 발송을 위해 체결하는 계약

답 _____

14 (1) 일반 계약
   (2) 연합체 발송계약
   (3) 다수지 발송계약
   (4) 반품계약

15. 편의점 택배와 같이 우편관서와 발송인이 사전 계약에 따라 계약소포 물품을 일정한 장소에 모아 일괄하여 계약소포로 발송하는 것을 무엇이라고 하는가?
답 _____

15 집하발송

16. 수취인의 교환 요청에 따라 발송인이 접수한 새로운 물품 배달 시 수취인으로부터 회수하여 발송인에게 돌려보내는 우편물은?
답 _____

16 맞교환 우편물

17. 계약소포 발송 전에「업체명, 내용품, 발송시각, 주소, 이벤트 홍보 문안」등을 문자로 미리 알려 주는 서비스는?
답 _____

17 LMS
 (Long Message Service)
 문자전송 서비스

chapter 03 우편물의 접수

Step 1 빈칸 채우기

01 독약이나 생병원체 등은 우편물 표면의 보기 쉬운 곳에 품명 및 ☐☐☐이라고 표시하여야 한다.

01 위험물

02 액체, 액화하기 쉬운 물건은 ☐☐☐☐☐방지용기에 넣어 내용물이 새어 나오지 않도록 봉하여 튼튼한 상자에 넣고 솜, 톱밥 등으로 충분히 싸고 고루 다져 넣어야 한다.

02 안전누출

03 서신 등 의사전달물 및 통화의 최대부피는 가로, 세로, 두께를 합하여 ☐☐cm(단, 가로와 세로의 어느 쪽도 60cm 초과 금지), 원통형은 지름의 2배와 길이를 합하여 1m이다.

03 90

04 소형포장우편물의 최대부피는 가로, 세로, 두께를 합하여 ☐☐cm 미만이지만 서적·달력·다이어리 우편물은 90cm까지 허용된다.

04 35

05 원통형 소형포장우편물의 최대부피는 지름의 2배와 길이를 합하여 ☐☐cm 미만이지만, 서적·달력·다이어리 우편물은 1m까지 허용된다.

05 35

06 통상우편물의 최소부피는 평면의 길이 ☐☐cm, 너비 9cm이고, 원통형은 지름의 2배와 길이를 합하여 23cm(단, 길이는 14cm 이상)이다.

06 14

07 통상우편물의 무게는 최소 2g~최대 6,000g이지만, 국내특급은 ☐☐kg이 최대 무게이다.

07 30

08 소포우편물의 최대부피는 가로, 세로, 높이 세 변을 합하여 ☐☐☐cm 이지만 어느 변이나 1m를 초과할 수 없다.

08 160

09 소포우편물의 최소부피는 가로, 세로, 높이 세 변을 합하여 ☐☐cm이지만 가로는 17cm 이상, 세로는 12cm 이상이어야 한다.

09 35

10 원통형 소포우편물의 최소부피는 지름의 2배와 길이를 합하여 35cm이지만 지름은 ☐.☐cm 이상, 길이는 17cm 이상이어야 한다.

10 3.5

11 소포우편물의 무게는 ☐☐kg 이내여야 한다.

11 30

Step 2 오엑스로 답하기

01 우편물 접수시에는 발송인·수취인 등 기재사항이 제대로 적혀 있는지 확인하여 규정에 위반된 것이 발견되면 발송인이 보완하여 제출해야 하며, 불응할 경우 사유에 대한 자세한 설명과 함께 접수를 거부할 수 있다. O X

01 ○

02 독약 및 극약은 의사, 약사 등이 등기우편으로 발송하는 경우에도 우편물 접수가 불가하다. O X

02 ×
학교나 군대 등의 관공서와 의사, 약사 등이 허가를 받아 등기우편으로 발송하는 독약류, 방역연구소, 세균검사소, 의사, 약사 등이 등기우편으로 발송하는 살아있는 병균류, 법적·행정적 목적으로 공공기관에서 등기우편으로 발송하는 공안방해 위험 물질은 우편금지물품의 예외로 한다.

03 칼은 칼집에 넣거나 싸서 상자에 넣는 등의 방법으로 포장하여야 한다. O X

03 ○

04 우편관서의 장과 발송인과의 사전계약에 따라 발송인을 방문하여 접수하는 경우에는 소포우편물의 부피 및 무게를 달리 정할 수 있다. O X

04 ○

chapter 04 국내우편물의 부가서비스

Step 1 빈칸 채우기

01 2kg 이하의 통상우편물과 ◯◯kg 이하의 소포우편물에 대한 등기취급을 보편적 우편 서비스로 정하고 있다.

01 20

02 등기로 취급할 수 있는 경우는 고객이 우편물의 취급과정을 ◯◯할 필요가 있다고 판단한 우편물과 우편물의 내용이 통화, 귀중품이나 주관적으로 가치가 있다고 신고하는 것이다.

02 기록

03 선택등기 서비스는 우체국이 임의로 우편물을 우편 수취함에 투함(배달)하는 것이 아니라 발송인의 선택(요청)에 의해 우편 ◯◯◯에 배달한다.

03 수취함

04 선택등기 서비스의 취급대상은 ◯kg까지 통상우편물이며, 특급 취급 시 30kg까지 가능하다.

04 6

05 선택등기 서비스의 요금체계는 '중량별 통상우편요금 + 선택등기 취급 수수료 ◯◯◯◯원'이다.

05 2,100

06 선택등기 서비스의 배달기한은 접수한 다음 날부터 ◯일 이내이다.

06 3

07 선택등기 서비스는 손실, 분실에 한하여 최대 ◯◯만원까지 손해배상을 제공하며, 배달완료(우편함 등) 후에 발생된 손실, 분실은 손해배상 대상에서 제외한다.

07 10

08 계약등기 우편제도에는 일반형 계약등기와 ☐☐형 계약등기가 있다.   08 맞춤

09 계약등기 우편의 계약체결은 우편집중국과 ☐급 이상 공무원이 우체국장으로 배치된 우체국에서 한다.   09 5

10 계약등기 우편의 계약기간은 ☐년이며 계약기간 만료 1개월 전까지 계약체결 관서나 이용자가 계약해지·변경에 관한 의사 표시가 없을 경우에는 1년 단위로 자동연장된다.   10 1

11 일반형 계약등기는 한 발송인이 1회에 ☐☐☐통 이상, 월 5,000통 이상 발송의 요건을 모두 충족하는 등기통상 우편물이다.   11 100

12 일반형 계약등기의 요금체계는 ☐☐요금 + 등기취급수수료 + 부가취급수수료로 한다.   12 통상

13 ☐☐☐☐☐☐☐☐부장관은 맞춤형 계약등기의 취급상품과 상품별 서비스 수준에 맞춘 표준요금을 고시한다.   13 과학기술정보통신

14 맞춤형 계약등기의 요금체계는 표준요금 + ☐☐ 구간별 요금 + 부가취급수수료로 한다.   14 중량

15 맞춤형 계약등기의 중량 구간별 요금은 100g까지는 취급상품별 표준요금을 적용하고 100g부터 초과 100g마다 ☐☐☐원씩 추가한다.   15 240

16 계약등기 우편의 부가취급 서비스에는 착불배달, 회신우편, ☐☐☐☐배달, 우편주소 정보제공, 반송수수료 사전납부 등이 있다.   16 본인지정

17 반송수수료 사전납부의 최초 1년 간의 반송률은 등기우편물 반송률에 ☐.☐%를 가산하여 적용하고, 재산정 시에는 계약 우편물의 최근 1년 간 반송률을 산정하여 적용한다.

17 0.5

18 회신우편의 부가취급 서비스의 수수료는 ☐☐☐☐☐원이다.

18 1,500

19 본인지정배달의 부가취급 서비스의 수수료는 ☐☐☐☐☐원이다.

19 1,000

20 착불배달의 부가취급 서비스의 수수료는 ☐☐☐원이다.

20 500

21 우편주소 정보제공의 부가취급 서비스의 수수료는 ☐☐☐☐☐원이다.

21 1,000

22 서신 제외 대상인 ☐☐☐☐ 우편물이 월 직전 3개월의 평균물량이 10만 통 이상이고, 해당 월 접수물량이 10만 통 이상인 경우에는 일반형 계약등기의 반송수수료의 일부(월 접수물량의 1~3%)를 면제한다.

22 신용카드

23 선납 등기 라벨의 판매가격은 중량별 차등 적용되는 등기통상우편물의 요금이 적용되고, 선납 준등기 라벨의 판매가격은 200g까지 ☐☐☐☐원의 정액이 적용되며, 선납 일반통상 라벨은 중량별 일반통상 우편요금이 적용된다.

23 1,800

24 선납 라벨 서비스는 구입 후 ☐년 이내에 사용하여야 한다.

24 1

25 선납라벨 구매 고객이 취소를 요청하는 경우 우표류 판매취소 프로세스를 적용하여 구매 ☐☐에 한하여 판매우체국에서만 환불 처리가 가능하다.

25 당일

26 통화등기의 취급대상은 강제 통용력이 있는 ☐☐통화에 한정된다.

26 국내

27 통화등기 취급의 한도액은 ▢▢▢만 원 이하로, 10원 미만의 단수는 붙일 수 없다.

27 100

28 통화등기의 우편요금과 취급수수료는 '일반통상우편요금+등기취급수수료+▢▢▢▢▢▢▢▢'이고, 배달증명이나 특급취급 등 부가취급이 있을 때에는 그 수수료를 가산하며 보험등기 봉투요금은 별도로 계산한다.

28 통화등기취급수수료

29 물품등기의 취급가액은 신고가 기준 10원 이상 ▢▢▢만 원 이하의 물건만 취급하며, 10원 미만의 단수를 붙일 수 없다.

29 300

30 유가증권등기는 액면 또는 권면가액이 ▢천만 원 이하의 송금수표, 국고수표, 우편환증서, 자기앞수표, 상품권, 선하증권, 창고증권, 화물상환증, 주권, 어음 등의 유가증권이 취급 가능하지만, 10원 미만의 단수를 붙일 수 없다.

30 2

31 외화등기는 계약기관별로 계약에 따라 지정된 외화를 대상으로 원화 환산 기준 최소 10만원 이상 ▢▢▢만원 이하를 취급한다.

31 150

32 외화등기에 적용되는 표준요금은 과금에 의한 반송 등을 모두 포함하여 통당 ▢▢▢▢▢원이며 중량구간별 요금이 미적용된다.

32 10,000

33 안심소포는 등기소포를 전제로 보험가액 ▢▢▢만 원 이하의 고가품, 귀중품 등 사회통념상 크기에 비하여 가격이 높다고 발송인이 신고한 것으로서 그 취급에 특히 유의할 필요가 있는 물품과 파손, 변질 등의 우려가 있는 물품이 대상이다.

33 300

34 등기소포 안의 내용물은 ▢▢▢이 참관하여 반드시 확인하여야 한다.

34 발송인

35 내용증명의 발송인은 내용문서의 원본과 그 등본 ◯통을 제출하여야 하지만, 발송인에게 등본이 필요하지 않은 경우에는 등본 1통만 제출하도록 하고 우체국 보관 등본여백에 '발송인 등본교부 않음'이라고 표시한다.

35 2

36 내용문서의 원본이나 등본의 문자나 기호를 정정·삽입·삭제한 경우에는 정정·삽입·삭제한 문자와 정정·삽입·삭제한 글자 수를 난외나 끝부분 빈 곳에 적고 그곳에 발송인의 ◯◯ 또는 지장을 찍거나 서명을 하여야 하며 이 경우, 고치거나 삭제한 문자나 기호는 명료하게 알아볼 수 있도록 하여야 한다.

36 인장

37 다수인이 연명으로 발송하는 내용문서의 경우 그 발송인들 중 ◯인의 이름, 주소만을 우편물의 봉투에 기록한다.

37 1

38 내용문서의 매수가 2매 이상일 경우에는 2매부터 최초 1매의 ◯◯으로 계산한다.

38 반값

39 내용문서의 원본이나 등본의 장수가 2장 이상일 때에는 함께 묶은 그곳에 ◯◯◯◯◯으로 간인하거나, 내용문서의 원본 및 등본의 글자를 훼손하지 않도록 빈 곳에 천공기로 간인하여야 한다.

39 우편날짜도장

40 내용증명의 재증명 청구기간은 내용증명 우편물을 접수한 다음 날부터 ◯년 이내이다.

40 3

41 내용증명의 재증명 취급수수료는 재증명 당시 내용증명 취급수수료의 ◯◯을 재증명 문서 1통마다 각각 징수(10원 미만의 금액이 발생한 경우에는 절사)한다.

41 반액

42 내용증명의 열람 수수료는 열람 당시의 내용증명 취급수수료의 ◯◯으로 징수한다.

42 반액

43 내용증명 재증명 우편발송서비스 요금은 '내용증명 재증명 수수료(내용증명 수수료 1/2) + 우편요금(규격외 중량별 요금) + 등기취급수수료 + 익일특급수수료 + 복사비(장당 ☐☐원) + 대봉투(100원)'으로 구성된다. 43 50

44 통상우편물 배달증명의 요금은 '일반통상우편요금 + 등기취급수수료 + 배달증명 취급수수료 + 배달증명서 송달요금(☐g일반통상우편요금)'으로 산정한다. 44 5

45 발송 후 배달증명의 청구는 발송한 다음 날부터 ☐년이지만, 내용증명 우편물에 대한 배달증명 청구는 발송한 다음 날부터 3년이다. 45 1

46 인터넷우체국 발송 후 배달증명 서비스는 배달완료일 D+☐일부터 신청이 가능하며, 결제 후 다음 날 24시까지 (재)출력이 가능하다. 46 2

47 당일특급의 배달기한은 접수한 날 ☐☐시 이내이고, 익일특급의 배달기한은 접수한 다음 날까지이다. 47 20

48 통상우편물의 취급제한중량은 30kg이고, 소포우편물의 취급제한중량은 ☐☐kg이다. 48 20

49 특별송달의 요금에 반영되는 기본우편요금은 ☐☐g의 규격 우편물을 기준으로 한다. 49 25

50 민원우편의 민원발급수수료의 송금액은 ☐☐☐☐원으로 제한되며 이를 초과하는 경우는 예외로 취급한다. 50 5,000

51 민원우편의 요금은 발송할 때의 취급요금(우편요금 + 등기취급수수료 + 부가취급수수료)과 회송할 때의 취급요금(☐☐g규격요금 + 등기취급수수료 + 익일특급수수료)을 합하여 접수 시에 선납한다. 51 50

Step 2 오엑스로 답하기

01 등기취급은 보험취급이나 내용증명, 배달증명, 특급취급, 그 밖의 부가 취급우편물 등 고가의 물품을 송달하거나 공적증명을 요구하는 물품 송달에 유리하다. ⭕❌

02 잃어버리거나 훼손하면 이용자의 불만이 많고 손해배상의 문제가 생기는 유가물이나 주관적 가치가 있다고 인정되는 신용카드나 중요서류 등은 접수검사할 때 내용품에 적합한 보험취급으로 발송하게 하고 이에 응하지 않을 때는 접수를 거절할 수 있다. ⭕❌

03 우편물 취급과정에서 분실, 훼손 등의 사고가 일어날 경우에는 등기취급우편물과 보험등기우편물의 손해 배상액이 서로 다르므로 이용자에게 사전에 반드시 고지하여 발송인이 선택하도록 조치하여야 한다. ⭕❌

04 선택등기 서비스는 전자우편, 익일특급, 발송 후 배달증명, 계약등기 등의 부가취급서비스를 제공한다. ⭕❌

05 선택등기 서비스의 발송 후 배달증명은 수령인의 수령사실 확인 후 배달완료된 경우(무인우편함 포함)와 우편함에 배달완료된 경우 모두 청구 가능하다. ⭕❌

06 선택등기 서비스의 배달은 1회차에 대면 배달(수령인 확인)을 하고, 2회차에도 대면 배달을 시도한 후 폐문 부재일 경우 반송한다. ⭕❌

07 계약등기 우편 중 맞춤형 계약등기는 등기취급을 전제로 부가취급서비스를 선택적으로 포함하여 계약함으로써, 고객이 원하는 우편서비스 제공하는 상품이다. ⭕❌

---

01 ⭕

02 ⭕

03 ⭕

04 ⭕

05 ✕
우편함에 배달완료된 경우에는 발송 후 배달증명을 청구할 수 없다.

06 ✕
2회차에는 대면 배달 시도 후 폐문 부재일 경우 우편 수취함에 배달한다.

07 ✕
일반형 계약등기에 관한 설명이다. 맞춤형 계약등기는 등기취급을 전제로 신분증류 등 배달시 특별한 관리나 서비스가 필요한 우편물이다.

08 일반형 계약등기는 한 발송인이 1회에 100통 이상 발송하거나 월 5,000통 이상 발송한다는 조건을 충족해야 하며, 맞춤형 계약등기는 월 발송물량에 제한이 없다. ⓞⓧ

08 ✕
일반형 계약등기는 1회에 100통 이상, 월 5,000통 이상의 두 요건을 모두 충족해야 한다.

09 맞춤형 계약등기는 별정국과 우편취급국을 포함한 소속국도 접수관서로 계약이 가능하다. ⓞⓧ

09 ✕
별정국, 우편취급국 제외

10 수취인에게 배달하지 못하고, 발송인에게 반송된 착불배달 계약등기 우편물은 발송인에게 우편물을 반환하고, 발송인에게서 착불요금을 제외한 우편요금(등기취급수수료 포함)과 반송수수료를 징수하되 일반형은 착불요금을 제외한 우편요금(등기취급수수료 포함)만 징수한다. ⓞⓧ

10 ✕
일반형 → 맞춤형

11 반송수수료 사전납부는 일반형 계약등기 우편물을 대상으로 하며, 우편물 접수 시 우편요금 반송률을 적용한 반송수수료를 합산하여 납부하여야 한다. ⓞⓧ

11 ○

12 반송수수료 사전납부의 등기우편물 반송률을 적용할 때에는 전체 등기우편물 반송률, 계약하고자 하는 등기우편물과 동일한 종류의 등기우편물 반송률, 계약하고자 하는 등기우편물과 가장 유사한 종류의 등기우편물 반송률 순으로 적용한다. ⓞⓧ

12 ✕
전체 등기우편물 반송률이 맨 마지막 순서이다.

13 일반형 계약등기에 적용되는 통상 우편요금은 현행 부피별 요금체계를 적용한다. ⓞⓧ

13 ✕
부피 → 무게

14 반송수수료 사전납부 서비스의 수수료는 반송수수료에 반송률을 더하여 산정한다. ⓞⓧ

14 ✕
반반송수수료 사전납부의 수수료는 '반송수수료×반송률'로 산정한다.

15 선납 준등기 라벨을 준등기우편물로 취급하는 시점은 우체국 창구 접수 시(우체통 투함의 경우는 수거 후 우체국 창구 접수 시)와 무인우편접수기 접수 완료 시이다. ⓞⓧ

15 ○

16 선납 일반통상 라벨이 사용권장기간 경과로 인쇄상태가 불량하거나 라벨지 일부 훼손 등으로 사용이 어려운 경우 동일한 발행번호와 금액으로 재출력(교환)이 불가능하다. O X

16 ×
재출력(교환) 가능하다.

17 선납라벨 훼손 정도가 심각하여 판매정보(발행번호, 바코드 등)의 식별이 불가능한 경우에는 재출력(교환)이 불가하다. O X

17 ○

18 미사용 선납등기라벨에 한해 2매 이상으로 라벨 분할을 요구할 경우 라벨가액 범위에서 분할발행이 가능하다. O X

18 ×
선납 등기 라벨 → 선납 일반통상 라벨

19 보험취급 우편물 중 보험통상에는 통화등기, 물품등기, 유가증권등기, 외화등기, 안심소포가 있다. O X

19 ×
보험취급 우편물에는 보험통상과 보험소포가 있다. 안심소포는 보험소포에 해당한다.

20 물품등기의 발송할 물품 가액은 보험 취급한도액을 초과한 것이 아닌지를 확인하여야 하고, 취급한도액을 초과한 것은 취급할 수 없으나 발송인이 취급한도액까지만 기록하기로 하고 취급을 요구할 때에는 취급할 수 있다. O X

20 ○

21 유가증권등기는 발송할 유가증권의 액면 금액과 봉투표기 금액을 대조하여 일치하는지 확인하고, 등기취급우편물로 발송하여야 한다. O X

21 ○

22 유가증권등기를 취급할 때에는 발송할 물품 가액이 보험 취급한도액을 초과한 것이 아닌지를 확인하여야 하며, 취급한도액을 초과한 것은 무조건 취급 불가능하다. O X

22 ×
발송인이 취급한도액까지만 기록하기로 하고 취급을 요구할 때에는 취급 가능하다.

23 내용증명은 우편관서가 내용과 발송 사실을 증명함으로써 법적효력을 발생하도록하는 제도이다. O X

23 ×
내용증명은 우편관서가 내용과 발송 사실만을 증명할 뿐, 그 사실만으로 법적효력이 발생하지는 않는다.

24 내용증명의 대상은 문서에 한정하며 우표류, 유가증권, 사진, 설계도 등 문서 이외의 물건은 그 자체 단독으로 내용증명의 취급 대상이 될 수 없다. O X

24 O

25 동문내용증명 우편물을 포함하여 내용증명우편물의 내용문서의 원본과 등본에 기록한 발송인과 수취인의 주소·성명은 우편물의 봉투에 기록한 것과 같아야 한다. O X

25 ×
동문내용증명 우편물의 경우 각 수취인의 주소, 성명을 전부 기록한 등본이 상이할 수 있다.

26 내용증명 취급수수료는 글자 수나 행 수와는 관계없이 A4 용지 규격을 기준으로 무게에 따라 계산한다. O X

26 ×
내용증명 취급수수료는 첨부물을 포함한 내용문서의 매수에 따라 계산한다.

27 내용문서의 원본과 등본의 작성은 양면을 사용하여 작성할 수 있으며, 양면에 내용을 기록한 경우에는 2매로 계산한다. O X

27 O

28 내용문서의 크기가 A4 용지 규격보다 큰 것은 A4 용지의 크기로 접어서 총 매수를 계산하고, A4 용지보다 작은 것은 이를 A4 용지로 보아 매수를 계산한다. O X

28 O

29 내용문서의 원본이나 등본의 장수가 2장 이상인 이유로 간인할 때 발송인의 인장이나 지장으로 간인을 할 수 있다. O X

29 ×
인장이나 지장으로 간인할 수 없고 우편날짜도장이나 천공기로 간인한다.

30 수취인에게 발송할 내용문서의 원본, 우체국에서 보관할 등본, 발송인에게 교부할 등본에는 우편날짜도장으로 이어지게 계인하고, 동문내용증명인 때에는 우체국에서 보관하는 등본에 기록된 수취인의 주소·성명 아래쪽에 걸치도록 우편날짜도장으로 계인한다. O X

30 O

31 내용증명의 재증명 청구기간은 내용증명 우편물을 접수한 당일부터 3년 이내이다. O X

31 ×
당일 → 다음날

32 내용증명의 재증명과 열람은 내용증명 우편물의 발송인 또는 수취인, 발송인이나 수취인에게서 위임을 받은 사람이 청구할 수 있다. 이는 인터넷우체국으로 신청할 경우에도 동일하다. O|X

32 ×
인터넷우체국으로 신청할 경우에는 발송인 및 수취인 본인만 가능(아이핀, 휴대폰 본인인증 실시하다.

33 내용증명의 열람은 반드시 취급당무자가 보는 앞에서 열람하도록 하되 옮겨 쓰는 행위는 금지된다. O|X

33 ×
열람에는 보고 옮겨 쓰는 행위도 포함된다.

34 타국접수 내용증명 재증명은 등본보관국에서는 D+1일 이내에 내용증명 등본 복사 후, 재증명하여 우편(익일특급+우편사무)으로 청구인에게 발송한다. O|X

34 ○

35 타국접수 내용증명 재증명은 등본보관국에서 확인하기 전까지는 취소가 가능하지만, 확인 후에는 내용문서 복사로 인해 취소가 불가능하다. O|X

35 ○

36 소포우편물 배달증명의 요금은 '등기소포 우편요금 + 배달증명서 송달요금(5g일반통상우편요금)'으로 산정한다. O|X

36 ×
배달증명 취급수수료가 누락되었다.

37 인터넷우체국 발송 후 배달증명 서비스의 신청은 등기우편물의 발송인이나 수취인만 신청할 수 있다. O|X

37 ○

38 당일특급의 접수시간은 접수우체국의 그날 발송 우편물 마감시간이고, 익일특급의 접수시간은 행선지별로 고시된 접수마감시간이다. O|X

38 ×
반대로 기술되어 있다.

39 익일특급의 배달기한에 토요일과 공휴일(일요일)도 포함된다. O|X

39 ×
익일특급의 배달기한에 토요일과 공휴일(일요일)은 포함되지 않는다.

40 송달통지서가 2통인 소송서류를 발송하는 특별송달의 요금체계는 '일반통상우편요금 + 등기취급 수수료 + 특별송달 취급수수료 + (회송)일반통상 기본우편요금'으로 구성된다. O X

40 ×
송달통지서가 1통인 소송서류를 발송하는 경우에 해당한다. 송달통지서가 2통 첨부된 소송서류를 발송할 경우에는 2통의 특별송달 취급수수료와 2통의 일반통상기본우편요금이 반영되어야 한다.

41 민원우편 회송용 봉투에 날인하는 요금선납 날짜도장은 최초의 발송민원우편 접수우체국의 접수한 날의 우편날짜도장으로 날인하는 것이며 회송민원우편 접수우체국에서 날인하는 것이 아니다. O X

41 ○

42 민원우편의 발송용 봉투를 발송인이 봉인할 때는 인장(지장) 또는 서명(자필로 서명)으로도 가능하다. O X

42 ○

43 회송민원 우편물의 봉함은 민원발급기관의 취급담당자(우체국 취급담당자가 아님)가 인장(지장) 및 서명(자필)을 날인하여 봉함하여야 하며 수수료 잔액 등 내용품 확인에 대하여는 우체국 담당자가 참관하여야 한다. O X

43 ×
참관하여야 한다. → 참관하지 않는다.

44 착불배달은 우편물이 수취인 불명, 수취거절 등으로 반송되는 경우 발송인에게 우편요금 및 반송수수료를 징수하되, 맞춤형 계약등기는 우편요금(표준요금+무게구간별 요금)만 징수한다. O X

44 ○

Step 3 스피드 단답식 말하기

01 우편물의 접수번호 기록에 따라 접수에서부터 받는 사람에게 배달되기까지의 모든 취급과정을 기록하며 만일 우편물이 취급 도중에 분실되거나 훼손된 경우에는 그 손해를 배상하는 제도는? 답 _____

01 등기취급제도

02 등기취급 및 발송인의 우편물의 반환거절을 전제로 우편물을 배달하되, 그 우편물을 수취인에게 배달할 수 없는 경우에는 준등기 취급에 따라 우편물을 배달하는 특수취급 제도는? 답 _____

02 선택등기 서비스

03 등기취급을 전제로 우체국장과 발송인과 별도의 계약에 따라 접수한 통상우편물을 배달하고, 그 배달결과를 발송인에게 전자적 방법 등으로 알려주는 부가취급제도는? 답 _____

03 계약등기 우편제도

04 계약등기 우편의 부가취급 서비스 중 등기취급을 전제로 우체국과 발송인이 별도의 계약에 따라 수취인을 직접 만나서 우편물을 배달하면서 서명이나 도장을 받는 등 응답이 필요한 사항을 받거나 서류를 넘겨받아 발송인이나 발송인이 지정하는 자에게 회신하는 부가취급제도는? 답 _____

04 회신우편

05 계약등기 우편의 부가취급 서비스 중 등기취급을 전제로 이사 등 거주지 이전으로 우편주소가 바뀐 경우 우편물을 바뀐 우편주소로 배달하고, 수취인의 동의를 받아 발송인에게 바뀐 우편주소정보를 제공하는 부가취급제도는? 답 _____

05 우편주소 정보제공

06 부가취급서비스 중 일반형 계약등기에만 가능하고 맞춤형 계약등기에는 불가능한 것은? 답 _____

06 반송수수료 사전납부

07 등기번호 및 발행번호가 부여된 선납라벨을 우체국 창구 등에서 구매하여 첩부하면 창구 외(우체통, 무인우편접수기)에서도 등기우편물을 접수할 수 있도록 하는 서비스는? 답 _____

07 선납 등기 라벨 서비스

08 준등기 번호 및 발행번호가 부여된 선납라벨을 우체국 창구 등에서 구매하여 첩부하면 창구 외(우체통, 무인우편접수기)에서도 준등기우편물을 접수할 수 있도록 하는 서비스는? 답 _____

08 선납 준등기 라벨 서비스

09 우편요금과 발행번호가 부여된 선납라벨을 우체국 창구에서 구매 후 일반통상우편물에 우표대신 첩부하여 우편물을 접수할 수 있도록 하는 서비스는? 답 _____

09 선납 일반통상 라벨 서비스

10 우편을 이용해서 현금을 직접 수취인에게 배달하는 제도로서 만일 취급하는 중에 잃어버린 경우에는 통화등기 금액 전액을 변상하여 주는 보험취급의 일종은?
답 _____

10 통화등기

11 보험취급제도의 하나로 귀금속, 보석, 옥석, 그 밖의 귀중품이나 주관적으로 가치가 있다고 신고하는 것을 보험등기 봉투에 넣어 수취인에게 직접 송달하고 취급 도중 분실되거나 훼손한 경우 표기금액을 배상하는 제도는?
답 _____

11 물품등기

12 현금과 교환할 수 있는 우편환증서나 수표 따위의 유가증권을 보험등기 봉투에 넣어 직접 수취인에게 송달하는 서비스로, 분실하거나 훼손한 경우에는 봉투 표면에 기록된 금액을 배상하여 주는 보험취급제도의 일종은?
답 _____

12 유가증권등기

13 우체국이 금융기관과의 계약을 통해 외국통화(현물)를 고객에게 직접 배달하는 맞춤형 우편서비스는?
답 _____

13 외화등기

14 고가의 상품 등 등기소포우편물을 대상으로 하며, 손해가 생기면 해당 보험가액을 배상하여 주는 부가취급제도는?
답 _____

14 안심소포

15 발송인이 수취인에게 어떤 내용의 문서를 언제 발송하였다는 사실을 우편관서가 공적으로 증명해 주는 우편서비스는?
답 _____

15 내용증명

16 문서의 내용은 같으나 2인 이상의 각기 다른 수취인에게 발송하는 내용증명우편물은?
답 _____

16 동문내용증명우편물

17 내용증명 발송인 또는 수취인이 내용증명 문서의 등본(수취인인 경우는 원본)을 분실하였거나 새로 등본이 필요할 때 발송인·수취인이나 발송인·수취인으로부터 위임을 받은 사람의 재증명 청구에 응하거나 열람 청구에 응하는 것은?
답 _____

17 내용증명 재증명

18 수취인에게 우편물을 배달하거나 교부한 경우 그 사실을 배달우체국에서 증명하여 발송인에게 통지하는 부가취급 우편 서비스는?

답 _____

18 배달증명

19 인터넷우체국 발송 후 배달증명 서비스의 건당 이용요금은?

답 _____

19 1,600원

20 등기취급을 전제로 국내특급우편 취급지역 상호간에 수발하는 긴급한 우편물을 통상의 송달 방법보다 더 빠르게 송달하기 위하여 접수된 우편물을 약속한 시간 내에 신속히 배달하는 특수취급제도는?

답 _____

20 국내특급(특급 취급)

21 다른 법령에 따라 「민사소송법」이 정하는 방법으로 송달하여야 하는 서류를 내용으로 하는 등기통상우편물을 송달하고 그 송달의 사실을 우편송달통지서로 발송인에게 알려주는 부가취급 서비스는?

답 _____

21 특별송달

22 국민들의 일상생활에 필요한 각종 민원서류를 관계기관에 직접 나가서 발급받는 대신 우편이나 인터넷으로 신청하고 그에 따라 발급된 민원서류를 등기취급하여 봉투에 넣어 일반우편물보다 우선하여 송달하는 부가취급 서비스는?

답 _____

22 민원우편

23 등기취급 소포우편물과 계약등기우편물 등의 요금을 발송인이 신청할 때 납부하지 않고 우편물을 배달 받은 수취인이 납부하는 제도는?

답 _____

23 착불배달 우편물

chapter 05

그 밖의 우편서비스

Step 1 빈칸 채우기

01 우체국쇼핑 상품의 반품우편물이 도착하면 우편물류시스템의 반품확인 관리에서 '☐☐☐☐'처리하고, 지정된 우체국 공금계좌에 환불요금 입금 여부를 수시로 확인하여 환불요금이 입금되는 즉시 등록된 입금계좌로 환불요금을 송금처리하여야 한다.

02 주소오기 등 주문자의 실수로 잘못 배달되거나 수취인이 수취를 거부할 경우 주문자가 환불을 요구하면 꽃은 ☐☐%, 화분은 50%를 환불해 주어야 한다.

03 봉함식 전자우편서비스 중 소형우편물은 안내문을 최대 ☐장까지 편지 형태로 인쇄하여 규격봉투에 넣어서 발송한다.

04 봉함식 전자우편서비스 중 대형우편물은 내용문을 최대 ☐☐☐장까지 A4용지에 인쇄하여 대형봉투에 넣어 발송한다.

05 봉함식 전자우편서비스의 추가 이용 수수료는 소형과 대형 구분 없이 흑백은 장당 ☐☐원, 칼라는 장당 180원이다.

06 접착식 전자우편서비스의 이용 수수료는 흑백 단면 60원, 흑백 양면 ☐☐원, 칼라 단면 220원, 칼라 양면 370원이다.

01 반품확인
02 30
03 6
04 150
05 30
06 80

07 전자우편의 부가 서비스 중 내용증명과 계약등기의 제작 수수료는 기존 제작수수료와 같지만, 전자우편의 내지를 고급 한지로 이용할 경우 ☐☐원이 추가된다.

07 30

08 전자우편 서비스의 접수방법에는 우체국 창구(우편취급국 포함) 접수와 인터넷우체국 접수, ☐☐☐☐ 전용시스템 접수 등이 있다.

08 계약고객

09 전자우편의 동봉서비스로 접수된 동봉물은 최선편으로 위탁제작센터가 지정한 제작센터로 무료등기 소포우편물로 발송하는데, 무게는 ☐☐kg까지이며 만약 동봉물의 무게가 초과될 경우 초과분에 대해 등기소포 우편요금을 적용한다.

09 20

10 팩스우편서비스의 이용수수료는 최초 1매는 ☐☐☐원, 추가 1매 당 200원, 복사비 1장 당 50원이다.

10 500

11 통신문 용지의 규격은 ☐☐규격(210mm×297mm)에 통신내용을 기록, 인쇄한 것으로 한다.

11 A4

12 전국판 광고우편엽서는 최저 20만장 이상 300만장까지 발행하여 특별시, 광역시·도 중 ☐개 이상의 광역지방자치단체 지역에서 동시에 판매한다.

12 4

13 지방판 광고우편엽서는 최저 5만장 이상 20만장 미만으로 발행하여 특별시, 광역시·도 중 3개 이하의 광역지방자치단체 지역에서 판매하되 1개 구역의 발행 신청량은 ☐만장 이상으로 한다.

13 5

14 광고우편엽서의 광고주가 구입 요청을 한 경우에만 판매구역에 관계없이 광고주가 지정하는 우체국에서 판매할 수 있는데, 이때 최소 구매량은 ☐☐☐☐장이다.

14 1,000

15 광고우편엽서는 발행일 ◯◯일 전에 광고디자인 설명서, 광고디자인 자료를 함께 접수하여야 한다.

15 50

16 광고우편엽서의 광고디자인 크기는 ◯◯mm × 35mm 이내로 제한한다.

16 60

17 나만의 우표 서비스의 종류에는 기본형, ◯◯형, 시트형, 카드형이 있다.

17 홍보

18 나만의 우표 서비스의 접수는 전국 우체국(별정우체국과 우편취급국 포함), 인터넷우체국, 모바일 앱은 물론 한국◯◯◯◯진흥원 및 접수위탁기관에서 접수한다.

18 우편사업

19 나만의 우표 서비스를 접수할 때에는 신청인에게 ◯◯◯를 작성하게 한 후 사진, 데이터 파일 등과 함께 제출하도록 하고 제작과 발송에 걸리는 기간, 신청수량, 판매가격, 할인율 등을 안내한다.

19 신청서

20 나만의 우표 기본형 이용 시 이미지 ◯종이 기본이며, 홍보형 및 시트형은 기본 종수(1종) 외에 큰 이미지 1종을 무상으로 제공한다.

20 1

21 나만의 우표에 기본이미지 외 이미지 추가 요청 시 1종 추가마다 ◯◯◯원씩 추가되지만, 신청량이 전지 기준 101장부터 추가 이미지(최대 20종)를 무료로 제공한다.

21 600

22 나만의 우표 접수자는 신청서에 우편날짜도장으로 날인하여 원본은 우체국에 ◯년 동안 보관하고, 신청자에게 사본 1부를 접수증으로 교부하며, 1부는 제작기관에 사진이나 데이터와 함께 송부한다.

22 1

23 나만의 우표를 접수할 때 신청 자료의 내용이 다른 사람의 초상권, 저작권 등을 침해한 것으로 확인된 경우에는 신청고객이 해당 권리자에게서 받은 사용허가서나 그 밖의 사용권한을 증명할 수 있는 서류를 제출하도록 안내하여야 하고, 제출받은 서류의 보관기간은 접수한 날부터 ☐년이다. 단, 이미지는 3개월 간 보관한다.

23 5

24 기본형 고객맞춤형 엽서의 경우 앞면 왼쪽에 고객이 원하는 내용을 인쇄하는 경우에는 희망 고객에 한하여 발송인이나 수취인 주소·성명을 함께 인쇄하고, 부가형 고객맞춤형 엽서의 경우에는 희망하는 고객에게 발송인과 수취인의 주소·성명, ☐☐☐까지 함께 인쇄하여 신청고객이 지정한 수취인에게 발송까지 대행한다.

24 통신문

25 고객맞춤형 엽서의 접수 서류 보관기간은 접수한 날부터 ☐년이고, 이미지는 3개월이다.

25 5

26 고객맞춤형 엽서를 우편물로 발송하기 이전에는 엽서에 표기되어 있는 ☐☐☐☐만을 우편요금으로 인정하며, 교환을 청구할 때에는 훼손엽서의 처리규정을 적용한다.

26 액면금액

27 고객맞춤형 엽서는 고객이 교환을 요청한 때에는 훼손엽서로 규정하여 교환금액(현행 ☐☐원)을 수납한 후 액면금액에 해당하는 우표, 엽서, 항공서간으로 교환해 주되 부가형은 교환대상에서 제외된다.

27 10

28 우체국 축하카드에 상품권을 동봉할 때에는 경조카드와 함께 ☐☐만원 한도 내에서 문화상품권을 함께 발송할 수 있다.

28 20

29 우체국 축하카드를 예약배달하고자 할 때 예약배달일은 접수한 날부터 영업일 기준 3일 이후부터 ☐☐개월 이내로 한정된다.

29 13

30 인터넷우표의 결제 취소는 결제일 다음날 24시까지 가능하지만, 휴대폰 결제인 경우에는 ☐☐ 말까지 취소할 수 있다.   30 당월

31 인터넷우표는 국가기관이 아닌 개별 고객의 프린터에서 출력하여 사용하기 때문에 우표의 품질이 일정하지 않으며, 또 장기간 보관에 따른 우표의 오염이나 훼손 우려가 있어 출력일 포함 ☐☐일 이내에 사용하여야 한다.   31 10

32 유효기간이 경과한 인터넷우표를 사용하려 할 경우에는 유효기간 경과 후 ☐☐일 이내에 재출력 신청하여야 사용이 가능하다.   32 30

33 준등기 우편의 대상은 ☐☐☐g 이하의 국내 통상우편물이다.   33 200

34 준등기 우편의 요금은 ☐☐☐☐원 정액으로 하되, 전자우편 부가 시 전자우편에 대한 제작수수료는 별도이다.   34 1,800

35 준등기 우편의 배달기한은 접수한 다음날부터 ☐일 이내이다.   35 3

36 준등기 우편의 번호체계는 앞 자리를 ☐로 시작하는 13자리로 구성한다.   36 5

37 준등기 우편에 대하여 집배원이 배달결과를 PDA에 등록하면 배달결과 알림 문자 등이 자동으로 발송인에게 통보되며, 접수 시 발송인이 '통합알림'을 요청한 경우에는 배달완료일 다음날(최대 D+☐일)에 발송인에게 배달결과를 1회 통보한다.   37 4

38 준등기 우편의 손해배상은 손·분실에 한하여 우체국 접수 시부터 배달국에서 배달증 생성 시까지만 최대 ☐만원까지 손해배상을 제공하며, 배달완료(수취함 등) 후에 발생된 손·분실은 손해배상 제공대상에서 제외된다.   38 5

Step 2 오엑스로 답하기

01 우체국쇼핑은 상품이 수취인에게 배달하는 중에 공급업체의 잘못으로 상품에 결함이 생기면 모든 비용은 공급업체에서 부담하고, 소비자가 교환이나 환불을 요구할 때에는 즉시 보상해야 한다. O X

02 전자우편서비스를 이용할 수 있는 고객은 정부, 지방자치단체, 기업체 등 개인을 제외한 단체만 포함된다. O X

03 봉함식 전자우편서비스 중 소형 칼라 우편물의 장당 이용수수료는 130원, 대형 칼라 우편물의 장당 이용수수료는 340원이다. O X

04 동봉서비스의 이용은 우체국 창구에서 신청하는 경우에만 가능하고 인터넷우체국에서는 이용이 불가능하다. O X

05 신문사가 토요일 자 신문을 월요일 자 신문과 함께 봉함하여 발송하려 할 때에 봉함을 허용하고 요금은 각각 적용한다. O X

06 팩스우편서비스는 시내 요금보다 시외 요금을 더 높게 책정한다. O X

07 팩스우편서비스의 발신·수신시 원형 그대로 재생이 곤란한 칼라통신문은 취급은 하지만 그에 따른 불이익은 의뢰인이 부담한다. O X

08 팩스우편서비스는 우정사업본부장이 지정 고시하는 우체국과 우편취급국에서 취급할 수 있다. O X

---

01 O

02 ×
개인도 전자우편서비스를 이용할 수 있다.

03 ×
봉함식 전자우편서비스의 이용수수료는 소형의 경우는 흑백 90원, 칼라 280원이고 대형의 경우는 흑백 130원, 칼라 340원이다.

04 O

05 O

06 ×
팩스우편서비스의 시내요금과 시외요금은 동일하다.

07 O

08 ×
우편취급국은 팩스우편서비스를 취급할 수 없다.

09 나만의 우표 서비스를 접수할 때에는 신청서에 배달 희망주소와 이름, 우편번호, 전화번호 등이 정확히 기록하였는지 확인하고 신청자가 사진을 제출한 경우 사진 뒷면에 이름과 전화번호를 기록한다. O X

09 ○

10 나만의 우표를 접수할 때에는 공공의 질서와 선량한 풍속 또는 국민의 건전한 소비생활에 해를 끼치는 내용, 과대나 거짓임이 명백한 내용, 다른 사람을 모독하거나 명예를 훼손하는 내용, 선거법 등 각종 법령에서 제한하는 내용, 정치적·종교적·학술적 논쟁의 소지가 있는 소재 등은 거절을 해야 하지만, 국가 정책을 비판하는 내용은 접수가 가능하다. O X

10 ×
국가 정책을 비방하거나 우정사업에 지장을 주는 내용에 대해서도 접수를 거절하여야 한다.

11 나만의 우표 서비스를 위해 접수된 이미지나 자료는 우표 제작이 완료된 후에 신청고객이 반환을 요구하는 경우에만 반환하고 반환하지 않은 이미지는 제작기관에서 일정기간 보관 후 폐기한다. O X

11 ○

12 나만의 우표 서비스는 영원우표가 아닌 구 권종의 형식으로도 발행할 수 있다. O X

12 ×
나만의 우표 서비스에서 구 권종은 판매가 중지되었다.

13 고객맞춤형 엽서 중 기본형은 우편엽서의 앞면 왼쪽과 뒷면에 고객이 원하는 내용을 인쇄하여 신청 고객에게 판매하는 서비스이고, 부가형은 우편엽서의 앞면 왼쪽이나 뒷면 한 곳에 고객이 원하는 내용을 인쇄하여 신청고객에게 판매하는 서비스이다. O X

13 ×
반대로 기술되어 있다.

14 고객맞춤형 엽서는 별정우체국과 우편취급국을 제외한 전국 우체국, 인터넷우체국, 모바일앱에서 접수할 수 있다. O X

14 ×
별정우체국과 우편취급국도 포함된다.

15 고객맞춤형 엽서의 신청고객이 제출한 사진이나 이미지 데이터가 수록된 저장매체의 자료는 신청고객 본인이나 그 데이터의 소유자가 사용을 허락한 것으로 간주하며, 법적인 문제가 생길 경우에는 모든 손해배상 책임은 신청고객과 우체국이 공동으로 부담한다. O X

15 ×
손해배상 책임은 신청고객에 있고, 이를 사전에 안내하여야 한다.

16	신청고객이 제출한 사진이나 이미지 데이터의 선명도가 낮은 경우에는 접수를 거절한다. ⭕❌	16 ✕ 신청고객이 원하는 경우에만 접수하고, 그렇지 않은 경우에는 보완하여 제출하도록 한다.
17	우체국 축하카드는 우체국 창구, 인터넷우체국, 모바일앱, 우편고객만족센터에서 접수할 수 있지만, 현품 판매의 경우 우편집중국 및 우편취급국은 제외된다. ⭕❌	17 ⭕
18	우체국 축하카드에 부가할 수 있는 서비스에는 등기통상, 준등기, 익일특급, 배달증명 서비스, 상품권 동봉서비스, 예약배달 서비스 등이 있지만, 당일특급 서비스는 불가능하다. ⭕❌	18 ✕ 당일특급 서비스도 부가할 수 있다.
19	우체국 축하카드에 배달증명 서비스를 부가할 때에는 예약배달 서비스를 신청할 수 없다. ⭕❌	19 ⭕ 당일특급, 익일특급, 배달증명은 예약배달서비스가 되지 않는다.
20	우체국 축하카드의 예약배달 서비스를 이용할 때 준등기에도 예약배달일 신청 시 배달알림 메시지가 전송된다. ⭕❌	20 ✕ 준등기는 예약배달일 신청 시 배달알림 메시지 전송이 되지 않는다.
21	인터넷우표는 고객편의 제고와 위조, 변조를 방지하기 위하여 단독으로 사용할 수 없으며 수취인 주소가 함께 있어야 한다. ⭕❌	21 ⭕
22	인터넷우표에는 일반통상과 등기통상 두 종류가 있으며, 일반통상은 익일특급도 가능하다. ⭕❌	22 ✕ 등기통상의 경우 익일특급도 가능하다.
23	국제우편물과 소포는 인터넷우표 서비스의 대상이 될 수 없다. ⭕❌	23 ⭕
24	인터넷우표 서비스를 이용할 때 구매한 후 출력하지 않은 인터넷우표에 한정하여 구매취소가 가능하며, 일부 출력우표가 있는 경우에는 남은 수량만큼 취소가 가능하다. ⭕❌	24 ✕ 일부 출력우표가 있는 경우에도 구매취소가 불가하다.

25 인터넷우표의 결제 취소는 24시간 이내에 가능하다. ⭕❌

25 ✕
인터넷우표의 결제 취소는 결제일 다음날 24시까지 가능하다.

26 인터넷우표의 요금은 지불하였으나 고객 컴퓨터의 시스템 장애로 출력하지 못한 우표나 정상 발행되었으나 유효기간이 경과한 우표는 재출력 대상이 된다. ⭕❌

26 ⭕

27 정가 판매한 인터넷우표는 장기간 보유할 수 없으므로 우표류로 교환할 수 있다. ⭕❌

27 ✕
인터넷우표는 장기간 보유하지 않으며, 수취인주소가 기록되어 있어 다른 이용자에게 판매할 수 없기 때문에 우표류 교환 대상에서 제외된다.

28 준등기 우편은 등기우편으로 취급되는 단계까지만 손해배상 책임을 지고, 수취함에 투함한 이후에는 손해배상 책임을 지지 않는다. ⭕❌

28 ⭕

29 준등기 우편의 반송은 일반 우편물로 처리하며 수수료를 징수한다. ⭕❌

29 ✕
수수료가 없다.

30 준등기 우편의 반환 시 우편물이 우편집중국으로 발송되기 전까지 반환청구 수수료는 무료이나, 우편물이 우편집중국으로 발송된 후에는 통상우편 기본요금을 반환청구 수수료로 적용한다. ⭕❌

30 ⭕

31 준등기 우편은 접수시부터 반송시 발송인에게 도착되는 취급과정까지 전과정 종적조회가 가능하다. ⭕❌

31 ✕
준등기 우편의 종적조회는 접수시부터 수취함 투함 등 배달완료 결과까지 가능하다. 반송시에는 배달증이 생성되어 결과값이 반송우편물로만 조회가 가능하고 발송인에게 도착되는 취급과정의 종적 정보는 제공되지 않는다.

Step 3 스피드 단답식 말하기

01 전국 각 지역에서 생산되는 특산품과 중소기업 우수 제품을 우편망을 이용해 주문자나 제삼자에게 직접 공급하여 주는 서비스는?

답 _____

01 우체국쇼핑

02 고객이 우편물의 내용문과 주소·성명 등 발송인·수신인 정보를 전산매체에 저장하여 우체국에 접수하거나 인터넷우체국을 이용하여 신청하면 내용문 출력과 봉투제작 등 우편물 제작에서 배달까지 전 과정을 우체국이 대신하여 주는 서비스는?

답 _____

02 전자우편서비스

03 동창회 모임안내 등 내용문을 간략하게 그림엽서에 인쇄하여 발송하는 우편 서비스인 그림엽서 형태의 전자우편서비스에 부과되는 장당 이용 수수료는?

답 _____

03 40원(흑백 기준, 칼라는 서비스하지 않음)

04 봉함식(소형봉투와 대형봉투) 전자우편을 이용할 때 내용문 외에 다른 인쇄물을 추가로 동봉하여 보낼 수 있는 서비스는? 답 _____

04 동봉서비스

05 전자우편 서비스 중 다량으로 발송할 때 봉투 표면(앞면·뒷면) 또는 그림엽서에 발송인이 원하는 로고나 광고문안(이미지)을 인쇄하여 발송할 수 있는 서비스는?

답 _____

05 맞춤형 서비스

06 팩시밀리(이하 '팩스'라 함)를 수단으로 통신문을 전송하는 서비스는?

답 _____

06 모사전송(팩스) 우편서비스

07 우정사업본부에서 발행하는 우편엽서에 광고내용을 인쇄하여 광고주가 원하는 지역에서 판매하는 제도는? 답 _____

07 광고우편엽서

08 광고우편엽서의 광고디자인의 색깔은 몇 가지 이내로 제한되는가?
답 _____

08 5색 이내

09 개인의 사진, 기업의 로고·광고 등 고객이 원하는 내용을 신청받아 우표를 인쇄할 때 비워놓은 여백에 컬러복사를 하거나 인쇄하여 신청고객에게 판매하는 IT기술을 활용한 신개념의 우표서비스는?
답 _____

09 나만의 우표

10 우편엽서에 고객이 원하는 그림·통신문과 함께 발송인과 수취인의 주소·성명, 통신문 등을 인쇄하여 발송까지 대행해 주는 서비스는?
답 _____

10 고객맞춤형 엽서

11 우체국 축하카드의 위탁 제작처는? 답 _____

11 한국우편사업진흥원

12 고객이 인터넷우체국을 이용하여 발송 우편물에 해당하는 우편요금을 지불하고 본인의 프린터에서 직접 우표를 출력하여 사용하는 서비스는?
답 _____

12 인터넷우표

13 우편물의 접수에서 배달 전(前)단계까지는 등기우편으로 취급하고 수취함에 투함하여 배달을 완료하는 제도는? 답 _____

13 준등기 우편

chapter 06 우편에 관한 요금

Step 1 빈칸 채우기

01 우편요금 별납우편물은 우편물 표면에 발송인이 ☐☐☐☐의 표시를 하여야 하며, 발송인이 표시하지 않은 경우 라벨증지를 출력하여 붙이거나 우체국에 보관된 고무인을 사용하여 표시한다.

01 요금별납

02 우편요금 별납우편물은 책임자가 보는 앞에서 별납우편물을 접수하고, 발송신청서 해당 칸에 ☐☐☐☐자와 책임자가 각각 날인하여야 한다.

02 접수담당

03 우편요금 후납우편물은 요금을 우편물 발송 시에 납부하지 않고 1개월간 발송예정 우편물 요금액의 ☐배에 해당하는 금액을 담보금으로 제공하고 1개월간의 요금을 다음달 20일까지 납부하는 제도이다.

03 2

04 우편요금 후납우편물의 취급 대상은 한 사람이 매월 ☐☐☐통이상 발송하는 통상·소포우편물, 모사전송(팩스) 우편물, 전자우편, 우편요금표시기 사용 우편물, 우편요금 수취인부담 우편물, 반환우편물 중에서 요금후납으로 발송한 등기우편물, 발송우체국장이 정한 조건에 맞는 국가 또는 지방자치단체의 우편물, 우체통에서 발견된 습득물 중 우편물에서 이탈된 것으로 인정되지 않는 주민등록증 등이다.

04 100

05 최초 계약한 날부터 체납하지 않고 ☐년간 성실히 납부한 사람에게는 요금후납 담보금의 1/2을 면제한다.

05 2

06 요금후납 담보금 전액 면제대상이 면제 후 2년 안에 요금납부를 2회 체납한 경우 담보금제공의 1/2만 면제 가능하고, ☐회 이상 체납한 경우에는 면제가 취소된다.

06 3

07 우편요금 후납우편물의 계약 우체국장은 체납을 이유로 면제 취소를 받은 사람에 대해서 담보금 면제 혜택을 ☐년간 금지할 수 있다.   07 2

08 요금수취인부담 우편물의 발송유효기간은 ☐년 이내로 배달우체국장과 이용자와의 계약으로 정하되, 국가기관이나 지방자치단체 또는 공공기관에 있어서는 기간을 제한하지 않을 수 있어 해당 기간을 초과하여 발송 유효기간을 정할 수 있다.   08 2

09 발송 유효기간을 경과하여 발송한 요금수취인부담 우편물은 발송인에게 ☐☐하지만, 계약의 해지 후 발송 유효기간 내에 발송된 것은 수취인에게 배달한다.   09 반환

10 요금수취인부담 우편물의 우편요금은 부가취급 수수료를 포함한 금액의 ☐☐☐%이며, 우편요금 합계금액에 원 단위가 있을 경우에는 절사한다.   10 110

11 「신문 등의 진흥에 관한 법률(이하 '신문법'이라 함)」 제2조제1호에 따른 신문(관련된 호외·부록 또는 증간을 포함)과 「잡지 등 정기간행물의 진흥에 관한 법률(이하 '잡지법'이라 함)」 제2조제1호가목·나목 및 라목의 정기간행물(관련된 호외·부록 또는 증간을 포함) 중 요금별납 또는 요금후납 일반우편물로서 무게와 규격이 같고 발행주기를 일간·주간 또는 월간으로 하여 월 ☐회 이상 정기적으로 발송할 경우 우편요금의 감액 대상이 된다.   11 1

12 잡지법 제16조에 따라 신고한 정보간행물 및 기타간행물 중 상품의 선전 및 그에 관한 광고가 앞·뒤표지 포함 전지면의 ☐☐%를 초과하는 정기간행물은 우편요금 감액우편물에서 제외한다.   12 60

13 정기발송계약을 맺은 정기간행물의 감액은 신문사업자, 정기간행물사업자, 신문과 잡지의 발행인 또는 지사·지국장, 보급대행인 등 ☐☐☐☐☐를 대상으로 하므로 대리점, 영업사원, 개인 등이 발송하는 정기간행물은 감액대상에서 제외한다.   13 계약당사자

14 정기간행물의 정기발송계약 감액 계약을 체결할 우체국은 우편집중국(우편물 접수부서가 없는 집중국에 설치된 우체국 포함), 직접 배달할 우체국, ☐급 이상 공무원이 우체국장으로 배치된 우체국 등이다.

14 5

15 정기간행물의 정기발송계약 감액 계약을 체결하기 위해서는 우편물 정기발송계약신청서와 계약서, 사업자등록증 사본, 최근 ☐개월 이내인 신문 또는 잡지 사업 등록증·정보간행물·기타 간행물 신고증이 필요하다.

15 6

16 정기간행물의 등록사항 변경과 휴간, 정간 등의 사유가 생기거나 계약서의 내용이 변경되었을 경우에는 그 사유가 발생한 날로부터 10일 이내에 서면으로 신고하여야 하며, 이에 따른 정기간행물은 정기 발송일에 발송한 것으로 간주하지만, 휴간 횟수는 최근 6개월간(일간은 1개월간) 정기발송 횟수의 ☐☐% 이하로 제한한다.

16 20

17 정기간행물의 정기발송계약의 해지 사유는 우편물의 정기 발송일에 우편물을 3회(일간은 10회) 이상 계속해서 발송하지 아니하는 경우, 최근 6개월간(일간은 1개월간) 우편물 발송 횟수가 ☐☐%에 미달한 경우 등이다.

17 80

18 정기간행물의 정기발송계약이 해지된 후 재계약은 계약 해지일로부터 ☐년(일간신문은 4개월)이 지나야 가능하다.

18 1

19 요금별납 정기간행물 또는 서적우편물의 1회 발송 최소 우편물 수는 기본 감액 100통, 구분 감액 ☐천통이다.

19 2

20 요금후납 정기간행물 또는 서적우편물의 1회 발송 최소 우편물 수는 기본 감액 ☐☐통, 구분 감액 1천통이다.

20 50

21 기본 감액 정기간행물의 본지, 부록, 호외 등을 포함한 우편물 1통의 총 무게는 ☐☐☐☐g을 초과할 수 없으며, 본지 외 내용물의 무게가 본지의 무게를 초과해서는 안 된다.

21 1,200

22 등록된 정기간행물의 기본 감액률은 일간신문(주 3회 이상 발행하여 발송) ☐☐%, 주간신문과 잡지(월 4회 이상 발행하여 발송) 59%, 월간잡지(월 1회 이상 발행하여 발송) 50%이다.

22 62

23 미등록 정기간행물의 기본 감액률은 일간, 주간, 월간 구분 없이 ☐☐%이다.

23 37

24 정기간행물의 구분 감액은 ☐☐☐ 기준, 도로명 주소, 우편집중국별 운반차 적재 등에 따라 적용되며, 규격우편물의 경우 수취인주소 인쇄규격에 따른 감액이 가능하고, 규격외우편물의 경우 우편집중국별(배달국별) 적재 시 감액이 가능하다.

24 접수국

25 정기간행물이 도로명 주소를 이용할 경우 또는 규격우편물의 수취인주소 인쇄규격 준수의 경우에는 ☐.☐%의 구분 감액률이 적용된다.

25 0.5

26 정기간행물의 감액은 기본 감액률과 구분 감액률 합계가 신문(일간) ☐☐%, 신문(주간)64%, 잡지 55%, 잡지외미등록물 42%를 초과하지 않는 범위 내에서 감액률 적용한다.

26 67

27 서적우편물 중 표지를 제외한 쪽수가 ☐☐쪽 이상인 책자의 형태로 인쇄·제본되어 발행인·출판사 또는 인쇄소의 명칭 중 어느 하나와 쪽수가 각각 표시되어 발행된 종류와 규격이 같은 서적으로서 우편요금 감액요건을 갖춰 접수하는 요금별납 또는 요금후납 일반우편물은 우편요금의 감액대상이 된다.

27 48

28 우편요금 감액대상인 서적우편물은 표면 왼쪽 중간 부분에 ☐☐이라고 표기해야 한다.

28 서적

29 우편요금 감액대상인 서적우편물에 동봉하는 부록은 본지에 부록이 첨부되었음을 표시하고 부록의 표지에 ☐☐이라고 표기해야 하며, 부록을 본지와 별도로 발송하거나 부록임을 판단하기 어려운 경우에는 감액을 받을 수 없다.

29 부록

30 우편요금 감액대상인 서적우편물은 본지와 부록 등을 포함한 우편물 1통의 총 무게가 ☐☐☐☐g을 초과할 수 없으며, 본지 외 기타 동봉물의 무게는 본지의 무게를 초과할 수 없다.

30 1,200

31 서적우편물에 대하여 물량(기본) 감액을 적용받기 위해서는 우편물을 묶음으로 발송인이 준비한 종이상자에 담아서 ☐☐☐☐별로 구분하여 우정사업본부장이 지정하는 운반차(pallet)에 실어서 접수신청서 및 접수목록표와 함께 제출하여야 한다.

31 집배코드

32 서적우편물의 배달국별 구분 감액을 적용 받기 위해서는 집배코드의 집배팀 번호 정확도가 92%이상, 배달국-집배팀별 구분감액은 ☐☐☐ 번호 정확도가 92% 이상 되어야 한다.

32 집배구

33 도로명주소 사용에 따른 구분감액을 적용받기 위해서는 우편집중국에서 발급한 "도로명주소 사용률 인증서(유효기간 발급일로부터 3개월)"를 우편물과 함께 우편집중국에 제출해야 하며, 도로명주소 사용률이 ☐☐% 이상 되어야 한다.

33 50

34 서적우편물의 물량(기본) 감액률은 일반우편요금의 ☐☐%이며, 구분감액률은 정기간행물의 구분감액률과 동일하다.

34 40

35 다량우편물 물량(기본)감액을 위한 1회 발송 최소우편물 수는 ☐만통 이상이다.

35 1

36 다량우편물 10만통 이상 동일지역의 물량(기본)감액률은 ☐%이다.

36 4

37 다량우편물 구분감액과 ☐☐☐☐☐ 감액을 위한 1회 발송 최소우편물 수는 요금별납 2천통, 요금후납 1천통이다.

37 환부불필요

38 다량우편물의 구분감액률은 정기간행물 감액률과 동일하고, 환부불필요 우편물 감액률은 일반우편 요금의 0.5%, 반송정보이용 우편물 감액률은 일반우편 요금의 ☐.☐%이다.

38 0.3

39 ☐☐☐☐ 우편물은 상품의 광고에 관한 우편물로서 종류와 규격이 같고 우편요금 감액요건을 갖춰 접수하는 요금별납 또는 요금후납 일반우편물이다.

39 상품광고

40 상품광고 우편물은 ☐☐☐을 제외한 유형상품에 대한 광고를 수록한 인쇄물(별도 쿠폰 동봉) 또는 시디(CD)(디브이디(DVD) 포함)에 대해서만 감액을 적용한다.

40 부동산

41 감액 대상 비영리단체 우편물의 1묶음은 ☐☐☐통 이내로 하여야 하고 그 두께는 20cm를 초과할 수 없으며, 각 묶음에는 표지를 끼워야 하는데 만약 집배코드 글자 크기가 14 포인트 이상일 경우에는 표지 부착을 생략(한글 표기 도착집중국명과 배달국명은 최소 9포인트 가능)할 수 있다.

41 100

42 감액 요건을 충족한 비영리단체 우편물은 일반 우편요금의 100분의 ☐☐(우정사업본부장이 고시한 감액율이 100분의 25를 상회하는 정기간행물, 서적, 상품광고 우편물은 그 감액기준을 적용)를 감액한다.

42 25

43 각각의 파렛에 적재되는 중량·규격이 같은 ☐☐면 이상(표지 포함)의 책자 형태로서 상품의 판매를 위해 가격·기능·특성 등을 문자·사진·그림으로 인쇄한 상품안내서(카탈로그)를 요금후납 일반우편물로 발송할 경우 우편요금을 감액한다.

43 16

44 감액대상으로서의 상품안내서(카탈로그) 한 면의 크기는 최소 120㎜×190㎜ 이상, 최대 255㎜×350㎜ 이하, 두께는 20㎜ 이하로 하고 최대·최소 규격의 범위를 벗어나는 내용물이 전지면의 ☐☐%를 초과하지 못한다.

44 10

45 감액대상으로서의 상품안내서(카탈로그) 우편물의 1통의 무게는 ☐☐☐☐g을 초과할 수 없으며, 추가 동봉물은 본품의 무게를 초과하지 못한다.

45 1,200

46 감액대상 상품안내서(카탈로그)의 묶음 처리된 우편물은 우정사업본부장이 지정하는 운반차(pallet)에 실어서 제출하되, 묶음 1개의 두께는 30㎝ 이하로 최소 ☐☐통 이상이어야 하지만 동일한 행선지의 자투리 우편물은 10통 이내로 할 수 있다.

46 10

47 배달국 관할 집중국으로 1회 100,000통 이상 접수한 상품안내서(카탈로그)는 일반 우편요금의 ☐☐%를 감액한다.

47 50

48 창구접수 및 방문접수 소포우편물 중 중량 20kg 초과 소포 1개를 2개로 분할(동일 시간대, 동일 발송인, 동일 수취인이고, 분할한 소포 1개의 무게는 10kg 초과)하여 접수할 경우 ☐☐☐☐원을 감액한다.

48 2,000

49 접수정보를 사전연계한 방문접수 소포우편물은 접수정보 입력, 사전결제, 픽업장소 지정 시 개당 ☐☐☐원을 감액한다.

49 500

50 이미 납부한 우편요금이나 초과 납부한 우편요금은 반환하지 않는 것이 원칙이지만, ☐☐☐☐으로 정한 경우에는 납부한 사람의 청구에 따라 요금을 반환한다.

50 대통령령

51 우편요금 납부인은 과다 징수한 우편요금 등 우편관서의 잘못으로 우편요금을 너무 많이 징수했거나 부가취급수수료를 받은 후 부가취급을 하지 않은 경우에는 납부한 날부터 ☐☐일 이내에 해당 우편요금을 납부한 우체국을 상대로 반환을 청구할 수 있다.

51 60

52 우편요금의 반환청구를 검토하여 지급하기로 결정한 때에는 우편요금 반환청구서에 해당사항을 적은 후에 봉투 등의 증거자료를 첨부하여 제출하도록 하고 현금 또는 ☐☐로 반환하고 청구인에게서 영수증을 받는다.

52 우표

Step 2 오엑스로 답하기

01 우편요금 별납우편물은 관할 지방 우정청장이 지정하는 우체국에서만 취급이 가능하므로 우편취급국은 제외된다. O|X

01 ×
우편취급국도 포함된다.

02 우편요금 별납우편물의 취급통수는 통상우편물 또는 소포우편물 10통 이상이고, 동일한 우편물에 중량이 다른 1통의 우편물이 추가되는 경우에는 별납으로 접수가 불가능하다. O|X

02 ×
불가능 → 가능

03 우편요금 별납우편물은 창구에서 창구업무 시간 내에 접수하는 것이 원칙이며, 우편날짜도장은 생략한다. O|X

03 ○

04 요금별납 고무인은 책임자가 수량을 정확히 파악해서 보관·관리하여야 하며, 필요할 때마다 받아서 사용한다. O|X

04 ○

05 요금별납 고무인의 책임자는 5급 이상의 관서는 국장, 6급 이하의 관서는 과장이다. ⓞⓧ

05 ✕
5급 이상의 관서는 과장, 6급 이하의 관서는 국장이 고무인의 책임자가 된다.

06 우편요금 후납우편물은 우편물을 발송할 우체국 또는 배달할 우체국, 총괄우체국장의 사전 승인을 받은 우편취급국에서 이용 가능하다. ⓞⓧ

06 ○

07 요금후납의 담보는 보증금 외에 본부장이 지정하는 이행보증보험증권이나 지급보증서도 가능하다. ⓞⓧ

07 ○

08 요금후납의 담보금액이 실제 1개월 발송 우편요금의 2배에 미달할 경우 조정은 불가하다. ⓞⓧ

08 ✕
담보금액이 추산액의 2배에 미달하거나 초과하는 경우 조정이 가능하다.

09 국가, 지방자치단체, 공공기관, 금융기관과 최초 후납계약일부터 체납하지 않고 3년간 성실히 납부한 사람, 우체국장이 신청자의 재무상태 등을 조사하여 건실하다고 판단한 사람, 1개월간 납부하는 요금이 50만 원 이하인 사람, 신용카드사 회원으로 등록하고 그 카드로 우편요금을 결제하는 사람 등은 요금후납 담보금의 면제대상이다. ⓞⓧ

09 ✕
3년 → 4년, 50만 원 → 100만 원

10 우체국소포 및 국제특급(EMS) 계약자로서 요금후납 담보금을 면제받은 자 중에서 신용보증 및 신용조사 전문기관의 평가 결과가 B 이하의 등급을 받은 경우 면제가 취소된다. ⓞⓧ

10 ✕
B등급 이상이면 면제 대상이므로 B 미만의 등급으로 떨어진 경우에 면제가 취소된다.

11 일반통상우편물의 요금수취인부담 제도는 통신판매 등을 하는 상품제조회사가 주문을 받기 위한 경우 또는 자기회사의 판매제품에 관한 소비자의 의견을 알아보기 위한 경우 등에 많이 이용되고 있다. ⓞⓧ

11 ○

12 요금수취인부담의 취급 대상은 통상우편물, 등기소포우편물, 계약등기이며 각 우편물에 부가서비스의 취급은 금지된다. ⓞⓧ

12 ✕
부가서비스도 취급할 수 있다.

13 요금수취인부담 우편물에는 우편날짜도장의 날인을 생략한다. O X

13 ○

14 정기간행물 중 우편물의 내용에 받는 사람에 관한 정보나 서신 성격의 안내문이 포함되어 있는 경우에는 우편요금 감액우편물에서 제외한다. O X

14 ○

15 정기간행물의 감액대상 우편물 중 결제방법을 요금별납으로 계약한 정기간행물은 별도 신청이 없이 계약을 체결하지 않은 우체국(우편집중국 포함)에도 접수가 가능하다. O X

15 ×
감액대상 우편물은 계약을 체결한 우체국에서 취급하되, 요금후납으로 계약한 정기간행물은 계약을 체결하지 않은 배달국 관할 우편집중국에도 접수가 가능하다. 그리고 요금별납으로 계약한 정기간행물은 계약우체국에 타국 접수 신청을 한 후 계약을 체결하지 않은 우체국에도 접수 가능하다.

16 정기간행물의 기본 감액을 적용받기 위해서는 우편물의 발송이 발행 주기와 동일해야 한다. O X

16 ○

17 기본 감액 대상 정기간행물에는 본지 외에 부록, 호외 등을 첨부하거나 제본할 수 없다. O X

17 ×
부록이나 호외 등을 첨부하거나 제본할 수 있다. 부록은 본지 및 부록의 표지에 '부록'의 문자를 표시해야 하며, 호외는 표지에 '호외'의 문자를 표시해야 한다. 부록 및 호외임을 판단하기 어려운 경우에는 감액을 받을 수 없다.

18 정기간행물의 부록, 호외는 본지와 별도로 발송할 때는 감액을 받을 수 없다. O X

18 ×
부록과 달리 호외는 본지와 별도로 발송 시에도 감액을 받을 수 있다.

19 정기간행물의 기본 감액 적용에 필요한 기준을 준수한 자는 적용 요건을 갖춘 감액대상 우편물에 대하여 구분 감액을 받을 수 있지만, 우편물을 직접 배달할 우체국을 제외한 5급 이상 공무원이 우체국장으로 배치된 우체국에 접수하는 경우에는 구분 감액을 받을 수 없다. O X

19 ○

20. 우편요금 감액대상의 요건을 갖춘 서적우편물은 정기 출판물과 비정기 발행 출판물 모두 감액을 적용한다. O/X

20 ✕
서적우편물에 대한 감액은 비정기적으로 발간되는 출판물로 한정하며, 감액을 적용 받지 않는 정기간행물(격월간, 계간 등)은 비정기적 간행물로 간주한다.

21. 우편요금 감액대상 서적우편물에는 우편엽서, 빈 봉투, 지로용지, 발행인(발송인) 명함, 서신성 인사말, 안내서, 소개서, 보험안내장은 각각 1장만 동봉 가능하고, 이를 본지 및 부록과 함께 제본할 때는 수량의 제한이 없다. O/X

21 ✕
서신성 인사말, 안내서, 소개서, 보험안내장을 본지 또는 부록에 제본하거나 동봉하는 우편물은 감액을 받을 수 없다.

22. 우편요금 감액대상 서적우편물에는 본지의 게재내용과 관련된 부록을 첨부하거나 제본할 수 있다. O/X

22 ○

23. 서적우편물이 감액요건을 갖췄다 하더라도 상품의 선전 및 광고가 전지면의 15%를 초과하는 것은 감액대상에서 제외한다. O/X

23 ✕
15% → 10%

24. 서적우편물의 우편요금 감액을 받기 위해서는 우편물을 직접 배달할 우체국이나 5급 이상 공무원이 우체국장으로 배치된 우체국 또는 우편집중국(우편물 접수부서가 없는 우편집중국에 설치된 우체국 포함)에 제출하여야 한다. O/X

24 ○

25. 서적우편물 등에 대하여 물량(기본) 감액을 적용받기 위해서는 우편물의 종류, 구분정도, 묶음 및 용기 수, 우편물 수 등을 기재한 접수목록표는 서면으로 제출하고 일련번호, 집배코드, 우편물 수 등을 기재한 접수신청서는 파일(엑셀)로 제출하여야 한다. O/X

25 ✕
접수목록표와 접수신청서가 반대로 들어가 있다. 접수신청서는 서면으로, 접수목록표는 파일(엑셀)로 제출한다.

26. 수취인 주소 인쇄 규격 준수에 따른 구분감액을 적용받기 위해서는 우편집중국에서 발급한 "수취인 주소 인쇄규격 사용 인증서(유효기간 발급일로부터 3개월)"를 우편물과 함께 우편집중국에 제출해야 하며 수취인 주소의 인쇄표기는 글꼴 및 속성, 간격과 공백, 행정구역 명칭 등의 기준에 모두 적합해야 한다. O/X

26 ○

27 우편물의 종류, 무게 및 규격이 같은 다량의 요금별납 또는 요금후납우편물은 요건을 갖추어 접수하면 우편요금 감액 대상이 된다. ⭕❌

27 ⭕

28 다량우편물의 물량(기본) 감액은 우편물의 1회 접수물량, 우편물 접수·배달권역(동일지역 또는 타지역)에 따라 감액률을 적용하며 동일지역 타지역 미구분 시 전체물량에 대해 동일지역 감액률을 적용한다. ⭕❌

28 ❌
동일지역 타지역 미구분 시 전체 물량에 대해 타지역 감액률을 적용한다.

29 「비영리민간단체지원법」 제4조에 따라 등록된 비영리민간단체가 공익활동을 위하여 발송하는 요금별납 또는 요금후납 일반우편물로 공익활동을 위한 직접적인 내용인 경우는 우편요금 감액 대상이다. ⭕❌

29 ⭕

30 비영리민간단체 우편물에 대하여 우편요금 감액을 받으려면 집배코드를 사용하여 배달국 번호 또는 배달국-집배팀 번호별로 구분하여 제출해야 한다. ⭕❌

30 ⭕

31 감액대상으로서의 상품안내서(카탈로그) 우편물은 전체 내용 중 광고가 80% 이상이어야 한다. ⭕❌

31 ⭕

32 감액대상으로서의 상품안내서(카탈로그) 우편물의 책자 형태에 포함되지 않은 추가 동봉물은 10매까지 인정하되 추가 동봉물은 상품안내서(카탈로그)의 무게를 초과하지 못한다. ⭕❌

32 ❌
10매 → 8매

33 우편집중국장은 상품안내서(카탈로그) 우편물 발행인과 우편물 발송 계약을 체결하기 전에 소속 지방우정청장과 사전 협의를 거쳐야 한다. ⭕❌

33 ⭕

34 감액 대상 상품안내서(카탈로그) 우편물은 모든 우편집중국(우편물 접수부서가 없는 집중국에 설치된 우체국 포함)에 접수할 수 있다.
O X

34 O

35 창구접수 감액은 접수정보를 고객이 사전에 제공한 경우에만 적용한다.
O X

35 O

36 창구접수 소포우편물을 요금즉납 시 1~2개는 3%, 3개 이상은 5%, 10개 이상은 10%, 50개 이상은 15%의 요금을 감액한다.
O X

36 O

37 창구접수 소포우편물을 요금후납 시 70개 이상은 5%, 100개 이상은 10%, 150개 이상은 15%의 요금을 감액한다.
O X

37 ×
150개 이상 → 130개 이상

38 우편서비스에 대한 계약체결 후 채무불이행인 경우 또는 발송인이 요금을 초과 납부한 경우에는 발송인에게 우편요금을 반환해야 하지만 반환 사유를 확인하기 위해 우편업무의 신속성을 해칠 염려가 있으므로 한 번 납부한 요금이나 초과 납부한 요금은 원칙적으로 반환하지 않는다.
O X

38 O

39 사설우체통 사용계약을 해지한 경우 해지인은 납부수수료 잔액에 대하여 해지한 날부터 50일 내에 해당 우편요금을 납부한 우체국을 상대로 반환을 청구할 수 있다.
O X

39 ×
50일 → 30일

40 우편요금 납부인은 우편물을 접수한 후 우편물 접수 당일에 우편관서에서 발송이 완료되지 아니한 우편물의 접수를 취소한 경우에는 해당 우편요금을 납부한 우체국에 우편요금 반환을 청구할 수 있다.
O X

40 O

Step 3 스피드 단답식 말하기

01 동일인이 동시에 우편물의 종류, 중량, 우편요금 등이 동일한 우편물을 다량으로 발송할 경우에 개개의 우편물에 우표를 첩부하여 요금을 납부하는 대신 요금을 일괄하여 현금(신용카드 결제 등 포함)으로 별도 납부하는 제도는? 답 _____

01 우편요금 별납우편물 제도

02 우편물을 자주 발송하는 공공기관, 은행, 회사 등이 요금납부를 위한 회계절차상의 번잡함을 줄이고 동시에 우체국은 우표의 소인절차를 생략할 수 있는 편리한 제도로 우편물의 요금을 발송할 때 납부하지 않고 1개월간의 요금을 다음달 20일까지 납부하는 제도는? 답 _____

02 우편요금 후납우편물 제도

03 우편요금 후납우편물의 계약자가 다른 우체국으로 계약국을 변경할 수 있도록 한 제도는? 답 _____

03 요금후납 계약국 변경 신청 제도

04 배달우체국장(계약등기와 등기소포는 접수우체국장)과의 계약을 통해 그 우편요금을 발송인에게 부담시키지 않고 수취인 자신이 부담하는 제도는? 답 _____

04 요금수취인부담 우편물 제도

chapter 07 손해배상 및 손실보상

Step 1 빈칸 채우기

01 등기취급 통상우편물이 지연배달될 경우 D+☐일 배달분부터 우편요금과 등기취급수수료에 대하여 손해배상 책임을 진다.

02 당일특급 통상우편물의 지연배달 시 D+1일 0시~20시까지의 배달분의 손해배상 범위는 국내특급수수료이고 D+1일 20시 이후 배달분의 손해배상 범위는 ☐☐☐☐과 국내특급수수료이다.

03 등기취급 소포우편물의 손실, 분실 시에는 최고 50만원까지 손해배상이 가능하고, 안심소포의 손실, 분실 시에는 최고 ☐☐☐만원까지 손해배상이 가능하다.

04 우체국 모바일앱, 우편고객센터(1588-1300) 및 우체국(자국 처리 제외)에 손해배상을 청구한 건에 대한 손해배상 결정(처리)관서는 ☐☐☐ ☐☐☐이다.

05 손해검사 조서에는 ☐☐☐☐, 청구사유 및 손해발행 원인 등을 구체적으로 작성하여야 한다.

06 손해배상청구를 받았을 때에는 우편물을 발송한 날로부터 1년 내에 청구한 것인가, 청구서의 사항이 구비되어 있는가, 책임원인의 제한 이유가 있는가, 손해배상의 제한 사유가 있는가, 우편물을 수취한 후에 이의를 제기한 것은 아닌가, 청구자가 수취인인 경우에는 ☐☐☐의 승인을 얻은 것인가 등에 대하여 심사하여야 한다.

---

01 5

02 우편요금

03 300

04 우편고객센터

05 청구금액

06 발송인

07 손해배상금 지급 후 발견한 우편물은 배상금 수령자에게 우편물의 발견 사실과 3개월 이내에 ☐☐☐을 반환하고 당해 우편물을 수령할 수 있는지의 여부 등을 확인해야 한다.

07 배상금

08 손해배상금 지급 후 발견한 우편물에 대한 발견통보를 받은 날로부터 3개월 이내에 배상금 수령자로부터 우편물의 교부청구가 없을 경우에는 ☐☐☐☐우편물의 처리 예에 의하여 취급한다.

08 반송불능

09 우편물의 손해배상은 우편물을 발송한 날로부터 ☐년 이내에 청구하여야 한다.

09 1

10 손해배상의 배상 금액이 결정되면 손해배상 결정서를 청구인에게 보내고, 청구인은 ☐☐창구를 통해 배상액을 청구할 수 있다.

10 금융

11 손해를 배상한 우편물은 배상한 우체국에서 ☐☐☐☐우편물 처리방법에 따라서 처리하되, 수리비용 등 일부 손해를 배상한 경우에는 우편물을 교부할 수 있다.

11 반송불능

12 손해배상에 이의가 있을 때에는 결정 통지를 받은 날부터 ☐개월 안에 민사소송을 제기할 수 있다.

12 3

13 손해배상 결정서를 받은 청구인은 우편물을 받은 날부터 ☐년 안에 배상액을 청구할 수 있다.

13 5

14 도와준 사람에게 줄 보수나 손실보상을 청구할 때에는 청구인의 주소, 성명, 청구사유, 청구금액을 적은 청구서를 운송원 등이 소속하고 있는 우체국장을 거쳐 관할 ☐☐☐☐☐장에게 제출하여야 하고, 이때 소속 우체국장은 손실보상의 청구내용에 대한 의견서를 첨부하여야 한다.

14 지방우정청

15 손실보상은 그 사실이 있었던 날부터 ☐년 이내에 청구하여야 한다.   15 1

16 보수 또는 손실보상의 결정에 대해 불복하는 사람은 그 통지를 받은 날부터 ☐개월 이내에 소송을 제기할 수 있다.   16 3

17 이용자 실비지급제도는 사유가 발생한 날부터 ☐☐일 이내에 해당 우체국에 신고하여야 한다.   17 15

18 우체국 직원의 잘못이나 불친절한 응대 등으로 2회 이상 우체국을 방문하였다고 신고한 경우에는 1만원 상당의 ☐☐☐☐☐ 등을 실비로 지급하여야 한다.   18 문화상품권

19 EMS(국제특급)에 대하여 종·추적조사나 손해배상을 청구한 때 ☐일 이상 지연 응대한 경우 1회 3만원권의 무료발송권을 실비로 지급한다.   19 3

20 EMS(국제특급)이 한 발송인에게 월 2회 이상 손실이나 분실이 발생한 경우 보험가입여부와 관계없이 1회 ☐☐kg까지의 무료발송권을 실비로 지급한다.   20 10

Step 2 오엑스로 답하기

01 손해배상은 적법한 행위에 대한 보전을 말하는 것으로서 위법한 행위 때문에 생긴 손실을 보전하는 손실보상과는 성격상 차이가 있다. ⓞ☒

01 ☒
손해배상은 위법한 행위로 인한 손해를 보전하는 제도이고, 손실보상은 적법한 행위 중 발생한 손실을 보전하는 제도이다.

02 일반통상우편물의 경우 손실·분실의 경우 최고 5만원까지 손해배상을 해야 하지만, 지연배달의 경우에는 손해배상을 하지 않는다. ⓞ☒

02 ☒
일반우편의 경우 손실, 분실, 지연배달의 경우 모두 손해배상을 하지 않는다.

03 통상우편의 준등기, 등기취급, 당일특급, 익일특급의 경우 손실 또는 분실 시 손배배상 최고액이 10만원으로 동일하다. ⓞ☒

03 ☒
준등기 통상우편은 손실 또는 분실 시 손해배상 최고액이 5만원이다.

04 국내특급 통상우편물이 지연배달될 경우 당일특급은 D+1일 배달분부터, 익일특급은 D+3일 배달분부터 손해배상의 대상이 된다. ⓞ☒

04 ⓞ

05 국내특급 통상우편물이 지연배달된 경우 당일특급의 D+1일 20시 이후 배달분과 익일특급의 D+3일 배달분부터 우편요금 및 국내특급수수료에 대하여 손해배상의 책임을 진다. ⓞ☒

05 ⓞ
당일특급의 D+1일 0시~20시까지의 배달분은 우편요금을 제외한 국내특급수수료만 손해배상의 책임을 진다.

06 등기취급 통상우편물의 지연배달 시 D+3일 배달분부터, 등기취급 소포우편물의 지연배달 시 D+5일 배달분부터 우편요금 및 등기취급수수료에 대해 손해배상의 책임이 발생한다. ⓞ☒

06 ☒
등기취급이 지연배달될 경우 통상우편물은 D+5일, 소포우편물은 D+3일 배달분부터 우편요금과 등기취급수수료에 대한 손해배상 책임이 발생한다.

07 당일특급 소포우편물의 지연배달 시 D+1일 0시~20시까지의 배달분은 국내특급수수료, D+1일 20시 이후 배달분은 우편요금과 국내특급수수료에 대한 손해배상 책임을 져야 한다. ⓞ☒

07 ⓞ

08 태풍, 홍수, 호우, 대설, 지진, 감염병 등 예측이 불가능한 천재지변 등 불가항력적인 이유로 지연배달 되는 경우에는 손해배상 책임을 지지 않지만, 이미 예측이 가능한 설·추석 등 특수한 기간에 우편물이 대량으로 늘어나 늦게 배달되는 경우에는 손해배상의 책임을 져야 한다. OX

08 ×
천재지변 등 불가항력적인 이유, 설·추석 등 특수한 기간에 우편물이 대량으로 늘어나 늦게 배달되는 경우, 우편번호를 잘못 표시하거나 수취인 부재와 같이 발송인이나 수취인의 책임으로 지연배달된 경우에는 지연배달로 보지 않는다.

09 지연배달의 일자 계산 시 공휴일과 우정사업본부장이 배달하지 않기로 정한 날은 배달기한에서 제외한다. OX

09 ○

10 주소 오표기, 포장부실 등 발송인의 잘못 또는 수취인 부재, 수취거절 등 수취인의 사정으로 지연배달 된 경우에는 손해배상이 제한된다. OX

10 ○

11 우편물의 성질·결함 또는 불가항력적인 이유로 손해가 생긴 경우 또는 수취인이 우편물을 정당하게 받았을 경우에는 손해배상이 제한된다. OX

11 ○

12 우편물을 배달(교부)할 때 외부에 파손의 흔적이 없고, 무게에도 차이가 없더라도 일관성 있게 내용품의 훼손을 주장할 경우 손해배상의 대상이 된다. OX

12 ×
우편물 배달(교부) 시 외부 파손흔적이 없고 무게에도 차이가 없는 경우에는 손해배상이 제한된다.

13 손해배상에 대한 우체국 청구건 중 자국 처리가 가능한 건은 손해배상 접수우체국에서 처리하는 것이 원칙이다. OX

13 ×
우편고객센터에서 처리하는 것이 원칙이지만, 사고 원인이 명백하게 규명되어 추가 조사가 불필요하고 즉시 지급처리가 가능한 경우 접수우체국에서 종결처리한다.

14 손해사실의 신고를 받은 우편고객센터와 우체국에서는 즉시 당해 우편물의 외장 또는 중량의 이상 유무, 우편관서의 고의·과실 유무 등을 검사하고, 필요 시 접수·배달국에 조사를 요청하여야 한다. OX

14 ○

15 손해배상청구를 심사한 결과, 손해를 배상할 것으로 결정하였을 때에는 사고조사결과 등 손해배상지급 결정 내용을 알림톡, SMS 등을 통해 청구인에게 안내하여야 한다. O/X

16 검사결과 손해가 없는 것으로 드러나면 손해검사조사서 1통은 우편물과 함께 수취 거부자에게 보내고, 1통은 해당 우체국에서 보관한다. O/X

17 해당 손해배상에 대해 공무원의 고의 또는 중대한 잘못이 있더라도 해당 공무원에게는 배상의 책임을 물을 수 없다. O/X

18 우편업무를 수행중인 운송원·집배원과 항공기·차량·선박 등이 통행료를 내지 않고 도로나 다리를 지나간 경우에는 손해배상을 하여야 한다. O/X

19 조력자가 손실보상을 청구할 경우에는 일반노무비, 교통비, 도움에 소요된 실비를 기준으로 금액을 산정한다. O/X

20 이용자 실비지급제도는 부가취급의 여부 또는 재산적 손해의 유무를 요건으로 하지 않고 실비를 보전한다는 점에서 손해배상과 성질상 차이가 있다. O/X

21 이용자가 불친절한 안내 때문에 2회 이상 우체국을 방문하였다고 문서, 구두, 전화, e-mail 등으로 기명 또는 무기명으로 신고한 경우에는 해당 부서 책임자가 신고내용을 민원처리부 등을 참고하여 이용자 실비지급에 대한 여부를 신속히 결정하여야 한다. O/X

---

15 O

16 O

17 ×
업무를 담당한 공무원의 고의 또는 중과실이 인정될 경우 구상권을 행사하여 배상책임을 물을 수 있다.

18 ×
손해배상이 아닌 손실보상의 대상이 된다. 손해배상은 공무원의 위법행위가 전제되는 반면, 손실보상은 공무원의 합법적 행위에도 불구하고 손실이 발생한 경우가 전제된다. 이외에도 우편업무를 수행하는 도중에 도로 장애로 담장 없는 집터, 논밭이나 그 밖의 장소를 통행하여 생긴 손실에 대한 보상을 피해자가 청구하거나 운송에 도움을 받은 경우 도와준 사람 등이 손실보상의 대상이다.

19 O

20 O

21 ×
무기명 신고자는 제외된다.

Step 3 스피드 단답식 말하기

01 우편관서가 고의나 잘못으로 취급 중인 국내우편물에 끼친 재산적 손해에 대해 물어주는 제도는? 답 _____

01 손배배상제도

02 소포우편물 중 등기취급과 당일특급의 손실 또는 분실 시 손해배상의 최고액은? 답 _____

02 50만원

03 손해배상의 청구절차를 순서대로 열거하시오.

- ㉠ 우편물 수취거부와 손해배상 접수
- ㉡ 손해사실 조사
- ㉢ 손해배상 결정
- ㉣ 우편물 처리
- ㉤ 손해검사조서 작성 및 등록
- ㉥ 손해배상 심사

답 _____

03 ㉠ → ㉡ → ㉤ → ㉥ → ㉢ → ㉣

04 우정사업본부장이 공표한 기준에 맞는 우편서비스를 제공하지 못할 경우에 예산의 범위에서 교통비 등 실비의 전부나 일부를 지급하는 제도는? 답 _____

04 이용자 실비지급제도

chapter 08 그 밖의 청구와 계약

Step 1 빈칸 채우기

01 우편물의 반환, 수취인의 주소·성명의 변경청구 시 청구인의 정당 여부를 확인해야 한다. 이때 발송인은 증명서, 신분증, 영수증 등으로 정당 여부를 확인하고, 수취인은 증명서, □□증, 배달안내 문자 또는 우편물 도착통지서 등으로 정당 여부를 확인한다.

01 신분

02 발송인 청구에 의한 성명·주소 변경 및 우편물 반환의 경우 우편집중국으로 발송하기 전에는 수수료가 무료이다. 하지만 우편집중국으로 발송된 이후에는 일반우편물은 □□□□□□요금을 수수료로 징수하고, 등기우편물은 등기취급수수료를 징수한다.

02 기본통상우편

03 보관우편물의 보관국 변경청구는 총 □회 가능하다.

03 1

04 보관우편물의 청구인이 수취인이 아닌 경우에는 일반적으로 위임장과 위임인(수취인)의 □□증명서, 대리인의 신분증을 확인하여야 한다.

04 인감

05 보관우편물의 청구인이 수취인이 아니라 법인의 대표가 위임을 한 경우 대표자의 위임장과 □□□□증명서, 대리인의 신분증을 확인하여야 한다.

05 법인인감

06 보관우편물의 청구인이 수감자인 경우 위임장, □□□□의 명판과 직인이 날인된 위임사실 확인, 대리인 신분증 확인이 필요하다.

06 교도소장

07 보관우편물의 청구인이 군복무자인 경우 위임장, ☐☐☐ 이상 부대장의 명판과 직인이 날인된 위임사실 확인, 대리인의 신분증 확인이 필요하다.

07 대대장

08 우편사서함의 사용계약을 하려는 사람은 주소·성명 등을 기록한 ☐☐☐☐서와 등기우편물 수령을 위하여 본인과 대리수령인의 서명표를 사서함 시설이 갖춰진 우체국에 제출한다.

08 계약신청

09 우편사서함의 사용계약시 우편물 수령을 위한 서명표를 받고 우체국에 우편물 수령인으로 신고한 사람의 인적사항과 서명이미지를 ☐☐☐☐시스템에 등록하고 관리해야 한다.

09 우편물류

10 우편사서함에 대한 법인, 공공기관 등 단체의 우편물 수령인은 ☐명까지 등록 가능하며 신규 개설할 때나 대리수령인이 바뀐 때는, 미리 신고할 경우에만 가능하다.

10 5

11 우편사서함 사용인과 신청인의 일치 여부는 ☐☐☐☐☐의 확인으로 하되, 대리인이 신청하는 경우에는 위임장, 대리인의 신분증 등을 확인하고 접수해야 한다.

11 주민등록증

12 우편사서함의 훼손, 열쇠 분실, 사용자의 주소 또는 명의 변경, 우편물 대리수령인의 변경 등으로 신고사항이 발생한 경우 변경신고서 접수 → ☐☐정리 → 통보의 절차로 처리한다.

12 원부

13 우편사서함 사용계약 우체국장은 사서함에 배달된 우편물을 정당한 사유 없이 ☐☐일 이상 수령하지 않을 경우 사용계약을 해지할 수 있다.

13 30

14 우편사서함 사용계약 우체국장은 최근 3개월간 계속하여 사서함에 배달된 우편물의 총통수가 월 ☐☐통에 미달한 경우 사용계약을 해지할 수 있다.

14 30

15 우편사서함의 사용자가 사서함의 사용을 해지하려 할 때에는 해지예정일 ☐☐일 전까지 해지예정일 및 계약을 해지한 후의 우편물 수취장소 등을 기록하여 계약우체국에 통보해야 한다.

15 10

16 우편사서함을 운영하고 있는 관서의 우체국장은 연 ☐회 이상 운영 실태를 점검하고 사용계약 해지 대상자 등을 정비하여야 한다.

16 2

Step 2 오엑스로 답하기

01 수취인의 주소·성명의 변경청구의 경우 발송인과 수취인 모두 수취인에 대한 주소나 성명에 대한 변경을 청구할 수 있다. ⭕❌

01 ✕
수취인은 주소 변경만 청구 가능하다.

02 내용증명의 수취인 주소·성명을 변경할 경우 우편물을 반환한 뒤 새로운 내용물로 다시 작성하여 발송하거나, 봉투와 원본·등본의 내용을 모두 같게 고친 후 발송하여야 한다. ⭕❌

02 ⭕

03 특별송달, 내용증명, 선거우편, 외화현금배달우편물, 냉장·냉동 보관이 필요한 우편물의 경우 수취인의 주소 변경청구가 불가하다. ⭕❌

03 ⭕

04 성명·주소 변경 및 우편물 반환을 발송인이 청구한 경우 우편집중국으로 발송된 이후에는 수수료가 발생하는데, 등기우편은 등기취급수수료를 납부하여야 하지만 수취인 성명 변경 및 동일 총괄우체국 내 주소 변경 시에는 기본통상우편요금을 수수료로 징수한다. ⭕❌

04 ⭕

05 수취인의 청구에 의한 주소변경 시에는 예외없이 등기취급수수료를 징수하여야 한다. ⭕❌

05 ✕
동일 총괄우체국 내 변경 청구 시에는 무료이다.

06 수취인의 주소·성명 변경 청구 시 발송준비 완료 전, 자국 배달 전, 배달 완료 전, 배달준비 완료 전 등 모든 상황에서 동일하게 변경 전의 사항은 검은 선을 두 줄 그어 지우고 그 밑에 새로운 사항을 기록한다. O X

07 우편물 반환 청구 시 접수 취소로 처리할 때에는 우편물과 수납요금을 반환하고 라벨과 증지를 회수하고, 반환청구에 준해서 처리할 때에는 요금은 반환하되 우편물은 미반환하고 라벨과 증지의 회수도 불필요하다. O X

08 보관우편물에는 수취인 부재 등의 이유로 우체국에서 보관하고 있는 우편물도 포함된다. O X

09 보관우편물에 대한 보관우체국이 변경된 경우에는 보관기간이 다시 시작된다. O X

10 보관우편물의 청구인이 수취인이 아닌 경우에는 위임장, 위임인의 인감증명서, 대리인의 신분증 확인이 필요하며, 인감증명서는 본인발급분이나 대리발급분 모두 가능하지만 '본인서명 사실확인서'는 불가능하다. O X

11 우편사서함 신청을 받은 우체국장은 국가기관, 지방자치단체, 우편물배달 주소지가 사서함 설치 우체국의 관할구역인 신청자, 일일배달 예정 물량이 100통 이상인 다량이용자의 순서로 우선 계약을 할 수 있다. O X

12 우편사서함은 2인 이상이 공동으로 사용할 수 없다. O X

13 우편사서함의 관리를 위해 필요한 경우라 할지라도 개인정보 보호를 위해 신청인(사서함 사용 중인 사람 포함)의 주소, 사무소나 사업소의 소재지를 확인할 수 없다. O X

---

06 O

07 X
접수 취소로 처리할 때에는 우편물과 수납요금을 반환하고 라벨·증지를 회수하지만, 반환청구에 준해서 처리하는 경우에는 우편물만 반환하고 요금은 미반환하며 라벨·증지의 회수가 불필요하다.

08 X
수취인 부재 등의 이유로 우체국에서 보관하고 있는 우편물과 우편함 설치대상 건축물인데도 이를 설치하지 않아 배달우체국에서 보관하였다가 교부하는 우편물은 보관우편물에 포함되지 않는다.

09 O

10 X
본인서명 사실확인서도 가능하다.

11 X
국가기관, 지방자치단체, 일일배달 예정 물량이 100통 이상인 다량이용자, 우편물배달 주소지가 사서함 설치 우체국의 관할구역인 신청자의 순서로 우선 계약할 수 있다.

12 O

13 X
우편사서함의 관리를 위해 필요한 경우 신청인(사서함 사용 중인 사람 포함)의 주소, 사무소나 사업소의 소재지를 확인할 수 있다.

14 우편사서함의 계약 우체국은 사용자의 주소 이전 여부를 파악하기 위하여, 수시로 연락하거나 그 밖의 통지사항을 사용자 주소지에 무료우편물로 보내는 방법으로 사용자 거주 여부를 확인하여야 한다. O X

14 O

15 사서함에 배달된 우편물을 정당한 사유 없이 일정 기간 이상 수령하지 않거나 사서함에 배달된 우편물의 총 통수가 현저히 적은 경우, 우편관계 법령을 위반한 경우, 공공의 질서나 선량한 풍속에 반하여 사서함을 사용한 때에는 사용계약 우체국장이 사용자의 의사와 관계없이 일방적으로 취소할 수 있다. O X

15 X
해지 사유가 생긴 때에는 사용자에게 충분한 설명을 하여야 하며, 사용자의 의사와 관계없이 일방적으로 취소하는 일이 없도록 해야 한다.

16 우편사서함의 사용계약 해지의 경우 열쇠의 반납은 불필요하다. O X

16 O

Step 3 스피드 단답식 말하기

01 발송인이 우편물을 보낸 후 그 우편물이 배달되지 않아야 하는 이유가 발생한 경우 우편관서에 요청하는 청구는? 답 _____

01 우편물의 반환 청구

02 우편물이 배달되기 전에 발송인이나 수취인이 수취인의 주소나 성명을 바꾸려고 하는 경우 우편관서에 요청하는 청구는? 답 _____

02 수취인의 주소·성명의 변경 청구

03 '우체국 보관' 표시가 있는 우편물과 교통 불편 등의 이유로 일반적인 방법으로 접근하기 어려운 지역으로 배달하는 우편물로, 배달우체국의 창구에서 보관한 후 수취인에게 내어주는 것은? 답 _____

03 보관우편물

04 신청인이 우체국장과 계약을 하여 우체국에 설치된 우편함에서 우편물을 직접 찾아가는 서비스는? 답 _____

04 우편사서함

북적북적 저절로 암기노트
[우편상식]

PART 2 [우편물류]

01 우편물류

chapter 01 우편물류

Step 1 빈칸 채우기

01 우편물 발착업무의 처리과정은 ☐☐·정리, 구분, 발송, 도착 작업으로 구성되어 있다.

01 분류

02 분류·정리작업은 우편물을 우편물 종류별로 구분하고 우편물 구분작업을 쉽게 하기 위하여 ☐☐☐☐우편물과 수구분우편물로 분류하여 구분기계에 인입이 가능하도록 정리하는 등의 작업이다.

02 기계구분

03 ☐☐☐☐우편물, 잘못 도착한 우편물, 반송우편물 및 기계구분 불가능우편물은 수구분으로 분류한다.

03 부가취급

04 구분작업에는 발송구분과 도착구분, ☐☐☐☐☐별 구분과 집배원별 구분 등이 있다.

04 우편집중국

05 발송작업은 구분이 완료된 우편물을 보내기 위한 ☐☐☐ 생성, 체결, 우편물 적재 등의 작업이다.

05 송달증

06 도착작업은 도착한 ☐☐☐☐를 검사하고 개봉하여 확인하는 작업이다.

06 운송용기

07 우편물 발송시 ☐☐☐☐서를 운전자와 교환하여 발송한다.

07 운송확인

08 일반우편물을 담은 운송용기는 ☐☐☐☐증을 등록한 뒤에 발송한다.

08 운송송달

09 부가취급우편물을 운송용기에 담을 때에는 책임자나 책임자가 지정하는 사람이 참관하여 ☐☐☐☐시스템으로 부가취급우편물 송달증을 생성하고 송달증과 현품 수량을 대조 확인한 후 발송한다.   09 우편물류

10 부가취급우편물은 덮개가 있는 우편상자에 담아 덮개에 운송용기 국명표를 부착하고 묶음끈을 사용하여 반드시 ☐☐한 후 발송하여야 한다.   10 봉함

11 당일특급우편물은 ☐☐☐☐우편자루를 사용하고 다른 우편물과 구별하여 해당 배달국이나 집중국으로 별도로 묶어서 발송한다.   11 국내특급

12 운송선로는 운송수단에 따라 육로우편운송선로, 항공우편운송선로, 선편우편운송선로, ☐☐우편운송선로로 구분할 수 있다.   12 철도

13 운송선로는 운영방법에 따라 우체국 보유 차량으로 운송하는 직영운송과 운송업체에 위탁하여 운송하는 ☐☐운송으로 구분할 수 있다.   13 위탁

14 운송용기에는 우편운반차(롤팔레트), 우편운반대(평팔레트), 상자운반차(트롤리) 등의 운반차와 ☐☐☐☐(소형·중형·대형) 및 접수상자와 우편자루(일반자루·특수자루·특급자루)가 있다.   14 우편상자

15 운송용기가 도착한 때에는 책임자나 책임자가 지정하는 사람이 참관하고, 담당자는 운송용기의 상태와 수 및 행선지 등이 적합한지를 검사한 후 ☐☐☐☐☐을 조회하여 확인한다.   15 운송송달증

16 우편물을 인수인계할 때에는 운송송달증(운송차량에 적재한 운반차 등의 명세를 수수), 용기송달증(운반차 등에 적재한 운송용기 명세를 수수), ☐☐☐☐☐(접수된 부가취급우편물 명세를 수수)에 따라 수수하는 방법 등이 있다.   16 접수송달증

17 모든 지역의 일반우편물의 배달은 우편물이 도착한 날 순으로 구분을 하여 ◯◯날에 배달한다.

17 다음

18 시한성 우편물, 특급(당일, 익일)우편물, 등기소포는 도착 당일 구분하여 ◯◯ 배달한다.

18 당일

19 공공기관, 단체, 학교, 병원, 회사, 법인 등 같은 건축물이나 같은 구내의 수취인에게 배달할 우편물은 그 건축물이나 구내의 ◯◯사무소, 접수처, 관리인에게 배달하는 것이 가능하다.

19 관리

20 사서함우편물을 교부할 때 등기우편물, 요금수취인부담, 요금미납부족 우편물과 용적이 크거나 수량이 많아 사서함에 투입할 수 없는 우편물은 이를 따로 보관하고, 우편물을 따로 보관하고 있다는 내용의 ◯◯을 투입해 둔다.

20 표찰

21 사서함번호와 주소가 함께 기록된 우편물은 사서함에 넣을 수 있으며, 당일특급, 특별송달, 보험취급, 맞춤형 계약등기 우편물은 ◯◯◯로 배달한다.

21 주소지

22 보관우편물은 자국에서 보관 교부할 우편물이 도착하였을 때에는 해당 우편물에 ◯◯◯◯도장을 날인하고 따로 보관한다.

22 도착날짜

23 등기취급한 보관우편물은 배달증의 적요란에 '◯◯'이라고 적은 후 수취인에게 내어줄 때까지 보관한다.

23 보관

24 '우체국보관'의 표시가 있는 우편물은 그 우체국 창구에서 수취인에게 우편물을 내어주되, 보관기간은 우편물이 도착한 다음 날부터 계산하여 ◯◯일로 한다.

24 10

25 교통이 불편한 도서·농어촌 지역, 공동생활 지역 등 정상적인 우편물의 배달이 어려울 경우 ☐☐☐☐수취함을 설치하고 우편물을 배달한다.

25 마을공동

26 장기간 집을 비우는 경우나 많은 세대가 사는 아파트 같은 경우 수취인과 ☐☐☐☐인의 신고를 통해서 등기우편물 대리수령인으로 지정할 수 있다.

26 대리수령

27 일반우편물은 원래 주소지에 배달하고 등기우편물은 ☐차 배달이 안 되었을 경우 대리수령인에게 배달한다.

27 1

28 수취인이 장기부재신고서에 돌아올 날짜를 미리 신고한 경우 15일 이후에는 '수취인☐☐☐☐' 표시를 하여 반송하여야 한다.

28 장기부재

29 등기취급 우편물의 수령인 확인방법은 수령인이 인장을 날인하거나 수령인의 ☐☐을 직접 자필로 기록하여야 한다.

29 성명

30 등기취급 우편물의 수령자가 수령인 본인이 아닌 경우에는 실제 우편물을 수령한 수령인이 수취인과의 ☐☐를 정확히 기록하여야 한다.

30 관계

31 등기우편물의 수령인이 한글 해독 불가능자 또는 기타의 사유로 서명이 불가능한 경우에는 우편물 여백에 ☐☐이나 지장을 날인하게 한 후 PDA에 장착된 카메라로 촬영하여 수령을 확인한다.

31 인장

32 등기우편물을 수취인 부재 등의 사유로 배달하지 못한 경우와 대리수령인에게 배달한 경우에는 "우편물 ☐☐☐☐서"를 수취인이 잘 보이는 장소에 부착하거나 메시지 서비스(문자 메시지, 포스트톡)를 통해 수취인에게 우편물 도착사실을 알려야 한다.

32 도착안내

33 당일특급, 특별송달, 맞춤형 계약등기 등을 제외한 기타 등기통상은 ☐회 배달 후 4일간 보관한 뒤 반송한다.

33 2

34 내용증명, 보험취급(외화제외), 선거우편, 등기소포는 2회 배달 후 ☐일 보관한 뒤 반송한다.

34 2

35 통화등기 송금통지서와 현금 교환업무 취급 시 반드시 ☐☐☐를 선정하여 취급자와 서로 확인하고 봉투의 표면에 함께 날인하여야 한다.

35 참관자

36 국내특급으로 취급된 통화등기 우편물이 현금출납업무 마감시간 이후(또는 공휴일·토요일·일요일)에 도착하였을 때에는 ☐☐☐ 현금 중에서 대체하여 배달하고, 없으면 다음날 현금출납업무 시작 즉시 처리하여야 한다.

36 시간외

37 통화등기 우편물을 배달할 때에는 수취인으로 하여금 ☐☐☐이 보는 앞에서 그 우편물을 확인하게 하여 내용금액을 표기금액과 서로 비교 확인하여야 한다.

37 집배원

38 통화등기 우편물을 반송 또는 전송할 때에는 관할 집배국 앞으로 ☐☐통지서 및 원부를 발행하여 우편물에 첨부하여야 한다.

38 송금

39 통화등기 우편물을 반송 또는 전송할 때에는 송금통지서 및 원부의 금액란 말미와 송금액 수수부 비고란에는 "☐☐" 또는 "☐☐국 전송"이라고 표시하여야 한다.

39 반송

40 유가증권등기 우편물을 배달할 때에는 수취인에게 겉봉을 열어 확인하게 한 후 표기된 유가증권 증서류명, ☐☐, 내용을 서로 비교 확인하여야 한다.

40 금액

우편상식

41 국제특급(EMS) 우편물은 ☐☐☐☐에 준하여 배달처리한다.

42 우체국 축하카드 및 온라인환은 ☐☐☐☐과 같이 배달처리한다.

43 당일특급 우편물은 배달증에 수령인의 서명(전자서명 포함) 및 ☐☐☐☐을 함께 확인하여야 한다.

44 당일특급 우편물을 배달할 때에는 특급구, 특구 담당 집배원 등이 ☐☐☐☐를 생성하여 배달한다.

45 특급취급 우편물의 수취인이 부재 시에는 ☐회째까지 재방문 예정시각을 기재한 '우편물 도착안내서'를 주소지에 부착하고 수취인이 전화 등으로 재배달을 요구할 경우에는 재배달한다.

46 특급우편물을 전송하거나 반송하는 경우에는 전송 또는 반송하는 날의 ☐☐근무일까지 배달한다.

41 당일특급

42 익일특급

43 배달시각

44 배달자료

45 2

46 다음

Step 2 오엑스로 답하기

01 우편물의 일반취급은 우편물의 접수부터 배달까지의 전반적인 처리과정을 말한다. ◯✗

01 ◯

02 일반취급 우편물의 계약은 발송인이 직접 접수한 경우에는 '접수 → 소인 → 정리 → 체결'의 단계로 진행되고, 우체통에 투함한 경우에는 '투함 → 수집 → 정리 → 소인 → 체결'의 단계를 거치게 된다. ◯✗

02 ◯

03 우편물을 분류할 때 부가취급우편물은 규격과 관계 없이 수구분우편물로 분류하되, 등기통상구분기가 설치된 우편집중국과 권역국에서는 규격의 소형 등기통상(익일특급, 등기우편)우편물에 한해서 기계구분우편물로 분류할 수 있다. ◯✗

03 ◯

04 우편물 표면이 균일하지 아니한 우편물(도장, 동전, 병 덮개 등)은 기계구분이 불가능하지만, 주소와 우편번호 미기재 및 기재위치가 다소 부적정한 우편물은 기계구분이 가능하다. ◯✗

04 ✗
주소와 우편번호 미기재 및 기재위치가 부적정한 우편물도 기계구분 불가능우편물이다.

05 우편물을 분류할 때 접수우편물 중 자국에서 배달할 우편물은 골라내어 처리하지만, 일반통상 다량우편물의 경우 자국발췌 및 집배원별 구분이 곤란할 때에는 우편집중국으로 발송한다. ◯✗

05 ◯

06 우편물을 우편상자에 넣을 때에는 주소가 기재된 면을 동일한 방향으로 정리하고, 수취인 주소는 아래쪽으로 향하도록 담는다. ◯✗

06 ✗
수취인의 주소가 위쪽을 향하도록 담아야 한다.

07 소포우편물을 우편운반차(팔레트)에 적재할 때는 수취인주소가 기재된 앞면이 위쪽으로 향하도록 적재한다. ◯✗

07 ◯

08 우편물은 일반우편물, 특급우편물, 일반등기우편물의 순으로 발송한다. O/X

08 X
우편물은 특급우편물, 일반등기우편물, 일반우편물의 순으로 발송한다.

09 우편물은 형태별로 분류하여 해당 우편상자에 담되 우편물량이 적을 경우에는 형태별로 묶어 담고 운송용기 국명표는 혼재 표시된 국명표를 사용한다. O/X

09 O

10 여러 형태의 우편물을 함께 넣을 때에는 작업을 쉽게 하기 위하여 일반소포 → 등기소포 → 일반통상 → 등기통상 → 중계우편물의 순으로 적재한다. O/X

10 O

11 소포우편물을 적재할 때에는 가벼운 소포와 취약한 소포를 아래에 적재하여 우편물이 파손되지 않게 주의하여야 한다. O/X

11 X
아래 → 위

12 운송할 우편 물량이 많아 차량, 선박, 항공기, 열차 등의 운송수단으로 운송할 수 없는 경우에는 당일특급우편물, 익일특급우편물, EMS우편물이 1순위가 된다. O/X

12 X
익일특급우편물은 2순위이다. 당일특급우편물과 EMS우편물이 1순위이고 익일특급우편물, 등기소포우편물(방문소포 포함), 일반등기·선택등기우편물 및 준등기우편물, 국제항공우편물이 2순위가 된다. 일반소포우편물과 일반통상우편물, 국제선편우편물은 3순위이다.

13 운송의 종류 중 물량의 증감에 따라 정기운송편 이외의 방법으로 운송하는 것을 특별운송이라고 한다. O/X

13 X
특별운송이 아니라 임시운송이다. 특별운송은 우편물의 일시적인 폭주와 교통의 장애 등 그 밖의 특별한 사정이 있다고 인정되는 경우 우편물의 원활한 송달을 위하여 전세차량·선박·항공기 등을 이용하여 행하는 운송이다.

14 운송선로의 임시운송 방법은 우편물의 발송량에 따른 운행의 감편과 증편, 거리연장(수수국 연장)과 거리감축, 운송편의 차량톤급 증차와 감차 등으로 구분할 수 있다. O/X

14 O

15 특별운송의 경우 우편물의 정시송달이 가능하도록 최선편에 운송하도록 하고 운송료는 사후에 정산한다. O X

15 ○

16 운송용기 중 일반자루와 특수자루는 크기에 따라 가호, 나호, 다호로 구분되고 특급자루는 가호와 나호로 구분된다. O X

16 ×
일반자루와 특수자루에는 가호와 나호가 있고 특급자루에는 가호, 나호, 다호가 있다.

17 도착장에 도착하는 일반통상우편물, 소포우편물, 등기우편물은 그 내용과 운송송달증을 대조 확인한 후 해당 작업장으로 이동하되, 부가취급 우편물을 담은 운송용기는 해당부서에 곧바로 넘겨야 한다. O X

17 ○

18 도착검사가 끝난 운송용기가 해당 부서에 도착하면 운송용기에 부착된 국명표를 제거하고 인계·인수가 끝난 우편물은 등기우편, 익일특급의 순으로 개봉하여 처리한다. O X

18 ×
익일특급, 등기우편 순으로 개봉하여 처리한다.

19 일반우편물은 번지내 투함하고, 등기우편물은 수령인의 서명을 받아 배달한다. O X

19 ○

20 우편물의 수취인이 2명 이상인 경우에는 그 중 1인에게 배달한다. O X

20 ○

21 일반우편물이 집배순로구분기 설치국에 오후 시간대에 도착한 경우에는 도착한 다음날 순로 구분을 하여 당일에 배달한다. O X

21 ×
순로 구분한 다음날에 배달한다.

22 배달의 우선순위상 국제항공우편물은 제1순위에 해당하고, 기록취급우편물은 제2순위에 해당한다. O X

22 ×
기록취급우편물과 국제항공우편물은 제1순위에 해당하고, 준등기우편물과 국제선편통상우편물 중 서장 및 엽서를 포함한 일반통상우편물은 제2순위가 된다. 제1순위와 제2순위 이외의 우편물은 제3순위로 분류된다.

| 23 | 배달의 우선순위 중 제1순위부터 제3순위까지 우편물 중 한 번에 배달하지 못하고 잔량이 있는 경우에는 다음편에서 다른 우편물에 우선하여 배달하여야 한다. O|X | 23 O |

24 동일건물 내의 일괄배달시 관리사무소, 접수처, 관리인 등이 없는 경우에는 일반우편물은 우편함에 배달하고 우편함에 넣을 수 없는 우편물(소포·대형·다량우편물)과 부가취급우편물, 요금수취인부담우편물을 수취인에게 직접 배달한다. O|X

24 O

25 사서함우편물 중 사서함번호만 기록한 우편물은 해당 사서함에 정확하게 넣고 수취인에게 우편물 도착사실을 알려주며, 생물 등 변질이 우려되는 소포는 냉동·냉장고에 보관하였다가 수취인에게 내어주어야 한다. O|X

25 O

26 사서함번호를 기록하지 않은 우편물이라도 우편사서함 사용자에게 가는 우편물이 확실한 등기소포 우편물 등은 우편사서함에 투입할 수 있다. O|X

26 ×
우편사서함 번호를 기록하지 않은 우편물이라도 우편사서함 사용자에게 가는 우편물이 확실할 때에는 우편사서함에 투입할 수 있지만 당일특급, 특별송달, 보험취급, 맞춤형 계약등기, 등기소포 우편물은 사서함에 넣지 않고 주소지에 배달하여야 한다.

27 '우체국보관'의 표시 있는 우편물은 우편물이 도착한 다음 날부터 계산하여 10일간 보관하되, 교통이 불편하거나 그 밖의 사유로 수취인이 10일 이내에 우편물을 교부받을 수 없다고 인정될 때에는 30일 이내로 교부기간을 연장할 수 있다. O|X

27 ×
30일 이내 → 20일 이내

28 집배원 배달 전이나 배달하지 못해 반송하기 전 보관하고 있는 우편물은 수취인의 청구에 의해서 창구 교부할 수 있지만, 선박이나 등대로 가는 우편물에 대해서는 창구에서 교부할 수 없다. O|X

28 ×
선박이나 등대로 가는 우편물에 대해서도 창구에서 교부한다.

29 휴가 등으로 수취인이 장기간 집을 비울 때 등기우편물은 주소지에 동거인이 있는 경우에는 그 동거인에게 배달한다. O|X

29 ○

30 수취인이 장기부재신고서에 돌아올 날짜를 미리 신고한 경우 15일 이내인 경우에는 돌아올 날짜의 다음날에 배달하여야 한다. O|X

30 ○

31 무인우편물 보관함이 설치되어 있는 경우에는 수취인이 부재하다고 판단될 때 무인우편물 보관함에 배달하여야 한다. O|X

31 ✕
무인우편물 보관함에 배달할 때에는 수취인의 동의를 받은 후에 배달해야하며, 사전에 수취인이 무인우편물 보관함에 배달해 달라고 신청한 경우에는 수취인을 방문하지 않고 배달할 수 있다.

32 수취인이 무인우편물 보관함에 배달해 달라고 신청한 경우에는 특별송달도 수취인 방문 없이 배달할 수 있다. O|X

32 ✕
특별송달, 보험취급 등 수취인이 직접 수령했다는 사실의 확인이 필요한 우편물은 무인우편물 보관함에 배달할 수 없다.

33 등기우편물을 '무인우편물 보관함'에 배달하는 경우에는 '무인우편물 보관함'에서 제공하는 배달확인이 가능한 증명자료(영수증 또는 배달완료 모니터 화면)를 PDA(개인휴대용단말기)에 장착된 카메라로 촬영하여 수령사실을 갈음할 수 있다. O|X

33 ○

34 등기우편물 중 당일특급, 특별송달, 맞춤형 계약등기(외화 제외)는 3회 배달 후 보관하지 않고 반송한다. O|X

34 ✕
당일특급과 특별송달은 3회 배달 후 보관하지 않고 반송하지만, 맞춤형 계약등기(외화 제외)는 3회 배달 후 2일간 보관한 후 반송한다. 단, 외화 맞춤형 계약등기는 2회 배달 후 보관하지 않고 반송한다.

35 반송불능 통화등기우편물은 통화를 넣은 채로 반송불능우편물로 처리한다. O|X

35 ○

36 물품등기 우편물은 수취인과 집배원이 함께 내용물을 확인하여야 한다. O/X

36 ×
물품등기 우편물은 내용물을 확인하지 않고 수취인에게 봉투와 포장상태의 이상유무만 확인한다.

37 관공서, 회사 등 다량의 등기우편물 배달 시 유가증권 등기우편물이 포함된 사실을 모르고 상호 대조 확인 없이 일괄 배달하는 사례가 없도록 유의하여야 한다. O/X

37 ○

38 안심소포 우편물의 배달업무 담당자는 수취인에게 전화하여 1회에 배달이 성공할 수 있도록 조치하고, 배달할 때에는 안심소포의 포장 상태, 파손, 무게 상이 등을 고객에게 확인하게 한 후 배달한다. O/X

38 ○

39 당일특급은 가장 빠른 배달편에 의하여 접수 당일 20시까지 수취인에게 배달해야 하며, 오후 특급편에 도착한 당일특급 우편물은 당일에 전량 배달하도록 한다. O/X

39 ○

40 익일특급의 취급지역은 관할 지방우정청장이 고시하되, 접수한 날의 다음 날까지 배달이 곤란한 지역에 대해서는 별도로 추가일수를 더하여 고시하여야 한다. O/X

40 ○

41 3차 때까지도 수취인 부재 등으로 배달하지 못한 당일특급우편물은 2일간 보관한 다음 최선편으로 반송처리한다. O/X

41 ×
2일간 보관하지 않고 3차 배달한 날의 다음 근무일에 최선편으로 반송처리한다.

42 당일특급과 익일특급 중 재배달 우편물은 2회째에는 가장 빠른 방법으로 배달하고 3회째에는 통상적인 배달 예에 의한다. O/X

42 ×
익일특급 우편물은 제외된다.

Step 3 스피드 단답식 말하기

01 접수우편물을 행선지별로 구분·발송하고 배달우편물은 배달국의 집배원별로 구분·인계하는 작업을 무엇이라고 하는가?　답 _____

01 발착업무

02 행선지별로 구분한 우편물을 효율적으로 운송하기 위하여 운송거점에서 운송용기(우편자루, 우편상자, 운반차 등)를 서로 교환하거나 중계하는 작업은?　답 _____

02 우편물의 교환

03 우편물(운송용기)을 발송국에서 도착국까지 운반하는 작업은?　답 _____

03 우편물의 운송

04 우편물의 안정적인 운송을 위하여 관할 지방우정청장이 운송구간, 수수국, 수수시각, 차량톤수 등을 우편물 운송방법 지정서에 지정하는 운송의 종류는?　답 _____

04 정기운송

05 우편물을 운송하는 경로를 무엇이라고 하는가?　답 _____

05 운송선로

06 운송선로와 관련하여 알맞은 용어를 쓰시오.
> (1) 최초 발송국에서 최종 도착국까지의 운송경로
> (2) 정해진 운송구간을 운송형태별(교환, 수집, 배분 등)로 운행
> (3) 접수한 우편물을 우편집중국 등으로 모아오는 운송형태
> (4) 우편집중국 등에서 배달할 우편물을 배달국으로 보내는 운송형태
> (5) 배분과 수집이 통합된 운송형태

답 _____

06 (1) 구간
(2) 편
(3) 수집
(4) 배분
(5) 배집

07 우정사업본부장이 지정하는 비영리법인 및 운송사업자 등에게 우편물을 위탁하여 운송하는 방식은?　답 _____

07 위탁운송

08 우편물 보호, 차량적재, 발송·도착, 운반 작업을 효율적이고 원활하게 할 수 있도록 만든 규격화된 용기를 무엇이라고 하는가?
답 _____

08 운송용기

09 우편용기 중 소형통상 다량우편물 접수와 소형통상우편물 담기에 사용되는 것은?
답 _____

09 접수상자

10 우체통에 투입된 우편물을 지정한 시간에 수집하고, 우편물에 표기된 수취인(반송하는 경우에는 발송인)의 주소지로 배달하는 우편서비스는?
답 _____

10 집배

11 주거를 이전한 우편물의 수취인의 신청에 따라 서비스 기간 동안 표면에 구주소지가 기재된 우편물을 이전한 주소지로 전송해주는 서비스는?
답 _____

11 주거이전 우편물 전송서비스

12 우편물 표기 주소지에서 우편물의 수령이 어려운 등기우편물 수취인의 신청에 따라 수취인이 지정한 수령지로 배달해주는 서비스는?
답 _____

12 수취인 배달장소 변경서비스

북적북적 저절로 암기노트
[우편상식]

PART 3 [국제우편]

01 국제우편 총설
02 국제우편물 종별 접수요령
03 국제우편요금
04 주요 부가서비스 및 제도
05 EMS프리미엄 서비스
06 각종 청구제도
07 국제우편물 및 국제우편요금의 반환
08 국제우편 수수료 및 우편요금 고시(우정사업본부 고시)

국제우편 총설

Step 1 빈칸 채우기

01 초창기에는 개별 당사국 간의 조약에 의하여 국제우편물을 교환하였으나 운송수단의 발달, 교역의 확대 등에 따른 우편수요의 증가와 이용조건 및 취급방법의 상이함에서 오는 불편 등을 해소하기 위하여 범세계적인 국제우편기구인 ◯◯◯◯◯◯(UPU)을 창설하였다.

01 만국우편연합

02 1868년 북부독일연방의 우정청장인 하인리히 본 스테판이 문명국가 사이에 우편연합의 구성을 제안하였고, 이에 따라 1874년 '◯◯조약'이 채택됨에 따라 일반우편연합이 창설되어 1875년에 발효되었다.

02 베른

03 일반우편연합은 1878년의 '제2차 ◯◯총회'에서 만국우편연합으로 개명되었다.

03 파리

04 UPU는 상호 연결된 단일 우편 영역에서 우편물의 자유로운 교환을 보장하고 공정하고 공통된 ◯◯을 채택하며 기술 이용을 촉진한다.

04 표준

05 만국우편연합의 최고 의결기관인 총회는 전 회원국의 전권대표로 구성되어 매 ◯년마다 개최되며 전 세계 우편사업의 기본 발전방향을 설정한다.

05 4

06 국제우편에 관한 모든 요금, 중계료, 운송료, 각종 할당요금 등은 모두 국제통화기금(IMF)의 국제준비통화인 ◯◯◯을 기초로 하여 일정 비율의 자국 통화로 환산한다.

06 SDR, Special Drawing Right

07 우리나라는 1897년 제5차 워싱턴 총회에 참석하여 UPU에 가입신청서를 제출하였고, 1900년 1월 1일에 '☐☐☐☐' 국호로 정식 가입하였다.

07 대한제국

08 일본은 1922년 우리나라의 UPU 회원국 명칭을 '☐☐'으로 개칭하였으나 1949년 '대한민국' 국호로 회원국 자격을 회복하였다.

08 조선

09 북한은 1974년 '☐☐☐ 총회'에서 UPU에 가입하였다.

09 로잔느

10 우리나라는 1952년 제13차 UPU 브뤼셀총회 때부터 대표를 계속 파견하여왔으며 1989년 UPU 워싱턴총회에서 ☐☐☐☐☐(Executive Council: EC) 이사국으로 선출되었고, EC의 10개 위원회 중 우편금융위원회 의장직을 5년간 수행하였다.

10 집행이사회

11 1994년 8월 22일부터 9월 14일까지 제21차 UPU 서울총회 개최 및 1995년부터 1999년까지 ☐☐☐☐☐(CA) 의장국으로 활동하였고, 우편운영이사회(POC) 이사국으로 선출되어 2012년까지 활동하였으며, 이후 2016년 이스탄불총회에서 다시 양대 이사국으로 재선출되어 활동하였고 2021년 아비장총회에서 우편운영이사회(POC) 이사국으로 당선되었다.

11 관리이사회

12 아시아·태평양우편연합(APPU : Asian-Pacific Postal Union)은 한국과 ☐☐☐이 공동 제의하여 1961년 1월 23일 마닐라에서 한국, 태국, 대만, 필리핀 4개국이 협약에 서명함으로써 창설되었다.

12 필리핀

13 APPU의 사무국은 ☐☐에 소재하고 있으며, 현재 회원국은 32개국이다.

13 방콕(태국)

14 APPU의 집행이사회는 총회와 총회 사이에 연합 업무의 계속성을 유지하기 위하여 원칙적으로 매년 ☐회 개최되어 총회의 결정에 따라 부여받은 임무를 수행하고 연합의 연차 예산을 검토하고 승인한다.

14 1

15 카할라 우정연합(Kahala Posts Group)은 정시배달 목표 ☐☐% 실현 등 국제특급우편(EMS) 서비스 품질 향상을 추진하고 항공운송구간 문제점 해소를 위한 최적 운송방안을 마련하기 위해 노력한다.

15 96

16 카할라 우정연합(Kahala Posts Group)은 공동으로 구축한 단일 통합네트워크를 기반으로 2005년 7월부터 EMS ☐☐☐☐서비스를 시행하고 있다.

16 배달보장

17 카할라 우정연합(Kahala Posts Group)은 민간특송사에 대한 경쟁력 확보를 위한 사전통관 정보 제공 및 카할라 우정연합 국가간 서비스 품질을 제고하여 국제특급우편(EMS) 매출 성장에 기여한다.

17 ○

18 국제통상우편물 중 서장(Letters)과 소형포장물(Small packet)의 무게한계는 ☐kg이다.

18 2

19 국제소포우편물은 모두 기록 취급하는 우편물로 발송 수단에 따라 항공소포와 ☐☐소포로 구분된다.

19 선편

20 한·중 해상특송서비스(POST Sea Express)는 e-Shipping을 이용하는 고객에 한하여 이용이 가능하며, 인천-☐☐를 운항하는 여객선 및 화물선을 활용한다.

20 위해

21 국제우편물 취급우체국 중 교환국에는 국제☐☐☐☐☐☐, 부산국제우체국, 인천해상교환우체국 등 세 곳이 있다.

21 우편물류센터

22 국제통상우편물 중 서장(Letters)을 봉투에 넣은 경우 취급에 어려움이 없도록 ☐☐☐☐ 형태여야 한다.

22 직사각형

23 물량이나 포장 상태를 보아 할인 요금을 미리 낸 우편물과 혼동할 수 있는 우편물인 경우에는 우편물의 주소 면에 서장임을 표시하는 '□□ □□□□'라는 단어를 추가하여야 한다.

23 Letter

24 봉함하지 않은 상태로 발송하는 우편엽서 형식의 국제우편물에는 앞면 윗부분에 우편엽서를 뜻하는 영어(Postcard)나 □□□□로 표시해야 하지만, 그림엽서의 경우에는 그러하지 아니하다.

24 프랑스어(Carte pdstale)

25 국제우편물 중 엽서에 관한 규정을 따르지 아니한 우편엽서는 □□으로 취급한다.

25 서장

26 항공서간은 종이 한 장으로 되어 있으며 편지지와 봉투를 겸한 □□엽서의 형태로 되어 있어 간편하고 편리하며 요금이 저렴하다.

26 봉함

27 사제항공서간의 최대 규격은 110×□□□mm(허용 오차 2mm), 최소 규격은 90×140mm(허용 오차 2mm)이다.

27 220

28 국제우편물 중 인쇄물(Printed papers)은 종이, 판지나 일반적으로 인쇄에 사용되는 재료 등 허용된 물질에 □부 이상을 생산한 복사물이어야 하며, 신속하고 간편하게 검사를 받을 수 있으면서도 그 내용품이 충분히 보호받을 수 있도록 포장하여야 한다.

28 2

29 소형포장물과 우편자루배달 내용품의 가격이 300SDR 이하인 경우에는 기록 요령이 간단한 □□□□(CN22)를, 내용품의 가격이 300SDR이 초과되는 경우에는 세관신고서(CN23)를 첨부한다.

29 세관표지

30 시각장애인이나 공인된 시각장애인기관에서 발송하거나 수신하는 우편물을 시각장애인용 우편물(Items for the blind)이라고 하며 □□□, 서장, 시각장애인용 활자가 표시된 금속판을 포함한다.

30 녹음물

31 시각장애인용 점자우편물의 수취인 주소가 있는 면에 이용자가 52×65mm 크기의 검정색과 흰색의 상징이 그려진 ☐☐ 표지를 부착하여야 한다.   31 흰색

32 우편자루배달 인쇄물(M-bag)은 인쇄물을 넣은 우편자루 하나를 하나의 우편물로 취급하는 것이며 제한무게는 10kg 이상 ☐☐kg까지이다.   32 30

33 우편자루배달 인쇄물(M-bag)에 물품을 동봉하거나 첨부할 때에는 각 우편물의 무게가 ☐kg을 초과할 수 없다.   33 2

34 우편자루배달 인쇄물에는 발송인의 수취인에 관한 모든 정보를 기록한 견고한 천, 튼튼한 판지, 플라스틱, 양피지나 나무에 접착한 종이로 만들어진 직사각형 ☐☐☐을 첨부해야 한다.   34 운송장

35 우편자루배달 인쇄물의 운송장은 구멍이 있어야 하고 우편자루에 매달 수 있도록 끈으로 연결되어 있어야 하며 90×☐☐☐mm(허용 오차 2mm) 이상이어야 한다.   35 140

36 국제소포 중 전쟁 포로 및 민간인 피억류자 소포는 무게 5kg까지는 우편요금이 면제되지만, 내용물을 분할할 수 없는 소포 또는 포로에게 분배하기 위해 수용소나 포로 대표자에게 발송되는 소포는 ☐☐kg까지 발송 가능하다.   36 10

37 K-Packet은 고객맞춤형 국제우편 서비스로서 평균 송달기간은 7~☐☐일이다.   37 10

38 K-Packet은 ☐kg 이하, 가로+세로+높이≤90cm의 소형물품을 인터넷우체국이 제공하는 API 시스템을 통해 온라인으로 접수한다.   38 2

39 국제특급우편의 종류에는 계약국제특급우편(Contracted EMS)와 ◯◯국제특급우편(On demand EMS)이 있다.

39 수시

40 국제특급우편은 ◯◯성, 신뢰성, 정기성, 안전성을 보장한다.

40 신속

41 국제특급우편(EMS)의 행방조사 결과 우체국의 잘못으로 배달예정일보다 ◯◯시간 이상 늦어진 것으로 판정된 경우 납부한 우편요금을 환불하지만, 배달을 시도했으나 수취인이 부재한 경우와 공휴일 및 통관 소요일은 송달예정기간에서 제외한다.

41 48

42 외국에서 국내 배달우체국에 도착한 국제특급우편물은 국내◯◯특급우편물의 예에 따라 배달한다.

42 당일

43 EMS를 접수할 때에는 국가별 통관 규정이나 국내 법규 등에 따라 수시로 변경되므로, 반드시 내부망인 ◯◯◯넷 발송조건 또는 외부망인 인터넷우체국을 확인하여야 한다.

43 포스트

44 EMS 배달(교환) 국가는 1979년 홍콩, ◯◯과 업무 개시 이후 계속 확대하여 왔다.

44 일본

45 계약국제특급우편은 월 ◯◯만원을 초과하여 EMS를 발송하는 고객이 계약을 맺을 수 있으며, 월간 이용 금액에 따라 4%에서 최대 18%까지 할인한다.

45 50

46 수시국제특급우편은 1회에 30만원을 초과하여 EMS를 발송하는 이용자에 대하여 50만원까지는 ◯%, 50만원을 초과하는 금액에 대하여는 계약국제특급우편 감액률을 적용하여 할인(창구접수에 한하며 방문접수분은 제외)한다.

46 3

47 한·중 해상특송서비스는 EMS와 같은 경쟁서비스이며 고객맞춤형 국제우편 서비스로서 표준 송달기간은 평균적으로 중국 ◯일, 한국 4일이다.

47 6

48 한·중 해상특송서비스는 지방우정청, 총괄우체국에서 이용계약 가능하며 ◯급 이하 우체국(별정국, 우편취급국 포함)은 총괄우체국장의 승인을 받은 경우에 한한다.

48 6

Step 2 오엑스로 답하기

01 우리나라는 1990년부터 UPU 국제사무국에 전문가를 파견하여 UPU 활동에 기여하는 동시에 국제우편 전문가를 양성하고 있다. O X

01 ○

02 UPU의 공용어는 영어이며, 국제사무국 내에서는 업무용 언어로 영어 및 프랑스어를 사용한다. O X

02 ×
UPU의 공용어는 프랑스어이다.

03 UPU에서는 조약문의 해석상 문제가 있을 때에 프랑스어를 기준으로 하되, 각종 회의와 문서 발간을 위하여 영어, 아랍어, 스페인어, 러시아어, 중국어, 독일어, 포르투갈어, 일본어를 함께 사용한다. O X

03 ×
일본어는 제외된다.

04 대만은 UN 및 UPU의 회원 자격이 중국으로 대체됨에 따라 1974년에 아시아·태평양우편연합(APPU)에 가입하였다. O X

04 ×
대만의 APPU 회원자격이 1974년 중국으로 대체되었다.

05 아시아·태평양우편연합(APPU : Asian-Pacific Postal Union)의 공용어는 영어이다. O X

05 ○

06 APPU의 최고 기관은 총회이며, 총회는 4년마다 개최되는 비상설기구로 회원국의 전권대표로 구성된다. O X

06 ○

07 우리나라는 제9차 APPU 총회를 2005년에 개최하여 2006년부터 2009년까지 집행이사회 의장국으로 활동하였다. O X

07 ○

08 APPU의 사무국과 아시아·태평양우정대학은 모두 태국 방콕에 소재되어 있다. O X

08 ○

09 카할라 우정연합(Kahala Posts Group)의 사무국은 하와이에 소재하고 있고, 회원국은 2021년 12월 현재 11개국(한국, 미국, 일본, 중국, 호주, 홍콩, 스페인, 영국, 프랑스, 태국, 캐나다)이 가입되어 있는데 회원국을 유럽까지 확대하고 있다. O X

09 ×
사무국은 홍콩에 소재하고 있다. 하와이는 최초 회의가 있었던 곳으로, 카할라도 하와이 내 지역명이다.

10 국제통상우편물 중 인쇄물(Printed papers)과 시각장애인용 우편물(Items for the blind)의 무게한계는 5kg이다. O X

10 ×
시각장애인용 우편물의 무게한계는 7kg이다.

11 항공소형포장물, 항공소포, K-Packet, 국제특급(비서류) 우편물은 실제중량(실중량, 무게중량, 저울중량)과 부피중량(체적중량) 두 가지 중량을 비교하여 더 큰 중량의 요금을 적용한다. O X

11 ○
부피중량은 항공우편물에만 적용되며, 선편은 적용대상이 아니다.

12 국제통상우편물은 취급속도에 따라 우선취급우편물과 비우선취급우편물로 구분된다. O X

12 ○

13 K-Packet은 인터넷우체국을 통해 우편물 접수를 신청하면 우체국에서 방문 접수한다. O X

13 ○

14 K-Packet 서비스는 고객에게 주소와 세관신고서(CN22)를 한 장으로 사용 가능한 기표지(운송장)와 발송(접수)정보를 입력할 수 있는 정보시스템(API)을 제공한다. O X

14 ○

15 상품 견본과 물품 등의 내용품을 국제특급으로 발송할 때에는 서류용 특급우편물 서비스를 이용한다. O/X

15 ✗
편지, 유학 서류, 각종 서류 등을 발송할 때 서류용 특급우편물 서비스를 이용한다. 서류용 특급우편물 이외의 우편물은 비서류용 특급우편물 서비스를 이용하여야 한다.

16 국제우편물류센터와 부산국제우체국, 인천해상교환우체국은 통관국과 통상국의 업무를 겸하고 있다. O/X

16 ✗
인천해상교환우체국은 통관국의 업무는 수행하지만, 통상국의 업무는 하지 않는다.

17 국제우편물류센터는 항공우편물의 교환업무, 부산국제우체국은 선편우편물의 교환업무, 인천해상교환우체국은 해상특송우편물, 복합환적우편 서비스의 교환업무를 담당한다. O/X

17 ○

18 서장(Letters)에는 통신문 성질을 갖는 서류 외에 타종에 속하지 않는 우편물과 멸실성 생물학적 물질이 들어있는 서장은 포함되지만, 방사성 물질이 들어있는 우편물은 제외된다. O/X

18 ✗
방사성 물질이 들어있는 우편물도 포함된다.

19 우편엽서 형태의 국제우편물은 관제엽서와 사제엽서 모두 우편요금을 표시하는 증표의 인쇄가 가능하다. O/X

19 ✗
우편요금을 표시하는 증표의 인쇄는 관제엽서인 경우에 가능하다. 사제엽서는 관제엽서에 준하여 조제하되 우편요금을 표시하는 증표를 인쇄할 수 없다.

20 우편엽서는 직사각형이어야 하고 우편물 취급에 어려움이 없도록 튼튼한 판지나 견고한 종이로 제조하여야 하며 튀어나오거나 도드라진 양각 부분이 없어야 하고, 우편엽서 형식의 국제우편물은 적어도 앞면의 오른쪽 반은 수취인의 주소와 성명·요금납부표시, 업무지시나 업무 표지를 위하여 사용할 수 있도록 통신문을 기록하지 않고 남겨두어야 한다. O/X

20 ○

21 항공서간은 우편물 취급에 지장이 없도록 직사각형 모양으로 제작되어야 하며, 외부에 'Aerogramme' 표시를 하여야 한다. O/X

21 ○

22 정부가 발행하는 항공서간에는 우편 요금을 표시하는 증표를 인쇄할 수 있으나 사제항공서간에는 우편 요금을 표시하는 증표를 인쇄할 수 없다. O X

22 ○

23 항공서간에는 우표 이외의 물품을 붙이지 못하고 어떠한 것도 넣을 수 없으며 등기로도 발송할 수 없다. O X

23 ×
항공서간도 등기로 발송할 수 있다.

24 국제우편물 중 인쇄물에는 굵은 글자로 주소 면(가급적 왼쪽 윗부분, 발송인의 주소·성명이 있을 경우 그 아래)에 인쇄물의 표시인 'Printed papers' 또는 'Imprimé'를 표시하여야 한다. O X

24 ○

25 국제우편물로 접수 가능한 인쇄물에는 서적, 홍보용 팸플릿, 상업광고물, 사진, 명함, 봉인한 서류 등이 포함된다. O X

25 ×
서적, 정기간행물, 홍보용 팸플릿, 잡지, 상업광고물, 달력, 사진, 명함, 도면 등 종이·판지 등으로 정보 전달의 내용이 포함된 것은 인쇄물로 접수가 가능하지만 CD, 비디오테이프, OCR 포장박스, 봉인한 서류 등은 접수가 불가능하다.

26 동시에 여러 통을 발송하는 타자기로 치거나 컴퓨터 프린터로 출력한 인쇄물은 요건을 갖추지 않았더라도 인쇄물로 취급한다. O X

26 ○
그 외에 요건을 갖추지 않았더라도 인쇄물로 취급하는 것으로는 관계 학교의 교장을 통하여 발송하는 것으로 학교의 학생끼리 교환하는 서장이나 엽서, 학교에서 학생들에게 보낸 통신강의록과 학생들의 과제 원본 및 채점답안, 소설이나 신문의 원고, 필사한 악보, 인쇄한 사진 등이 있다.

27 인쇄물에는 본문 내용의 단어나 일정 부분을 삭제하거나 기호를 붙이거나 밑줄을 그어 기록할 수 있다. O X

27 ○
그 외에도 발송인과 수취인의 주소·성명(신분, 직업, 상호 기록 가능), 우편물의 발송 장소와 일자, 우편물과 관련되는 일련번호와 등기번호, 인쇄의 오류를 정정하는 것, 간행물·서적·팸플릿·신문·조각·악보에 관한 주문서 등은 인쇄물에 기록할 수 있다.

28. 인쇄물에는 우편물 발송인의 주소나 원래의 우편물의 접수국가나 배달국가 내의 대리인 주소를 인쇄한 카드, 봉투, 포장재 등을 첨부할 수 있으며, 이 첨부물에는 반송을 위하여 원래 우편물 배달국가의 우표나 우편요금선납인, 우편요금선납도장으로 요금을 선납하는 것이 가능하다. O X

28 ○

29. 인쇄물 중 문학작품과 예술적 작품에는 관련 송장을 첨부할 수 있지만, 패션 간행물에 대하여는 그 간행물의 일부를 이루는 도려낸 옷본은 첨부할 수 없다. O X

29 ×
패션 간행물의 일부를 이루는 도려낸 옷본도 첨부 가능하다.

30. 소형포장물은 성질상으로는 그 내용품이 소포우편물과 같은 것이지만 일정한 조건에서 간편하게 취급할 수 있도록 통상우편물의 한 종류로 정하고 있다. O X

30 ○

31. 소형포장물은 소포에 비해 발송 절차가 간단하며 송장이 필요없지만 포장물 내부나 외부에 송장을 첨부하는 것이 가능하다. O X

31 ○

32. 소형포장물의 내부나 외부에 상거래용 지시 사항을 기록하여서는 안 된다. O X

32 ×
소형포장 우편물의 내부나 외부에 상거래용 지시사항, 수취인과 발송인의 주소와 성명, 제조회사의 마크나 상표, 발송인과 수취인 사이에 교환되는 통신문에 관한 참고 사항, 물품의 제조업자 또는 공급자에 관한 간단한 메모, 일련번호나 등기번호, 가격·무게·수량·규격에 관한 사항, 상품의 성질, 출처에 관한 사항 등을 기록할 수 있다.

33. 시각장애인용 우편물은 선편, 항공 등기 모두 전액 무료이다. O X

33 ×
선편으로 접수할 때에는 무료, 항공 등기로 접수할 때에는 등기요금은 무료이지만 항공부가요금은 징수한다.

34 시각장애인용 우편물은 신속하고 간편하게 확인을 받을 수 있으면서도 그 내용물을 보호할 수 있도록 포장되어야 한다. O|X

34 O

35 시각장애인용 문자를 포함하고 있는 서장과 시각장애인용 활자가 표시된 금속판에는 필요한 내용을 적을 수 있다. O|X

35 X
시각장애인용 문자를 포함하고 있는 서장과 시각장애인용 활자가 표시된 금속판에는 어떠한 내용도 적을 수 없다.

36 시각장애인용 우편물에는 소인 여부를 떠나 우표나 요금인영증지나 금전적 가치를 나타내는 어떠한 증서도 포함할 수 없다. O|X

36 O

37 우편자루배달 인쇄물에는 디스크, 테이프, 카세트, 제조업자나 판매자가 선적하는 상품의 견본은 동봉 또는 첨부가 가능하지만, 관세가 부과되지 않는 상업용 물품이나 재판매 목적이 아닌 정보 자료는 제한된다. O|X

37 X
관세가 부과되지 않는 그 밖의 상업용 물품이나 재판매 목적이 아닌 정보 자료도 동봉 또는 첨부가 가능하다.

38 우편자루배달 인쇄물은 10kg 이상 인쇄물에 한하여 접수하며, kg 단위로 요금을 계산한다. O|X

38 O

39 우편자루배달 인쇄물은 전국의 모든 우체국과 우편취급국에서 접수할 수 있다. O|X

39 X
우편취급국에서는 접수가 불가능하다.

40 우편자루배달 인쇄물을 일반으로는 어느 나라든지 보낼 수 있지만, 등기를 취급하는 나라가 제한되므로 부가취급이 불가능하다. O|X

40 X
등기를 취급하는 나라가 제한적(미국, 캐나다는 우편자루배달인쇄물 등기 미취급)이지만 등기와 배달통지 등 부가취급은 가능하다.

41 우편자루배달 인쇄물에 담긴 인쇄물의 각 묶음에 수취인의 주소를 표시하여 동일주소의 동일 수취인에게 발송하여야 한다. O|X

41 O

42 전쟁 포로에게 보내거나 전쟁 포로가 발송하는 통상우편물, 우편소포, 우편 금융 업무에 관한 우편물과 민간인 피억류자에게 보내거나 민간인 피억류자가 발송하는 우편물, 우편소포, 우편 금융 업무에 관한 우편물은 항공부가요금을 제외한 모든 우편 요금이 면제된다. **O**/X

42 ○

43 국제소포 중 속달소포, 대금교환소포 등은 우리나라에서 취급하지 않고 있다. **O**/X

43 ○

44 K-Packet은 우체국과 계약하여 이용하는 우편서비스로 최소 계약물량 이상 거래하여야 한다. **O**/X

44 ✗
최소 계약물량에 대한 제한이 없다.

45 K-Packet은 지방우정청, 총괄우체국에서 계약 가능하며 우편취급국에서는 계약이 불가능하다. **O**/X

45 ✗
우편취급국도 총괄우체국이 접수국으로 지정한 경우에는 계약이 가능하다.

46 K-Packet은 온라인으로 판매되는 소형물품의 해외배송에 적합한 국제우편서비스(L로 시작하는 우편물번호 사용)로 월 이용금액에 따라 이용요금을 감액해줄 수 있다. **O**/X

46 ○

47 K-Packet은 전국의 모든 우체국에서 접수 가능하며 무료 방문접수서비스가 제공되지만 월 이용금액이 50만원 미만 및 계약한 우체국의 사정에 따라 방문접수가 제한될 수 있다. **O**/X

47 ○
무료 방문접수서비스의 경우 계약관서의 인력·차량 사정에 따라 방문접수 또는 별도의 접수장소를 상호 협의하여 결정한다.

48 국내에서 K-Packet을 등기소형포장물보다 우선 취급한다. **O**/X

48 ○

49 K-Packet은 1회 배달 성공률 향상을 위해 해외우정과 제휴하여 배달국가에서 수취인 서명 없이 배달한다. **O**/X

49 ○

50 K-Packet의 손해배상의 책임은 발송우정청이 지며, 손해배상 처리절차 및 배상액은 기존 국제등기우편과 동일하지만 인터넷으로 종추적 배달결과가 없는 경우에 한하여 행방조사 청구가 가능하다. OX

50 ○
미국행 K-Packet은 상대국가에서 제공하는 종추적 정보 외의 행방조사, 손해배상 등 기타 청구는 할 수 없다.

51 K-Packet의 제휴 국가(지역)는 한국 포함 미국, 중국, 일본, 홍콩 등 21개국이다. OX

51 ○

52 EMS는 국가 간 표준다자간 협정이나 양자 협정으로 합의한 내용에 따라 취급하되, 국가별 상세한 취급 사항은 UPU 산하 EMS 협동조합(Cooperative)에서 각국의 EMS 취급 조건을 모아서 웹사이트에 게시한 'EMS 운영 가이드(EMS Operational Guide)'를 따른다. OX

52 ○

53 국제특급우편은 모든 우체국에서 발송이 가능하지만, 우편취급국에서는 발송이 불가능하다. OX

53 ×
우편취급국에서도 발송이 가능하다.

54 국제특급우편은 각 접수우체국마다 그날 업무마감시간이 제한되어 있어, 마감시간 이후 분은 다음 날 국외 발송 승인 후 접수한다. OX

54 ○

55 국제특급우편의 행방조사 결과 우체국의 잘못으로 배달예정일보다 48시간 이상 늦어진 것으로 판정된 경우 납부한 우편 요금을 환불하지만, 배달보장서비스 적용 우편물의 경우 송달예정일보다 하루라도 늦어진 경우 우편요금을 반환한다. OX

55 ○
단, 세관계류 등은 기간에서 제외한다.

56 국제특급우편으로 접수 가능한 물품에는 업무용·상업용 서류, 상품 견본 또는 상품, 컴퓨터 데이터, 송금환, 귀금속, 여권을 포함한 신분증 등이다. OX

56 ×
EMS로 접수 가능한 물품에는 업무용 서류, 상업용 서류, 컴퓨터 데이터, 상품 견본, 마그네틱 테이프, 마이크로 필름, 상품 등이다. 반면 접수 금지 물품에는 동전, 화폐, 송금환, 유가증권류, 금융기관 간 교환 수표, UPU일반우편금지 물품, 가공 또는 비가공의 금·은·백금, 귀금속·보석 등 귀중품, 상대국가에서 수입을 금하는 물품, 여권을 포함한 신분증 등이다.

57 EMS로 접수할 수 없는 UPU일반우편금지물품에는 취급상 위험하거나 다른 우편물을 더럽히거나 깨뜨릴 우려가 있는 것, 마약류 및 향정신성 물질, 폭발성·가연성 또는 위험한 물질, 외설적이거나 비도덕적인 물품 등이 해당한다. O/X

57 ○

58 항공편 사정, 천재지변, 상대국 통관, 배달 상황 등에 따라 배달(취급) 중지되는 경우가 있으므로 EMS 우편물을 접수할 때 취급 가능한 국가를 반드시 국제우편물 발송조건(포스트넷 또는 인터넷우체국)에서 확인해야 한다. O/X

58 ○

59 EMS는 항공 및 등기를 기본으로 취급하며 배달통지, 배달보장서비스(카할라 우정연합 국가에 한함) 등의 부가취급이 가능하지만 보험취급은 제공되지 않는다. O/X

59 ×
보험취급도 가능하다.

60 한·중 해상특송서비스는 온라인으로 판매되는 물품의 중국배송에 적합한 국제우편 서비스로, 월 발송물량에 따라 이용 요금을 감액한다. O/X

60 ○

Step 3 스피드 단답식 말하기

01 국가 또는 그 관할 영토의 경계선을 넘어 상호 간에 의사나 사상을 전달, 매개하거나 물건을 송달하는 제도는?   답 _____

01 국제우편

02 UPU의 상설기관 중 우편에 관한 정부정책 및 감사 등과 관련된 사안을 담당하는 기관은?   답 _____

02 관리이사회
 (Council of Administration : CA)

03 UPU의 상설기관 중 연합업무의 수행, 지원, 연락, 통보 및 협의기관으로 기능하는 것은?   답 _____

03 국제사무국(International Bureau: IB)

04 UPU의 상설기관 중 우편업무에 관한 운영적, 상업적, 기술적, 경제적 사안을 담당하는 기관은?   답 _____

04 우편운영이사회(Postal Operations Council: POC)

05 지역우편연합의 구성을 허용하고 있는 UPU 헌장에 따라 지역 내 각 회원국 간의 우편관계를 확장·촉진·개선하고 우편업무 분야에서 국제협력을 증진할 목적으로 아시아 지역 일대에서 창설된 국제우편단체는?   답 _____

05 아시아·태평양우편연합 (APPU : Asian-Pacific Postal Union)

06 APPU의 창설에 따라 서명되어 1962년 4월 1일에 발효된 이후 지역 내 상호 협력과 기술 협조에 기여한 국제조약은?   답 _____

06 아시아·태평양 우편협약

07 아·태지역의 우편업무 개선·발전을 위한 우정직원 훈련을 목적으로 1970년 9월 10일에 4개국(우리나라, 태국, 필리핀, 대만)이 유엔개발계획(UNDP)의 지원을 받아 아·태 우정연수소(APPTC: Asian-Pacific Postal Training Center)의 이름으로 창설한 지역훈련센터의 현재 명칭은?   답 _____

07 아시아·태평양우정대학 (APPC: Asian-Pacific Postal College)

08 아시아·태평양 연안 지역내 6개 우정당국(한국, 미국, 일본, 중국, 호주, 홍콩)이 국제특송시장에서의 주도권 확보 및 국제특급우편(EMS) 경쟁력 향상을 목적으로 2002년 6월에 결성한 기구는? 답 _____

08 카할라 우정연합
(Kahala Posts Group)

09 배달보장일수 계산 프로그램에 따라 우편물 접수 시 발송지와 수취인 주소의 우편번호 입력을 기반으로 예상배달일자를 약속하고 정시배달을 보장해주며, 배달이 지연된 경우 납부한 국제우편요금을 전액 배상해 주는 서비스는? 답 _____

09 EMS 배달보장서비스

10 국제우편물 취급우체국의 각 명칭을 쓰시오.
(1) 국제우편물을 직접 외국으로 발송하고, 외국에서 오는 우편물을 받는 업무를 수행하는, 즉 교환업무를 취급하는 우체국
(2) 관세청장이 지정한 우체국으로써, 세관 공무원이 주재하거나 파견되어 국제우편물의 수출입에 관한 세관검사를 실시하는 우체국
(3) 국제우편물의 접수와 배달 업무를 수행하는 일반우체국
답 _____

10 (1) 교환국
(2) 통관국
(3) 통상국

11 중국 등 제3국에서 미국·캐나다 등 제3국으로 발송하는 전자상거래 상품을 EMS, K-Packet, 등기소형포장물 등으로 유지·발송하는 서비스는? 답 _____

11 복합환적우편서비스
(Sea to Air)

12 우편자루 배달인쇄물(M bag) 형태의 국제통상우편물의 무게범위는? 답 _____

12 10~30kg

13 국제통상우편물 중 우선적 취급을 받으며 최선편(항공 또는 선편)으로 운송되는 우편물은? 답 _____

13 우선취급우편물

14 2kg 이하 소형물품의 해외배송에 적합한 우편서비스로 우체국과의 계약을 통해 이용하는 전자상거래용 국제우편서비스는? 답 _____

14 K-Packet

15 만국우편협약에 근거하여 다른 우편물보다 최우선으로 취급하는 가장 신속한 국제우편서비스로 다른 우편물보다 우선 취급하며 통신문, 서류, 물품을 매우 짧은 시간 내에 수집·발송·배달하는 속달서비스는?
답 _____

15 국제특급우편물(Express Mail Service: EMS)

16 한국과 중국 간 30kg 이하 물품의 해외 다량발송에 적합한 서비스로서 우체국과 계약하여 이용하는 전자상거래 전용 국제우편서비스는?
답 _____

16 한·중 해상특송서비스(POST Sea Express)

17 항공통상우편물로서 세계 어느 지역이나 단일 요금으로 보낼 수 있는 국제우편 특유의 우편물은?
답 _____

17 항공서간(Aerogramme)

18 종이, 판지나 일반적으로 인쇄에 사용되는 다른 재료에 접수국가 우정당국이 인정한 방법에 따라 여러 개의 동일한 사본으로 생산된 복사물은?
답 _____

18 인쇄물(Printed papers)

19 국제우편물 중 소형으로 무게가 가벼운 상품이나 선물 등 물품을 그 내용으로 하는 것으로서 성질상으로는 그 내용품이 소포우편물과 같은 것은?
답 _____

19 소형포장물(Small packet)

20 동일인이 동일수취인에게 한꺼번에 다량으로 발송하고자 하는 인쇄물 등을 넣은 우편자루를 한 개의 우편물로 취급하는 것은?
답 _____

20 우편자루배달 인쇄물(M-bag)

21 서장과 통화 이외의 물건을 포장한 만국우편연합 회원국 또는 지역 상호 간에 교환하는 우편물은?
답 _____

21 국제소포우편물

22 국제소포 중 내용품을 보험에 가입하여 만일 내용품의 전부나 일부가 분실·도난·훼손이 된 경우에는 보험가액 한도 내에서 실제로 발생된 손해액을 배상하는 소포는?
답 _____

22 국제보험소포우편물(보험소포, Insured parcel)

23 국제소포 중 우편업무와 관련하여 만국우편협약에서 정한 기관 사이에서 교환하는 것으로서 모든 우편 요금이 면제되는 소포는?
답 _____

23 우편사무소포(Postal Service parcel)

24 국제소포 중 전쟁 포로에게 보내거나 전쟁 포로가 발송하는 우편소포 및 「전쟁 포로의 대우에 관한 1949년 8월 12일의 제네바협약」에서 규정한 민간인 피억류자에게 보내거나 민간인 피억류자가 발송하는 우편소포는?
답 _____

24 전쟁 포로 및 민간인 피억류자 소포(Prisoner-of-war and civilian internee parcel)

25 「국제우편규정」에 따라 과학기술정보통신부장관이 고시한 전자상거래용 국제우편서비스로 우리나라를 상징하는 의미를 담아 명명된 우편서비스의 명칭은?
답 _____

25 K-Packet(중국 : e-Packet, 일본 : e-small packet, 싱가포르 : e-pak, 홍콩 : e-express)

26 이용자의 정보시스템과 인터넷우체국 사업자포털시스템 간 우편번호, 종추적정보, 접수정보 등을 교환할 수 있도록 제공하는 IT서비스는?
답 _____

26 API(Application Program Interface)시스템

27 국제특급우편물을 발송하는 사람이 우체국과 미리 계약을 하고 그 계약에 따라 우체국에서 우편물을 수집(접수)·발송하는 국제특급우편은?
답 _____

27 계약국제특급우편

28 이용자가 정기발송 계약을 체결하지 아니하고 발송물량이 있을 때마다 수시로 발송(대부분의 창구접수 일반고객을 말함)하는 국제특급우편은?
답 _____

28 수시국제특급우편

chapter 02 국제우편물 종별 접수요령

Step 1 빈칸 채우기

01 우편자루배달인쇄물을 접수할 때에는 90×◯◯◯mm의 두꺼운 종이 또는 플라스틱이나 나무에 붙인 종이 등으로 주소기록용 꼬리표를 만들어야 하며, 꼬리표에는 두 개의 구멍이 있어야 한다.

01 140

02 우편자루배달인쇄물의 요금은 우표나 우편요금◯◯◯◯를 주소기록용 꼬리표(우편자루 목에 붙인 꼬리표) 뒷면이나 우편물 표면(꼬리표를 달기 어려울 때)에 부착한다.

02 인영증지

03 우편물을 넣은 국제우편자루(M-bag)를 다시 국내용 우편자루에 넣어 교환우체국으로 발송하되, 국명표와 송달증에 '◯' 표시를 한다.

03 M

04 우편자루배달인쇄물이 항공편일 경우에는 국제우편물류센터로 발송하고, 선편일 경우에는 ◯◯국제우체국으로 발송한다.

04 부산

05 국제소포우편물의 운송장에는 내용품의 영문 표기 및 수량과 ◯◯을 표기한다.

05 가격

06 국제소포우편물 운송장은 ◯연식으로 되어 있으며, 별도의 복사지 없이도 제1면의 기록 내용이 모든 면에 복사된다.

06 5

07 국제소포우편물에 대하여 발송인이 주소기표지(운송장)에 기재할 때 왼쪽 아랫부분의 ◯◯◯◯란을 반드시 기록하여야 한다.

07 지시사항

08 국제소포우편물이 배달 불능일 경우에 발송인이 반송받기를 원치 않을 경우 'ㅁ Treat as abandoned'를 선택하고, 반송받기를 원할 경우에는 'Return 반송'의 '□□·우선편 Priority' 또는 '선편·비우선편 non-priority' 중 하나를 선택한다.

08 항공

09 국제소포우편물에 대하여 발송인 선택사항이 없거나 모순되는 경우에는 별도 통보 없이 □□ 조치토록 되어 있음에 유의하여야 한다.

09 반송

10 발송인이 작성 제출한 주소기표지(운송장)에는 도착국가명, 중량, 요금, 접수우체국명/접수일자 등을 □□□□자가 명확히 기재한다.

10 접수담당

11 국제보험소포우편물의 보험가액은 □화로 표시하는데 발송인이 운송장 해당란에 로마문자와 아라비아숫자로 기재해야 한다.

11 원

12 국제보험소포우편물 발송우체국은 발송인이 원(Won)화로 기록한 보험가액을 SDR로 환산하여 기표지(운송장)의 해당란에 기록하며 환산할 때에는 소수점 □□자리 미만은 올려서 기록한다.

12 둘째

13 국제보험소포우편물의 보험 가액 최고한도액은 □□□□SDR이다.

13 4,000

14 K-Packet을 발송할 경우 인터넷 접수시스템으로 발송인과 수취인의 주소, 내용품명, 내용품가액 등 필수 입력사항을 □□□□지에 영문으로 입력하여야 한다.

14 라벨기표

15 접수우체국은 EMS 운송장에 우편요금을 □□ 가격에 해당하는 아라비아 숫자로 기록하고, 도착국명은 영문과 한글로 기재한다.

15 원화

16 EMS의 배달보장서비스는 □□□ 우정 연합체 해당 국가에 한정되며, 포스트넷 조회 결과 일자를 기재한다.

16 카할라

17	EMS 운송물품이 ☐☐만 원 이상일 경우 반드시 고객에게 보험 이용 여부를 문의한 후 이용할 때에는 해당 칸에 표시하되 보험가액은 원화로 기재한다.	17 10
18	EMS 운송장 가격의 화폐 단위는 ☐☐$임을 인지하고 기재한다.	18 US(United States dollar)
19	세관신고서(CN23)(내용물이 물품인 경우는 EM운송장)에 내용품명, 원산지, 개수, 순무게, 가격 등을 품목별로 정확히 기록하고, 상품 견본, 선물, 상품 중 해당되는 칸(□)안에 ☐ 표시를 한다.	19 ×(∨)
20	등기 취급되는 국제우편물에는 국제등기번호표 ☐☐☐☐를 우편물 앞면의 적정한 위치에 부착한다.	20 CN04
21	배달통지를 청구한 우편물에는 발송인의 주소·성명 아래에 굵은 활자로 ☐.☐.를 기록하거나 표시(소포의 경우 기표지에 A.R.인영 표시)한다.	21 A.R.(또는 Avis de reception)
22	배달통지 수수료는 ☐☐☐☐원이다.	22 1,500
23	배달통지서(CN07)의 규격은 ☐☐☐×105㎜이고, 색깔은 붉은색이다.	23 210
24	보험취급되는 통상우편물은 등기보험서장(Insured Letter)이며, 소포우편물은 ☐☐☐☐이다.	24 보험소포(Insured parcel)
25	국제우편물 중 중요 서류, 유가증권 등 부피가 작은 귀중품은 신중하게 취급하기 위해 ☐☐☐☐☐☐으로 접수를 권유한다.	25 등기보험서장

26 국제우편물 보험취급의 보험가액 최고 한도액은 ☐☐☐☐SDR(7백만원)까지이나 우편물 종별에 따라 국가별 최고한도액이 다르므로 국제우편물발송조건을 참고해야 하고, EMS프리미엄의 한도액은 5천만원이다.

26 4,000

27 국제통상우편물의 보험취급 보험료는 기본요금 550원, 추가배달료(보험가입 시 필수) ☐☐☐☐원, 추가요금(보험가액 65.34 SDR 또는 114,300원 초과마다) 550원이다.

27 1,300

28 국제소포 및 EMS의 보험취급 보험료는 보험가액 최초 65.34 SDR 또는 최초 114,300원까지는 ☐☐☐☐원, 보험가액 65.34 SDR 또는 114,300원 추가마다 550원이 추가된다.

28 2,800

Step 2 오엑스로 답하기

01 국제우편물은 국내우편물과 마찬가지로 우편물을 우체통에 넣거나 우체국에서 접수하되, EMS는 발송인의 요청에 따라 발송인을 방문하여 접수할 수 있다. O/X

01 ○

02 소포우편물, 국제특급우편(EMS), 해상특송우편물은 창구에서 접수하지만, 소형포장물과 K-Packet은 창구접수 대상이 아니다. O/X

02 × 소포우편물, 국제특급우편(EMS), 해상특송우편물, 부가취급(항공취급은 제외)을 요하는 우편물, 소형포장물, K-Packet, 통관검사를 받아야 할 물품이 들어있는 우편물, 요금별납, 요금후납, 요금계기별납으로 하는 우편물, 항공취급으로 하는 점자우편물, 만국우편협약 에서 정한 우편요금감면대상 우편물은 창구에서 접수한다.

03 국제우편물 중 용적이 크기 때문에 우체통에 넣을 수 없는 우편물과 한꺼번에 여러통을 발송하는 우편물의 경우, 이를 우체국 창구에 제출 가능하다. O/X

03 ○

우편상식

04 통상우편물인 국제우편은 우편물에 우표 소인을 붙이되, 통신사무우편물, 요금별납, 요금후납, 요금계기별납에 따른 우편물은 날짜도장을 날인하여야 한다. O|X

04 ×
통신사무우편물, 요금별납, 요금후납, 요금계기별납에 따른 우편물은 날짜도장을 날인하지 않는다.

05 국제우편물의 소인, 그 밖의 업무취급에는 국제날짜도장을 사용한다. O|X

05 ○

06 통상우편물을 접수할 때에는 도착국가가 어디인지, 부가취급은 이를 상대 국가에서 취급을 허용하는 것인지, 용적·무게 및 규격의 제한에 어긋나는 것은 아닌지 등을 확인하여 검사 결과 규정 위반이 발견된 때에는 발송인에게 보완하여 제출하도록 요구하고 이에 거부할 때는 그 이유를 상세히 설명하고 접수한다. O|X

06 ×
보완 제출 요구를 거부할 경우 접수를 거절한다. 접수시에는 그 외에도 사항으로는 통상우편물로 발송할 수 있는 내용인가, 내용품은 우편 금지물품이 아닌지, 종별은 무엇인지, 부가취급 요청은 없는지, 포장은 적절한지, 투명창문 봉투를 사용하고 있는 우편물은 창문을 통하여 주소를 쉽게 읽을 수 있는지, 봉투 전부가 투명한 창문으로 된 것을 사용하고 있는지, 외부 기록 사항은 적당한지, 각종 표시는 어떠한지, 첨부 서류는 어떠한지 등을 확인해야 한다.

07 국제특급우편물은 따로 가려내어 가장 빠른 운송편으로 송달하여야 한다. O|X

07 ○

08 수집한 국제특급우편물이 발송인 주소가 없는 경우는 수집우체국에서 국제우체국으로 별도 송부하고 국제우체국에서는 'T'처리하여 폐기한다. O|X

08 ×
국제우체국에서는 'T'처리하여 발송한다.

09 등기우편물, 소포우편물, 특급우편물 등의 요금이 부족하게 납부되거나 미납된 사실을 발견한 경우 우편물은 정당 수취인 앞으로 우선 발송하되, 발견우체국에서 접수우체국으로 사고통지서를 발송하고 접수우체국에서는 접수담당자 책임으로 미납·부족 요금을 즉납 처리한다. O|X

09 ○

chapter 02 국제우편물 종별 접수요령 123

10 우편자루배달인쇄물(M bag)의 접수할 때에는 하나의 통상우편물로 취급하여 국제우편자루에 우편물을 넣어야 하므로 접수우체국에서 국제우편자루 미확보 등 부득이한 경우라 할지하고 국내우편자루를 활용할 수 없다. ⭕❌

10 ✕
부득이한 경우 국내우편자루를 활용하고, 국제우편물류센터에서 국제우편자루로 다시 묶을 수 있다.

11 우편자루배달인쇄물을 접수할 때에는 주소기록용 꼬리표를 2장 작성하여, 1장은 우편물에 붙이고 1장은 우편자루 목에 묶어 봉인한다. ⭕❌

11 ⭕

12 우편자루배달인쇄물의 요금은 우편요금과 통관절차대행수수료를 합하여 4,000원을 징수한다. ⭕❌

12 ✕
우편요금과 별도로 통관절차대행수수료만 4,000원이다.

13 시각장애인용 우편물을 접수할 때에는 시각장애인용우편물 취급 요건 충족 여부를 확인하여 봉투 표면에 Items for the blind 표시를 하고, AIRMAIL 또는 SURFACE MAIL 고무인을 하여 국제날짜도장으로 소인한다. ⭕❌

13 ⭕

14 시각장애인용 우편물을 항공으로 발송할 때에는 등기료와 항공부가요금에 해당하는 요금을 수납한다. ⭕❌

14 ✕
시각장애인용 우편물에 대해 등기를 접수할 때 등기료는 무료이다.

15 항공서간은 항공서간 취급 요건 충족 여부를 확인하고 국제날짜도장을 소인한다. ⭕❌

15 ⭕

16 국제소포우편물의 운송장 제5면에는 '발송인보관용'이 위치한다. ⭕❌

16 ✕
국제소포우편물의 운송장은 제1면 주소·세관신고서·부가취급 등 작성, 제2면 접수우체국보관용, 제3면 발송인보관용, 제4·5면 세관신고서로 구성된다.

17 국제소포우편물은 운송장에 송장, 세관신고서 등 도착국가에서 필요한 서식이 포함되어 있으므로 여타 서류를 별도 작성할 필요가 없지만, 발송인이 필요하다고 인정하는 경우 또는 우리나라와 도착국가에서의 통관수속에 필요한 서류의 첨부가 가능하다. O/X

17 ○
우리나라와 도착국가에서의 통관수속에 필요한 서류에는 상업송장, 수출허가서, 수입허가서, 원산지증명서, 건강증명서 등이 있다.

18 국제소포우편물에는 상업송장, 수출허가서, 수입허가서, 원산지증명서, 건강증명서 등 우리나라와 도착국가에서의 통관수속에 필요한 모든 서류를 첨부할 수 있다. O/X

18 ○

19 국제소포우편물의 총중량을 기록할 때 100g 미만의 단수는 100g 단위로 절삭한다. O/X

19 ×
절삭한다. → 절상한다.

20 국제소포우편물의 운송장에 중량과 요금은 고쳐 쓸 수 없으므로 잘못 적지 않도록 각별히 주의하여야 한다. O/X

20 ○

21 국제소포우편물의 요금은 현금, 체크카드, 신용카드로 납부할 수 있지만, 우표납부는 불가하다. O/X

21 ×
우표납부도 가능하고 우편요금을 표시하는 증표나 정보통신망을 이용한 전자화폐(전자결제)로 납부할 수 있다.

22 접수된 국제소포우편물은 발송후에 처리부서 책임자가 반드시 정당 요금 징수여부를 검사하고 국제소포우편물 운송장, 국제발송소포우편물 송달증, 별·후납 취급기록, 우편요금즉납서 등과 철저히 대조 확인하여야 한다. O/X

22 ×
발송후 → 발송전

23 국제보험소포우편물은 특히 포장을 튼튼히 한 후 뜯지 못하도록 봉함하고 통관검사를 위하여 개봉한 후에는 통관우체국에서 가능한 한 원상태에 가깝도록 다시 봉함하여야 한다. O/X

23 ○

24 국제보험소포우편물의 중량은 100g 단위로 표시하고, 100g 미만의 단수는 100g으로 절상한다. O/X

24 10g 단위로 표시하고 10g 미만의 단수는 10g으로 절상한다.

25 국제보험소포우편물의 보험가액은 소포우편물 내용물의 실제 가격과 반드시 일치하여야 한다. ○Ⅹ

25 ×
보험가액은 내용물의 실제 가격을 초과할 수 없지만 우편물 가격의 일부만을 보험에 가입하는 것은 가능하다. 소포우편물 내용물의 실제 가격보다 높은 가액을 보험가액으로 할 수 없으며 이러한 경우 사기보험으로 간주한다.

26 국제보험소포우편물의 보험가액을 잘못 적은 경우 지우거나 고쳐서 기재할 수 있도록 안내하여야 한다. ○Ⅹ

26 ×
보험가액을 잘못 적은 경우 지우거나 고쳐 치지 말고 운송장을 다시 작성하도록 발송인에게 요구하여야 한다.

27 국제보험소포우편물 발송우체국은 발송인이 원(Won)화로 기록한 보험가액을 SDR로 환산하여 운송장의 해당란에 기록하며, 이 가액은 어떠한 경우에도 고쳐 쓸 수 없다. ○Ⅹ

27 ○

28 K-Packet은 내용품이 파손되거나 이탈되지 않도록 단단하게 포장하되 사각형태의 상자에 포장하고 액체는 내용물이 새지 않도록 봉하여 외부 압력에 견딜 수 있는 용기에 넣어 포장해야 하며 2개 이상의 포장물품은 테이프, 끈 등으로 단단히 묶어 K-Packet 하나로 발송한다. ○Ⅹ

28 ×
2개 이상의 포장품을 하나로 묶어 발송하는 것은 금지된다.

29 K-Packet의 기표지(운송장)을 작성할 때에는 요금을 올바르게 계산하기 위해 반드시 규격 및 무게를 정확히 기재하여야 하며, 표시한 무게와 실제 우편물 무게가 달라 요금에 차이가 발생한 경우 즉시 이용 고객에게 알려야 한다. ○Ⅹ

29 ○

30 K-Packet 기표지(운송장)의 발송인 란에는 통관, 손해배상, 반송 등의 업무처리를 위하여 반드시 한 명의 주소·성명을 기재하여야 한다. ○Ⅹ

30 ○

31 계약 관서의 장은 인력과 차량의 사정에 따라 K-Packet을 방문접수할지 별도의 장소에서 접수할지를 협의하여 결정하고 이를 계약사항에 표시할 수 있다. ○Ⅹ

31 ○

32. K-Packet의 접수제한 물품에는 「만국우편협약」과 「우편법」에서 정한 폭발성 물질, 발화성물질, 인화성물질, 유독성물질, 공공안전의 위해를 끼칠 수 있는 물질, 그 밖의 위험성 물질 등이 포함된다. O/X

32 ○

33. EMS 접수시 일부 국가의 경우에는 전화번호를 적지 않으면 배달지연 요소로 작용함을 안내하여 발송인이 보내는 사람과 받는 사람의 전화번호를 반드시 기재하도록 하여야 한다. O/X

33 ○
전화번호를 반드시 기재하여야 하는 것은 아니며, 보내는 사람뿐만 아니라 받는 사람의 전화번호까지 기록하도록 권장한다.

34. EMS 접수시 받는 사람의 주소·성명은 반드시 영문으로 기재해야 하지만, 보내는 사람의 주소와 성명은 자국의 언어로 기재할 수 있다. O/X

34 ×
상대국에서 배달할 때나 행방을 조사할 때 사용할 수 있으므로 보내는 사람과 받는 사람의 주소와 성명을 모두 영문으로 기록하여야 한다.

35. EMS 접수시 신속한 통관과 정확한 배달을 위하여 필요하므로 우편번호(Postal code)를 반드시 기록하여야 한다. O/X

35 ○

36. 내용물이 서류인 EE운송장 경우 세관표지(CN22) 해당란에 내용품명, 개수, 가격 등을 정확히 기록하고 내용품 구분(서류, 인쇄물)란의 해당 칸에 표시하도록 한다. O/X

36 ○

37. EMS 발송인은 주소·성명, 전화번호, 세관표지 또는 세관신고서 기록 내용에 틀림이 없음을 확인하는 것이므로 반드시 직접 서명하여야 한다. O/X

37 ○

38. 우리나라와 EMS를 교환하는 모든 나라로 발송하는 EMS에 대하여 보험 취급이 가능하지만, 상대국도 보험을 취급해야만 서비스를 이용할 수 있다. O/X

38 ×
상대국의 보험취급 여부와 관계없다.

39. EMS 보험취급의 보험가액은 내용품의 주관적인 실제 가치를 초과할 수 없으며, 이를 속여 기재한 경우 보험사기로 취급한다. O/X

39 ×
주관적인 → 객관적인

40 보험가액과 보험취급수수료는 운송장 보험가액란에 기재한다. O X

40 ✗
보험가액은 운송장 보험가액란에 기재하지만, 보험취급수수료는 별도 기재 없이 요금에 포함하여 기재한다.

41 EMS프리미엄 접수 시 원칙적으로 사서함 발송이 불가하지만, 예외적으로 중동지역에는 사서함 발송이 가능한데, 사서함 발송 시에는 반드시 전화번호를 기재하여야 한다. O X

41 O

42 EMS의 통관 진행을 위해 세관신고서(CN23)란에 선물, 사용한 물품 또는 샘플을 반드시 체크하고, 샘플 또는 상품인 경우 송장(Invoice)를 3부 작성해야 하며 프랑스, 동유럽국가, 남미 등에는 Invoice 원본이 필요하다. O X

42 O

43 신속한 통관을 위하여 상업송장은 반드시 배달국가의 언어로 작성하고, 관세 등의 정확한 부과를 위하여 상업송장에 기입되어야 할 항목들을 확인하고 내용을 정확히 기재하여야 한다. O X

43 ✗
상업송장은 반드시 영문(English)으로 작성하여야 한다.

44 프랑스행 개인발송용 상업송장은 물품 부착용과 목적지 통관용 등 총 2부가 필요하며, 신속한 통관을 위하여 반드시 영문(English)으로 작성한다. O X

44 O

45 국제등기접수증은 우편물 접수 시 등기우편물의 발송인에게 무료로 발행하는데, 국제등기접수증 원부는 행방조사 청구 또는 손해배상 지급 등의 사유발생 시 기초자료로 사용되므로 고객이 작성한 주소, 내용품 가액 등의 정당 여부를 철저히 확인해야 한다. O X

45 O

46 국제우편 중 배달통지 서비스는 기록 취급하는 우편물에 한하여 청구 가능하다. O X

46 ✗
통상우편물, 소포우편물, 특급우편물 등 모든 우편물에 취급 가능하다.

47 보험취급의 건당 보험가액 최고한도액은 4,000SDR(7,000,000원)이며, 내용품의 일부가치만을 보험 취급하는 것은 불가능하다. O X

47 ✗
불가능 → 가능

48 보험취급으로 발송할 때에는 대외무역법 등 수출입관련 법령에서 허용하는 범위 내에서만 취급이 가능하며, 유가증권이나 금전적 가치가 있는 서류는 발송이 가능하지만 귀금속이나 귀중품은 발송이 불가능하다. O X

48 ✗
보험취급으로 발송할 수 있는 물건에는 수표, 지참인불 유가증권, 우표·복권표·기차표 등과 같은 금전적 가치가 있는 서류, 귀금속 및 보석류, 고급시계·만년필 등 귀중품 등이 모두 포함된다.

49 국제우편에 관한 조약에서 취급을 금지하는 품목과 우편관계 국내 법규에서 우편취급을 금지하는 물품, 상대국에서 수입을 금지하는 물품, 수집용도 외의 동전 등 화폐, 전자제품, 음식물, 파손되기 쉬운 물품 등은 보험취급하여 발송할 수 없다. O X

49 ✗
수입용도의 화폐 또한 보험취급하여 발송할 수 없다.

Step 3 스피드 단답식 말하기

01 국제우편의 우편물 접수시 발송인의 청구에 따라 우편물을 수취인에게 배달하고 수취인으로부터 수령 확인을 받아 발송인에게 통지하여 주는 제도로 국내우편의 배달증명과 유사한 것은? 답 _____

01 배달통지
(Advice of delivery)

02 수표 등의 유가증권, 금전적 가치가 있는 서류나 귀중품 등이 들어있는 서장우편물을 발송인이 신고한 가액에 따라 보험 취급하는 것으로, 분실·도난 또는 파손된 경우 보험가액의 범위 내에서 실제로 발생된 손해액을 배상하는 제도는? 답 _____

02 보험취급(Insured)

chapter 03 국제우편요금

Step 1 빈칸 채우기

01 국제우편 요금은 ☐☐☐☐☐☐에서 정한 범위 안에서 과학기술정보통신부장관이 결정하여 고시한다.

01 만국우편연합

02 국제우편 요금은 운송편별에 따라 ☐☐요금과 항공요금으로 구분된다.

02 선편

03 국제우편 요금은 우편물 종별에 따라 통상우편물요금, 소포우편물요금, 국제특급우편요금, K-Packet, 한중☐☐☐☐의 요금 등으로 구분하며 부가취급에 따른 부가취급수수료가 있다.

03 해상특송

04 국제우편 요금은 구성내용에 따라 국내취급비, 도착국까지의 ☐☐요금과 도착국내에서의 취급비로 구분된다.

04 운송

05 부피중량은 '가로(cm) × 세로(cm) × 높이(cm) ÷ 부피계수 ☐☐☐☐'의 산식으로 계산한다.

05 6,000

06 국제우편 요금별납우편물은 우편물을 보낼 때에 우편물 외부에 ☐☐☐☐(POSTAGE PAID) 표시를 하여 발송한다.

06 요금별납

07 국제우편 요금별납우편물은 우편물의 종별, 무게, 우편요금 등이 같고 한사람이 한 번에 발송하는 우편물로 통상우편물 ☐☐통 이상을 대상으로 한다.

07 10

08 발송인이 적어 제출한 ☐☐☐☐서를 접수(별납신청서는 전산으로 출력)한 후에는 신청서의 기록사항과 현물과의 다른 점은 없는지에 대한 접수검사를 실시한다.

08 별납신청

09 국제우편 요금별납우편물 취급시에는 우편물 앞면의 오른쪽 윗부분에 날인 또는 ☐☐ 형식의 요금별납표시 유무를 확인하고 발송인이 표시를 하지 아니한 경우에는 우체국에서 요금별납인을 날인한다.

09 인쇄

10 국제우편 요금별납·후납우편물의 인장은 지름 ☐cm의 원형 안에 영문의 접수우체국명, POSTAGE PAID, KOREA를 표시한다.

10 3

11 국제우편 요금별납으로 접수된 우편물은 국제우체국 앞으로 별도☐☐ ☐☐ 체결·발송을 원칙으로 하되, 물량이 적을 경우에는 단단히 묶어서 다른 우편물과 함께 발송한다.

11 우편자루

12 국제우편물 별납 접수 시 ☐☐☐☐☐(접수창구보관용, 발착부서보관용), 접수증(발송인교부용, 국제우체국송부용) 총 4부가 전산으로 출력된다.

12 발송신청서

13 발송신청서 중 접수창구보관용 1부는 ☐☐☐☐☐☐ 날인 후 접수담당부서에서 보관하고 발착부서 보관용 1부는 우편물 발송담당부서에서 보관한다.

13 우편날짜도장

14 접수증 중 발송인교부용 1부는 우편날짜도장 날인 후 ☐☐☐에 교부하고, 국제우체국 송부용 1부는 우편날짜도장 날인 후 우편물과 함께 국제우편물류센터(항공), 부산국제우체국(선편)으로 보낸다.

14 발송인

15 국제우편 요금후납우편물의 요금은 우편물을 접수할 때에 납부하지 않고 발송우체국의 승인을 얻어 1개월 간 발송예정 우편물 요금액의 ☐배에 해당하는 금액을 담보금으로 제공(카드로 납부할 때에는 담보금 면제)하고 1개월 간의 요금을 다음달 20일까지 납부하도록 한다.

15 2

16 국제우편 요금후납우편물은 후납승인을 받은 사람이 매월 ☐☐☐통 이상 발송하는 국제 통상우편 및 국제 소포우편물을 대상으로 한다.

16 100

17 국제우편 요금후납우편물의 발송인은 발송신청서를 작성하여 우편물과 함께 요금후납 ☐☐☐☐☐에 제출하여야 한다.

17 계약우체국

18 국제우편 요금후납우편물 발송신청서는 ☐☐☐☐우편물 접수 및 입회확인방법에 준하여 상호 확인인을 날인한다.

18 요금별납

19 국제우편 요금후납우편물 관련 서류 중 우편물 발송표는 접수창구에 보관하고 우편물 수령증은 발송인에게 교부하며 우편물☐☐☐☐☐는 국제우편물류센터(항공) 또는 부산국제우체국(선편)으로 송부한다.

19 접수통지서

20 국제우편요금 수취인부담(IBRS) 우편물은 ☐☐☐☐☐에 한하여 취급하며, 발송가능국가는 불가리아를 제외한 모든 국가이다.

20 집배우체국

21 국제우편요금 수취인부담우편물의 대상은 인쇄물(봉투)과 엽서에 한하며 요금은 인쇄물(봉투) ☐☐☐☐원, 엽서는 500원이다.

21 1,100

22 국제우편요금 수취인부담우편물의 최대 중량은 ☐☐g이다.

22 50

23 IBRS의 이용계약을 체결하려는 자는 신청서와 수취할 우편물의 견본 ☐매를 배달우체국에 제출하여야 한다.

23 2

24 IBRS의 계약체결 후 우편물을 발송하는 자는 우편물 표시사항과 배달우체국장이 부여한 계약번호를 수취할 봉투 또는 엽서에 인쇄한 견본 ☐매를 배달우체국에 제출하여야 한다.

24 2

25 외국에서 도착된 IBRS 우편물은 국내우편요금 □□□□□ 우편물의 배달예에 준해 배달하고 요금을 징수한다.

25 수취인부담

26 해외 전자상거래용 반품서비스의 최대 무게는 □Kg이다.

26 2

27 구매자가 반품을 요청할 경우 반품서비스 이용계약을 체결한 판매자는 전자적인 방법으로 반품서비스 라벨을 구매자에게 전송하고 구매자는 해당 우편물 표면에 반품서비스 라벨을 부착하여 접수해야 한다. 라벨의 규격은 최소 90×□□□mm, 최대 140×235mm이다.

27 140

28 국제회신우표권은 만국우편연합 □□□□□에서 발행하며 각 회원국에서 판매한다.

28 국제사무국

29 우리나라에서는 국제회신우표권을 1매당 □□□□원에 판매한다.

29 1,450

30 국제회신우표권을 판매할 때에는 왼쪽 해당란에 □□도장을 날인(의무사항은 아님)한다.

30 날짜

31 국제회신우표권의 수급을 원활하게 조절하고, 통신목적 이외의 용역·물품대금 지급수단으로 이용하거나 환투기 목적의 사용을 방지하기 위하여, □□장 이하는 자유 판매하되 이를 초과하여 요구할 때에는 구체적인 사용목적을 확인한 후 판매하는 등 판매수량을 합리적으로 제한한다.

31 20

32 외국에서 판매한 국제회신우표권은 우리나라에서 외국으로 발송되는 항공보통서장의 4지역 20g 요금인 □□□원에 해당하는 우표류와 교환할 수 있다.

32 850

Step 2 오엑스로 답하기

01 선편우편요금은 접수부터 배달까지 선편으로 송달할 경우에 납부하여야 하는 요금으로 통상우편물의 요금, 소포우편물의 요금과 K-Packet 요금의 요금으로 구분된다. ⭕❌

01 ✗
K-Packet요금은 항공우편요금에 속한다.

02 항공우편요금은 항공통상우편물의 요금, 항공소포우편물의 요금, 국제특급우편물의 요금과 한중해상특송우편물으로 구분된다. ⭕❌

02 ✗
한중해상특송우편물은 선편우편요금에 속한다.

03 물품을 포함하지 않은 서장 등의 항공우편물 또는 선편우편물은 실중량(무게중량)과 부피중량을 병행하여 적용한다. ⭕❌

03 ✗
물품을 포함하지 않은 서장 등의 항공우편물과 선편우편물은 실중량(무게중량, 실제중량, 저울중량)을 적용한다.

04 소형포장물, K-Packet, 국제소포, 국제특급(비서류) 등 물품을 포함하는 국제항공우편물 및 민간과 제휴하여 제공하는 서비스(EMS프리미엄, 국제물류서비스)는 실중량과 부피중량 중 더 큰 중량의 요금을 적용하여 우편요금을 계산한다. ⭕❌

04 ⭕

05 부피를 측정할 때 포장된 우편물의 모양이 사각형이 아닐 경우에는 우편물의 가장 튀어나온 곳을 기준으로 가로·세로·높이의 길이를 측정한다. ⭕❌

05 ⭕

06 부피를 측정할 때 서로 다른 크기의 상자 2개를 연결하였을 경우에는 각각의 부피를 구해 더한다. ⭕❌

06 ✗
1개의 물건으로 간주하여 가장 긴 길이를 측정한다.

07 국제우편요금의 별납과 후납은 우편취급국을 포함한 모든 우체국에서 취급한다. ⭕❌

07 ✗
요금별납의 경우 우편취급국은 제외된다. 국제우편요금의 후납우편물은 후납계약을 맺은 우체국에서 발송하되, 등기취급우편물과 공공기관에서 발송하는 일반우편물은 우편취급국에서도 발송 가능하다.

08 국제특급우편물과 소포우편물의 우편요금은 현금과 신용카드, 체크카드로 결제하므로 별납취급에 특별한 요건이 없다. ⓞⓧ

08 ○

09 국제우편 요금별납우편물의 접수담당자는 접수담당책임자(6급 이하 관서의 경우에는 국장)가 보는 앞에서 우편물을 확인·접수하고, 접수와 입회 확인 절차는 국내우편요급별납의 취급 예를 따른다. ⓞⓧ

09 ○

10 국제우편 요금별납 및 후납우편물에는 우편날짜도장과 날인을 생략한다. ⓞⓧ

10 ○

11 국제우편 요금후납우편물의 후납 대상 요금에 특수취급수수료는 제외된다. ⓞⓧ

11 ✕
특수취급수수료가 포함된다.

12 국제우편요금 수취인부담우편물의 요금은 수취인이 우편물을 받을 때 납부하며 후납 취급도 가능하다. ⓞⓧ

12 ○

13 IBRS우편물이 발송유효기간이 끝난 경우에는 요금을 가중하여 징수한다. ⓞⓧ

13 ✕
IBRS우편물은 발송유효기간에 한정하여 발송한다. 발송유효기간이 끝난 다음에 발송한 우편물은 발송인에게 돌려보낸다.

14 IBRS 우편물에는 날짜도장을 반드시 날인하여야 한다. ⓞⓧ

14 ✕
날짜도장을 날인하지 않는다.

15 IBRS 우편물은 선편 및 항공 취급하며, 그 밖의 부가취급이 가능하다. ⓞⓧ

15 ✕
모두 항공 취급하며, 부가취급이 불가하다.

16 유효기간 등이 정상적으로 표시된 IBRS 우편물은 접수시스템에 별도로 입력하지 않고 국제항공우편물과 같이 국제우편물류센터로 보낸다. ⓞⓧ

16 ○

17 해외 전자상거래용 반품서비스의 취급우체국은 계약국제특급 이용우체국(집배국)으로 한정한다. O|X

17 ○

18 해외 전자상거래용 반품서비스의 취급대상 우편물은 EMS에 한정하며 우편물의 규격은 국가별 EMS 발송 조건의 규격과 동일하다. O|X

18 ○

19 해외 전자상거래용 반품서비스의 반품서비스라벨 안에 EMS 표시는 라벨 우측 상단에 위치하고, 그 아랫부분에는 승인번호(IBRS/CCRI No.)가 위치한다. O|X

19 ×
EMS 표시는 라벨 좌측 상단에 위치한다. 라벨 우측 상단에는 'NO STAMP REQUIRED/ NE PAS AFFRANCHIR(우편요금납부 불요)'가 표시된다.

20 해외 전자상거래용 반품서비스는 EMS 우편물로 취급하며, 다른 부가취급도 가능하다. O|X

20 ×
EMS 외 그 밖의 부가취급은 할 수 없다.

21 IBRS EMS 우편물의 요금은 수취인이 우편물을 받을 때 납부하게 하며 후납취급은 불가하다. O|X

21 ×
후납취급도 가능하다.

22 국제회신우표권 1장은 그 나라의 외국 발송 항공보통서장 최고 요금의 우표와 교환한다. O|X

22 ×
최고 → 최저

23 국제회신우표권의 다량 판매를 요구할 때에는 신청서에 최소한 신청인의 주소, 성명, 사용 용도를 기록하도록 한다. O|X

23 ○

24 우리나라에서 판매된 국제회신우표권은 우리나라에서 교환할 수 있다. O|X

24 ×
있다 → 없다

25 국제회신우표권을 교환하여 줄 때에는 UPU의 문자가 선명하게 인쇄되었는지 등 진위 여부를 반드시 검사 하여야 하며, 왼쪽 해당란에 국제날짜도장을 날인하여야 한다. O|X

25 ×
왼쪽 → 오른쪽

26 유효기간이 경과한 국제회신우표권은 교환이 불가능하다. ⓞⓧ

26 ○

27 국제회신우표권은 우표류에 속하며 할인판매가 가능하다. ⓞⓧ

27 ×
할인판매 불가능

28 다량의 국제회신우표권 판매 요구 시에는 정당사용 여부를 확인 후 판매하여야 하며, 한 사람이 하루에 50매를 초과 구입 요구 시 별도의 신청서가 필요하다. ⓞⓧ

28 ×
50매 → 20매

29 국제회신우표권을 우표류와 교환 시에는 위조여부를 반드시 확인하여야 한다. ⓞⓧ

29 ○

Step 3 스피드 단답식 말하기

01 항공화물 부피를 kg 단위로 전환하기 위해 국제항공운송협회(IATA)에서 정의한 개념으로 항공화물시장에서 통용되는 용어는?
답 _____

01 부피중량(체적중량)

02 한 사람이 한 번에 같은 우편물(동일무게)을 보낼 때에 우편물 외부에 'POSTAGE PAID' 표시를 하여 발송하고 우편요금은 우표첩부 없이 별도로 즉납하는 제도는?
답 _____

02 국제우편요금 별납 제도

03 국제우편물의 요금(특수취급수수료 포함)을 우편물을 접수할 때에 납부하지 않고 발송우체국의 승인을 얻어 1개월 간의 요금을 다음달 20일까지 납부하는 제도는?
답 _____

03 국제우편요금 후납 제도

04 우편물을 외국으로 발송하는 자가 국내 배달우체국과 계약을 체결하여 회신요금을 자신이 부담할 수 있도록 하는 제도는?
답 _____

04 국제우편요금 수취인부담 제도(International Business Reply Service: IBRS)

05 인터넷쇼핑몰 등을 이용하는 온라인 해외거래 물량 증가에 따라 늘어나는 반품 요구를 충족하기 위해 기존의 국제우편요금수취인부담 제도를 활용하여 반품을 수월하게 하는 제도는? 답 _____

05 해외 전자상거래용 반품서비스(IBRS EMS)

06 해외 전자상거래용 반품서비스의 발송가능 국가는? 답 _____

06 일본

07 수취인으로부터 징수할 IBRS EMS우편물의 통당 요금은? 답 _____

07 10,000원

08 수취인에게 회신요금의 부담을 지우지 아니하고 외국으로부터 회답을 받는데 편리한 제도는? 답 _____

08 국제회신우표권 (International Reply Coupons)

chapter 04 주요 부가서비스 및 제도

Step 1 빈칸 채우기

01 국제특급우편(EMS) 배달보장서비스는 카할라우정연합체 국가로 발송하는 EMS에 대해 배달보장일자를 고객에게 제공하며, 제공한 배달예정일보다 하루라도 지연배달된 경우 ☐☐☐☐을 배상해 주는 고품질 서비스이다.

01 우편요금

02 EMS 접수 시 EMS배달보장일계산프로그램에 발송지 및 수취인의 ☐☐☐☐를 입력하면 항공기 스케줄, 상대국 공휴일 및 근무일 등을 고려한 배달보장일을 조회할 수 있다.

02 우편번호

03 EMS 배달보장 서비스를 위해 우리나라와 특별협정을 체결한 대상국(카할라 우정연합 회원국)은 일본, 미국, 중국, 호주, 홍콩, 영국, 스페인, 프랑스, ☐☐, 캐나다 등이며 해당 국가의 사정에 따라 중지될 수 있다.

03 태국

04 배달보장일 계산프로그램에서 안내되는 배달보장일자가 EMS 배달보장 서비스 배달기한이 되는데, 아시아 지역은 '접수+2일 이내'에 배달이 보장되고 미국, 호주, 유럽은 '접수+☐일 이내'로 배달이 보장된다.

04 3

05 수출우편물 발송확인 서비스의 대상 우편물은 발송인이 사전에 세관에 수출신고를 하여 수리된 물품이 들어 있는 우편물로 수리일로부터 ☐☐일내에 선(기)적 하여야 한다.

05 30

06 수출우편물 발송확인 서비스 대상 우편물을 기일내 선(기)적하지 아니한 경우에는 ☐☐☐ 부과와 수출신고 수리가 취소될 수 있다.

06 과태료

07 계약특급우편 요금 감액대상에는 우편관서와 발송인과의 EMS 이용계약에 따라 국제특급우편물(EMS)을 발송하는 이용자로, 계약 EMS 이용자와 ☐☐계약 EMS 이용자가 있다.

07 일괄

08 계약국제특급우편 요금의 감액시 이용자가 발송하는 EMS 우편물의 요금과 취급수수료는 계약 이용자(요금후납 이용자)의 ☐☐ EMS 발송요금을 확인하여 감액조건에 따른 기준 이상일 경우 해당 감액률을 적용한다.(감액 대상금액에 보험취급수수료 등 부가취급수수료는 제외)

08 월간

09 발송인이 수출우편물 발송 확인을 요청할 경우 ☐☐☐☐☐☐상의 신고 물품과 현품의 종류, 수량, 무게 등을 확인한 후 발송하여야 한다.

09 수출신고필증

10 사전 통관정보 제공이란 통관검사에 필요한 국제우편물 접수정보(발송인·수취인 주소, 성명, 전화번호, 내용품명/수량/단가 등)를 우편물이 상대국에 도착하기 전에 ☐☐☐ 방식으로 상대국 우정에 제공하고 상대국 우정은 해당국 관세당국에 통관정보를 제공하는 것이다.

10 EDI(전자자료교환)

11 사전 통관정보 제공 데이터 항목 중 발송인과 수취인의 성명, 상세주소, 우편주소는 필수적으로 등록해야 하지만, ☐☐☐☐는 발송인만 필수(수취인은 선택)이며 발송인과 수취인의 Email은 선택 사항이다.

11 전화번호

12 사전 통관정보 제공 데이터 항목에는 발송인, 수취인, 내용품 등이 있는데 내용품에 대해서는 유형, 품명, ☐☐☐, 생산지, HS Code, 개수, 가격 등을 필수로 등록해야 한다.

12 순중량

13 HS코드는 상품분류체계의 통일을 기하여 국제무역을 원활히 하고 ☐☐☐ 적용의 일관성을 유지하는 역할을 한다.

13 관세율

14 HS코드의 6자리까지는 국제적으로 공통으로 사용하는 코드이며, 7자리부터는 각 나라에서 6자리 소호의 범위 내에서 이를 세분화하여 ◯◯자리까지 사용한다.

14 10

15 우리나라는 HS코드를 10자리까지 사용(EU는 8, 일본은 9자리 사용)하며 이를 ◯◯◯라 지칭한다.

15 HSK(HS of Korea)

16 국제우편의 요금감액 대상우편물에는 EMS, EMS프리미엄, K-Packet, ◯◯◯◯◯, 한중 해상특송이 포함된다.

16 소형포장물

17 국제우편의 요금감액 대상우편물 중 특급우편물(EMS·EMS프리미엄)은 계약특급우편, ◯◯◯◯우편, 일괄특급우편으로 구분할 수 있다.

17 수시특급

18 계약특급우편 요금 감액의 대상은 우체국과 발송인과의 국제특급우편(EMS) 이용계약에 따라 월 ◯◯만원을 초과하여 국제특급우편물(EMS)을 발송하는 이용자이다.

18 50

19 계약특급우편 요금의 감액시 ◯◯% 이상 감액률은 해당 지방우정청이 승인한 후 적용한다.

19 18

20 수시특급우편의 요금 감액대상은 우체국과 별도의 EMS 이용계약을 맺지 않고 1회에 ◯◯만원을 초과하여 국제특급우편물(EMS)을 발송하는 이용자이다.

20 30

21 수시특급우편 이용자가 발송하는 요금을 감액할 때에는 이용자의 ◯회 EMS 발송요금을 확인하여 감액조건에 따른 기준 이상일 경우 해당 감액률을 적용한다.

21 1

22 일괄특급우편 요금감액은 우편관서와 발송인과의 이용계약에 따라 접수우체국을 통해 특급우편(EMS·EMS프리미엄)을 발송하는 본사와 지사, 협회와 회원사, ☐☐☐☐☐ 이용자, 공공기관과 연계된 중소기업 지원사업자를 대상으로 한다.

22 다문화가정

23 K-Packet과 한·중 해상특송(Post Sea Express) 요금감액은 우편관서와 발송인과의 이용계약에 따라 전자상거래 물량을 ☐☐☐☐☐으로 접수(e-shipping)하여 발송하는 이용자를 대상으로 한다.

23 전산시스템

24 국가기관, 지자체 등 공공기관과의 업무협약으로 발송하는 우편, 월 4,000통 이상 발송 또는 월 이용금액 3억원 초과인 다량우편물로서 우정사업본부장이 특별히 인정하는 경우에는 ☐☐% 이내에서 감액률 등을 별도로 정할 수 있다.

24 40

25 특별감액에는 장기이용 계약고객 감액, 접수비용 절감 감액, 발송비용 절감 감액, 전자상거래 활성화 감액, 청장 감액, 이용 ☐☐☐ 감액 등이 있다.

25 활성화

26 장기이용 계약고객 감액의 대상은 국제특급우편(EMS), K-Packet, 한·중 해상특송, ☐☐☐☐☐☐☐이다.

26 등기소형포장물

27 장기이용 계약고객 감액은 계약기간이 1년을 초과하고 직전 계약기간 이용금액이 6백만원 이상인 경우, ☐%p 이하를 추가 감액한다.

27 1

28 장기이용 계약고객 감액은 계약기간이 ☐년을 초과하고 직전 계약기간 이용금액이 1억원 이상인 경우, 2%p 이하를 추가 감액한다.

28 3

29 장기이용 계약고객에 대한 감액조건의 금액은 고시된 요금(EMS 프리미엄은 요금표) 기준이며, ☐☐☐☐ 이용고객은 제외된다.

29 일괄계약

30 장기이용 계약고객에 대한 감액은 직전 계약기간 중 ☐월 이상 이용실적이 있는 경우에 적용한다. 30 6

31 인터넷 또는 우체국앱을 통해 접수한 비계약 고객의 경우 ☐%p를 추가 감액한다.(접수비용 절감 감액) 31 5

32 계약고객이 인터넷 또는 우체국앱으로 수출우편물 정보 또는 수출신고번호를 제공한 경우 ☐%p 이하를 추가 감액한다.(접수비용 절감 감액) 32 2

33 국제우편물 해외 발송 전 국내 최종도착지(국제우편물류센터 등)로 우편물을 직접 운송한 경우 ☐%p 이하의 발송비용 절감 감액이 적용된다. 33 2

34 전자상거래 플랫폼(쇼핑몰 등)을 통해 고객의 주문을 받은 상품을 EMS, EMS프리미엄으로 발송하는 업체의 경우 전자상거래 활성화에 따라 ☐%p 이하를 추가 감액한다. 34 3

35 전자상거래 활성화 감액 중 국제특급우편(EMS) 특별협정에 따른 추가 감액 대상은 중량 ☐kg이하 상품이다. 35 7

36 동일사업자 ☐☐☐☐ ☐☐ 감액은 3개 이내의 물류창고를 가진 전자상거래기업과 이용계약을 체결한 경우 물류창고별 전체 이용금액을 합산하여 감액을 적용한다. 36 물류창고 통합

37 우편물 접수 또는 발송 편의 확보, 지역별 특수성 등 ☐☐☐☐☐☐이 필요하다고 인정하는 경우 EMS, EMS프리미엄우편물에 대하여 2%p 이하의 감액률을 적용할 수 있다. 37 지방우정청장

38 이용 활성화 감액은 별도 계획에 따라 0.5%~☐☐%의 감액률로 실시한다.

38 50

39 국제우편 스마트 접수의 대상 우편물은 EMS(EMS프리미엄), 국제소포(항공·선편), 등기소형포장물(항공)이며 EMS(EMS프리미엄)의 경우 스마트접수 할인 ☐%를 적용한다.

39 5

40 EMS(EMS프리미엄)의 스마트 접수는 고객 선택에 따라 우체국 창구접수 및 방문접수가 모두 가능하지만, 방문접수의 경우 ☐☐고객은 방문접수 수수료를 납부하여야 한다.

40 개인

41 국제우편 스마트 접수의 기대효과로는 접수채널 다양화를 통한 이용고객의 편의 증진, 주소기표지 조제비용 절감에 따른 경영 수지 기여, 발송과 관련된 각종 기록을 DB로 저장함에 따라 향후 ☐☐☐☐ 및 국제우편 마케팅에 활용, 우체국 국제우편 접수직원의 접수부담 경감 등이 있다.

41 고객분석

Step 2 오엑스로 답하기

01 EMS배달보장일계산프로그램을 통해 배달보장일을 조회할 때 발송지 정보는 접수우체국 우편번호로 자동입력되지만, 다른 지역 우편번호로 변경할 수 있다. ○✕

02 EMS 배달보장 서비스에서 수취인 부재 등의 사유로 인한 미배달은 배달완료로 간주하지만, 통관 보류로 인한 미배달의 경우에는 우편요금을 배상한다. ○✕

03 EMS 배달보장 서비스는 11개 국가 우정당국 간에 공동으로 시행(2005년 최초 시행)되며, 11개 우정당국이 모든 지역에 대해 EMS 배달보장서비스를 제공한다. ○✕

04 EMS 배달보장 서비스가 배달기한보다 지연될 경우 귀책사유가 있는 우정당국이 책임과 배상을 지게 되며, 책임소재를 확인한 후 발송국가 우정당국 변상 또는 사후 우정당국간 정산한다. ○✕

05 수출우편물 발송확인 서비스는 사후증빙 또는 관세 환급 심사를 위하여 수출하고자 하는 물품을 세관에 수출 신고한 후 필요한 검사를 거쳐 수출 신고를 받아 물품을 외국무역선에 적재하기까지의 절차를 포함한다. ○✕

06 수출우편물 발송확인 서비스의 취급국은 별정우체국 및 우편취급국을 포함한 전국우체국이다. ○✕

07 수출신고필증상 1건당 1건의 우편물 발송이 원칙이므로 우편물 하나에 수출신고필증상 2건 이상 포장이 불가하며, 분할 발송도 금지된다. ○✕

---

01 ✕
다른 지역 우편번호로 변경불가하다.

02 ✕
통관 보류 시에도 배달완료로 간주한다.

03 ○

04 ○

05 ○

06 ○

07 ✕
1건의 우편물을 분할하여 발송할 수 있다. 발송인에게 분할 발송 여부를 확인하여야 하며 분할 발송인 경우에는 분할 발송 부호로 전송한다.

08 국가 간 수출입우편물에 대한 상세정보 취득을 통한 투명하고 신속한 관세 행정, 안전사고 예방을 위해 관세당국에서 사전통관정보제공을 의무화하였다. O X

08 O

09 사전 통관정보 제공의 대상 우편물은 EMS(서류), 소포(항공, 선편), 소형포장물, K-packet 등이며, 향후 L/C를 제외한 모든 국제우편물로 단계별 확대 예정이다. O X

09 X
EMS 중 사전 통관정보 제공 대상 우편물은 비서류이다.

10 사전 통관정보 제공의 대상국가는 카할라우정연합, EU, 브라질 등 39개국(21.12.현재)이다. O X

10 O

11 사전 통관정보 제공의 순서는 '통관정보 입력(영문) → 통관정보 전송 → 도착우정 수신 ↔ 세관 제공'이다. O X

11 O

12 HS코드의 국제공통은 류(맨 앞 2자리), 호(다음 2자리), 소호(다음 2자리)이며, HSK는 10자리이다. O X

12 O
참고로 EU는 8자리, 일본은 9자리를 사용한다.

13 소형포장물 요금감액은 우편관서와 발송인이 이용계약을 하거나 별도의 이용계약을 맺고 소형포장물을 발송하는 이용자를 대상으로 한다. O X

13 X
'별도의 이용계약을 맺고'
→ '별도의 이용계약을 맺지 않고'

14 국제특급우편의 요금 감액 시 기준금액은 수수료를 포함한 고시된 요금 기준이다. O X

14 X
감액 시 기준금액은 고시된 요금(EMS프리미엄은 「EMS 프리미엄 서비스 요금 및 이용에 관한 수수료」(과학기술정보통신부 고시)) 기준이며, 수수료는 제외한다.

15 계약특급과 일괄특급은 1개월 간 이용금액에 따라 감액을 적용하지만, 수시특급은 1회당 이용금액에 따라 감액을 적용한다. O X

15 O

16 일괄특급우편을 1개월에 30만원 초과 500만원 이하로 이용할 경우 감액률은 2%이다. ⭕❌

16 ✗
일괄특급의 경우 30만원 초과 50만원 이하만큼 이용할 경우 요금 감액이 적용되지 않는다. 일괄특급을 50만원 초과 500만원 이하만큼 이용할 경우 2%의 감액률이 적용된다.

17 K-Packet, 등기소형포장물, 한·중 해상특송을 1억원을 초과하여 이용할 경우 15%의 감액률이 적용된다. ⭕❌

17 ✗
K-Packet과 등기소형포장물의 경우 1억원을 초과하여 이용할 경우 15%의 감액률이 적용되지만, 한중해상특송을 1억원 초과 이용할 경우 16%의 감액률이 적용된다.

18 접수비용 절감 감액의 대상은 국제특급우편(EMS)이고, 전자상거래 활성화 감액의 대상은 국제특급우편(EMS)과 소형포장물이다. ⭕❌

18 ✗
소형포장물은 접수비용 절감 감액의 대상이며, 전자상거래 활성화 감액에는 해당하지 않는다.

19 인터넷 또는 우체국앱을 통해 접수할 경우 적용되는 접수비용 절감 감액은 계약고객의 경우 5%p, 비계약고객의 경우 3%p 이하의 감액률이 반영된다. ⭕❌

19 ✗
계약고객과 비계약고객에 대한 감액률이 반대로 기술되어 있다.

20 전자상거래 활성화 감액의 대상국가 중 중국, 일본, 싱가포르는 15%p를 추가 감액하고 대만, 인도네시아, 말레이시아, 태국은 5%p를 추가 감액한다. ⭕❌

20 ⭕

21 EMS와 EMS프리미엄은 전자상거래 활성화 감액 중 '국가별 특별 감액'의 대상이다. ⭕❌

21 ✗
국가별 특별 감액은 EMS우편물만을 대상으로 한다.

22 전자상거래 활성화를 위한 동일사업자 물류창고 통합 감액의 대상은 국제특급우편(EMS)과 EMS프리미엄이며, 보세화물우편 이용고객은 감액 적용대상이 아니다. ⭕❌

22 ⭕

23 이용 활성화 감액의 대상은 국제특급우편(EMS프리미엄 포함), K-Packet, 소형포장물, 한·중 해상특송, 국제물류, 보세화물우편이다. ⭕❌

23 ⭕

24 이용 활성화 감액의 요건으로는 우정사업본부가 이용 활성화를 위하여 지정한 특정 기간에 대상우편물을 이용하는 경우, 신규 상품 또는 서비스 도입 등을 위해 시범운영을 하는 경우 등이다. O⃝ X

24 ○

25 K-Packet은 장기이용, 접수비용 절감, 발송비용 절감, 이용 활성화에 따른 특별 감액을 받을 수 있다. O⃝ X

25 ×
K-Packet은 원래 인터넷우체국을 통해 우편물 접수를 신청하므로 접수비용 절감 특별 감액 대상 우편물에 해당하지 않는다.

26 K-Packet과 등기소형포장물, 한-중 해상특송서비스(Sea Express) 및 보세화물우편의 요금을 감액할 때 기준금액은 고시된 요금이며, 수수료는 제외한다. O⃝ X

26 ○

27 등기소형포장물 감액은 계약고객에 한한다. O⃝ X

27 ○

28 국제소포 및 등기소형포장물의 국제우편 스마트 접수는 고객의 창구접수 및 우체국 방문접수가 모두 가능하다. O⃝ X

28 ×
EMS(EMS프리미엄)의 스마트 접수에 해당하는 내용이다. 국제소포 또는 등기소형포장물의 국제우편 스마트 접수는 고객이 우체국 창구접수만 가능하고 방문 접수는 불가하다.

29 국제소포 및 등기소형포장물의 국제우편 스마트 접수 시 요금의 5%를 할인한다. O⃝ X

29 ×
등기소형포장물의 스마트 접수 시에는 요금의 5%를 할인하지만, 국제소포의 스마트 접수는 요금 할인이 없다.

Step 3 스피드 단답식 말하기

01 최상의 EMS 배송서비스를 제공하는 고품질 서비스로서 EMS배달보장일 계산 프로그램에 따라 배달보장날짜를 알려주고, 만약 알려준 배달예정일보다 늦게 배달될 경우 지연사실 확인 즉시 우편요금을 배상해 주는 보장성 서비스는? 답 _____

01 국제특급우편(EMS) 배달보장 서비스

02 외국으로 발송하는 국제우편물중 수출신고 대상물품이 들어 있는 경우 우체국에서 해당 우편물의 발송 사실을 세관에 확인하여 주는 서비스는? 답 _____

02 수출우편물 발송확인 서비스

03 수출입 물품에 대해 HS협약에 의해 부여되는 품목분류 코드는? 답 _____

03 HS코드(Harmonized Commodity Description and Coding System)

04 HS코드의 각 분류별 명칭을 쓰시오.
(1) 상품의 군별 분류
(2) 동일 류 품목의 종류별·가공도별 분류
(3) 동일호 내 품목의 용도·기능 등에 따른 분류 답 _____

04 (1) 류(Chapter)
(2) 호(Heading)
(3) 소호(Subheading)

05 계약국제특급우편의 감액요건과 감액범위 중 괄호에 들어갈 내용은?
(단위 : 1개월, 만원)

05 ① 50, ② 4, ③ 18, ④ 2, ⑤ 8, ⑥ 보세화물

구분		이용금액						
		(①)초과~150	150초과~500	500초과~1,000	1,000초과~2,000	2,000초과~5,000	5,000초과~10,000	10,000초과~20,000	20,000초과
감액률	계약 국제특급우편	(②)%	6%	8%	10%	12%	14%	16%	(③)%
	일괄계약 국제특급우편	(④)%	3%	4%	5%	6%	7%	(⑤)%
	(⑥)우편	16%	18%	20%	22%	24%	26%	28%	30%

답 _____

06 수시국제특급우편의 감액요건과 감액범위에 대하여 괄호에 들어갈 내용은?

(단위 : 1개월, 만원)

이용금액별	30초과~50까지	50초과
감액률	( )%	계약국제특급우편 감액률을 준용

답

06 3

07 K-Packet, 등기소형포장물의 감액요건과 감액범위 중 괄호에 들어갈 내용은?

(단위 : 1개월, 만원)

이용금액	(①)초과~100	100초과~200	200초과~300	300초과~400	400초과~500	500초과~1,000	1,000초과~3,000	3,000초과~5,000	5,000초과~10,000	10,000초과
감액률	(②)%	6%	7%	8%	9%	10%	(③)%	13%	14%	(④)%

답

07 ① 50, ② 5, ③ 12, ④ 15

08 보세화물 중 K-Packet, 등기소형포장물의 감액률에 대한 표의 괄호에 들어갈 내용은?

(1) 물량 기준

(단위 : 1개월, 통)

이용물량	(①)만~10만통 미만	10만~15만통 미만	15만~20만통 미만	20만통 이상
미국행 (K-Packet)	(②)%	6%	8%	10%
기타 국가 (미국행 제외)	(③)%	16%	18%	20%

(2) 평균중량 기준

(기준 : 월간 접수물량)

평균중량	(④)g 초과~350g	350g 초과~400g	400g 초과~450g	450g 초과~500g	500g 초과
감액률	(⑤)%p	4%p	6%p	8%p	10%p

답

08 ① 5, ② 4, ③ 14, ④ 300, ⑤ 2

09 한-중 해상특송서비스(Sea Express)의 감액요건과 감액범위 중 괄호에 들어갈 내용은?

(단위 : 1개월, 만원)

이용금액	(①)초과~150	150초과~500	500초과~1,000	1,000초과~2,000	2,000초과~5,000	5,000초과~10,000	10,000초과
감액률	(②)%	6%	8%	10%	12%	14%	(③)%
보세화물	(④)%	20%	22%	24%	26%	28%	(⑤)%

답 _____

10 고객이 인터넷우체국 또는 우체국앱에 접속하여 접수정보(발송인/수취인, 주소, 통관정보 등)를 직접 입력하고, 우체국에서는 고객이 입력한 정보에 의해 우편물 접수(고객은 우편물과 접수번호 제출, 우체국은 주소기표지 출력 및 접수)하는 서비스는?

답 _____

11 1,200여종의 우수한 우체국쇼핑 상품을 전세계 43여 개 국가로 각 지역 공급우체국에서 직접 배송하는 서비스는?

답 _____

12 미국의 '공공보건 안전 및 바이오 테러리즘 대응 법률'에 따라 미국으로 식품반입시 FDA(Food & Drug Administration)에 사전 신고해야 한다는 조항을 적용 실시하는 제도는?

답 _____

---

09 ① 50, ② 4, ③ 16, ④ 18, ⑤ 30

10 국제우편 스마트 접수

11 우체국 쇼핑 해외배송 서비스

12 미국행 식품 우편물 FDA 신고

chapter 05 EMS프리미엄 서비스

Step 1 빈칸 채우기

01 EMS 프리미엄 서비스는 국제우편서비스의 경쟁력 제고를 위해 2001년 민간특송업체인 TNT와의 전략적 제휴로 시작되었으며, TNT와의 계약 종료 후 2012년부터 글로벌 특송업체인 ◯◯◯를 제휴사업자로 선정하여 운영하고 있다.

01 UPS

02 EMS 프리미엄 서비스의 업무흐름은 '접수(전국 우체국) → 국내운송(우체국→◯◯◯) → 인수인계(◯◯◯→UPS) → 국가별 발송(UPS) → 해외운송, 배달(UPS) → CS, 행방조사(UPS)'으로 이뤄지며 홍보, 영업, 정산은 우정사업본부와 UPS에서 공동으로 수행한다.

02 IPO, IPO(국제우편물류센터)

03 EMS 프리미엄 서비스의 지역은 1~◯지역과 러시아 지역, 대상은 서류와 비서류로 구분된다.

03 5

04 EMS 프리미엄 서비스 대상 우편물의 중량은 ◯◯kg까지이며 포스트넷 국가별 접수중량 제한기준을 확인하여 접수하여야 한다. 단, 6급 이하 관서는 30kg까지 접수가 가능하다.

04 70

05 EMS 프리미엄 서비스 대상 우편물의 길이와 둘레의 합이 ◯◯◯cm를 초과할 수 없으며, 최대길이는 274cm 이하이다. 둘레 300cm가 넘는 우편물은 UPS측에 연락 후 접수해야 한다.

05 400

06 EMS프리미엄 우편물 사이즈의 길이와 둘레의 합 계산 방법은 '(가로+세로)×2+높이'이고 단위는 cm로 표시하는데, 가장 긴 변을 ◯◯로 간주한다.

06 높이

07 EMS프리미엄 접수는 우체국에서, 해외운송은 ☐☐☐가 수행한다.   07 UPS

08 EMS 프리미엄 서비스 접수시 종이로 된 문서형식의 편지류, 계약서, 선   08 70
적·입학서류 등은 서류 접수하고, 비서류 접수의 취급한도는 ☐☐Kg
이다.

09 EMS 프리미엄 비서류 접수시 전산에 입력할때 '종별란'에서 반드시   09 비서류
'☐☐☐'를 선택하여 요금을 입력하여야 한다.

10 상업용 비서류 EMS 프리미엄을 발송할 때는 세관신고서(Invoice) ☐부   10 3
를 반드시 첨부하여야 한다.

11 EMS 프리미엄 상업용 비서류 세관신고서를 작성할 때에는 내용품명,   11 가격
물건 개수, 물품☐☐을 정확하게 영문으로 기록해야 한다.

12 EMS 프리미엄 상업용 비서류의 상업송장 물품가격이 ☐☐만 원이 초   12 2백(미화 약2천불)
과하거나 운송장에 수출이라고 표시한 경우 정식으로 수출 신고를 한
후 발송하여야 한다.

13 EMS 프리미엄 서비스에 알코올이 첨가된 음료는 물론 향수나 알코올   13 스킨
이 포함된 ☐☐, 주류, 알코올 성분이 함유된 화장품도 금지된다.

14 EMS 프리미엄 서비스로 잉크, 페인트, 액상 모기약, 렌즈 클리너, 본드,   14 MSDS
화장품 원료, 의약품 원료, 합성수지(Resin) 등 화학약품이나 원료를 발
송할 때에는 ☐☐☐☐를 반드시 첨부하여야 한다.

15 파손될 우려가 크거나 고가의 물품인 경우에는 EMS 프리미엄 접수 시   15 보험
☐☐가입을 권유하여야 한다.

16 EMS 프리미엄 서비스를 이용하는 모든 물품은 정상적으로 단단히 포장되어야 하며, 파손되기 쉬운 물품이나 전자제품은 완충제로 충분히 보호한 후 ○○로 포장한다.

17 EMS 프리미엄 서비스를 사서함(P.O. BOX) 주소로 접수하는 것은 불가하지만 ○○○○○의 작성 및 첨부 시에는 가능하다.

18 EMS프리미엄 우편물을 사서함 주소로 접수할 때 수취인이 회사(학교)인 경우 해당 ○○○, 부서명, 담당자 이름, 전화번호는 필수사항이다.

19 고중량서비스는 EMS 프리미엄의 부가서비스 중 ○○kg 초과 70kg 이하의 고중량우편물을 해외로 배송하는 서비스이며, 200개 이상 지역에서 취급한다.

20 EMS 프리미엄 고중량서비스에 대하여 UPS에서는 재포장이나 특수포장으로 인해 무게가 추가되거나 포장비용이 추가로 들어갈 경우에는 발송인의 동의를 얻어 ○○로 재포장하고, 보완처리에 소요되는 시간과 재포장비, 추가운송요금을 발송인과 총괄국에 알린다.

21 고중량우편물은 5급 이상 총괄국에서 인수인계하되, 부득이한 경우 우체국 자체 운송망으로 연결하여 국제우편물류센터에서 인수할 수 있으며 이 경우 UPS와 정산시 건당 ○○원을 차감정산한다.

22 EMS 프리미엄 서비스 중 고중량화물 서비스는 ○○kg 초과 고중량화물을 팔레트 단위로 Door to Door 방식으로 배송하는 전문 특송 서비스이다.

23 EMS 프리미엄 서비스 중 고중량화물 서비스는 '항공발송일 + 1~○일 이내'에 배송한다.

16 나무
17 발송동의서
18 상호명
19 30
20 실비
21 1만
22 70
23 5

24 EMS 프리미엄 서비스 중 고중량화물 서비스의 취급무게는 70kg 초과~☐☐☐☐kg이며 체적무게를 적용한다.

24 2,000

25 보험취급 EMS 프리미엄은 우편물의 분실이나 파손에 대비하여 최고 ☐☐☐만원까지 내용품 가액에 대한 보험을 들어두는 서비스이다.

25 50백(5천)

26 보험취급 EMS 프리미엄의 부가요금은 최초 114,300원까지 ☐☐☐☐원, 114,300원 초과마다 550원이다.

26 2,800

27 EMS 프리미엄 Export 수취인 요금부담 서비스 운송장의 '받는 사람'란에 수취인의 고객번호를 기록하고 '보내는 사람'란에 발송인의 고객번호를 기록한다. 그리고 Export 수취인 요금부담 ☐☐☐☐서를 작성한 후 UPS로 팩스 송부한다.

27 지불확약

28 EMS 프리미엄 Import 수취인 요금부담 서비스의 경우 Import 수취인 요금부담 서비스 계약서를 ☐부 작성하여 UPS로 팩스 송부한다.

28 3

29 EMS 프리미엄의 발송인 관세와 세금부담 서비스의 신청시에는 관세 및 제반비용 지불확약서 ☐부를 작성하여 UPS로 팩스 송부한다.

29 3

Step 2 오엑스로 답하기

01 EMS 프리미엄 서비스는 전국의 모든 우체국에서 접수가 가능하다. O X

01 ○

02 EMS 프리미엄 서비스 대상 우편물의 무게는 중량과 체적중량 중 가벼운 중량을 적용한다. O X

02 ×
가벼운 → 무거운

03 EMS 프리미엄 서비스를 통해 EMS 미취급 국가를 비롯한 국제특송우편물의 해외 송달이 가능하다. O X

03 ○

04 EMS 프리미엄 서비스의 제한무게는 EMS 제한무게의 기준을 따른다. O X

04 ×
EMS 프리미엄 서비스를 통해 국가별 EMS 제한무게를 초과하는 고중량 국제특송우편물을 송달할 수 있다.

05 EMS 프리미엄 비서류 접수시 부피가 큰 우편물에 대해서는 체적중량에 비해 무게(저울)중량이 적용된다. O X

05 ×
두가지를 비교하여 높은 중량을 적용한다.

06 EMS 프리미엄 비서류 접수시 체적중량이 무게중량을 초과하는 경우에는 무게중량을 적용하여 접수하고 무게중량이 큰 경우에는 체적중량을 적용한다. O X

06 ×
체적(부피)중량과 무게(실, 실제, 저울)중량을 비교하여 높은 쪽을 요금으로 적용한다.

07 EMS 프리미엄 서비스에 담배나 담배제품은 발송이 불가하지만, 전자담배는 발송이 가능하다. O X

07 ×
전자담배도 금지품목에 해당한다.

08 EMS 프리미엄 서비스에 신체적 위해를 가할 목적의 무기용 칼은 물론 일반적으로 음식준비에 쓰이는 칼, 만능칼, 주머니칼 모두 발송이 금지된다. O X

08 ×
무기용 칼, 스위치블레이드(칼날이 튀어나오는 나이프), 도검, 총검은 금지되지만 음식준비에 쓰이는 칼, 만능칼, 주머니칼은 발송 가능하다.

09 발전기는 EMS 프리미엄 서비스로 발송이 불가능하지만, 탱크 가스를 다 빼내면 발송이 가능하다. O X

09 ×
대부분의 발전기는 가솔린으로 테스트 되어 지는데, 탱크 가스를 다 빼냈다 하더라도 잔여물이 남게 되고 이로 인해 불이 날 수 있으므로 금지된다.

10 살아있는 동식물과 가공되지 않은 동물성 생산품은 EMS 프리미엄 서비스로 발송이 불가능하지만, 상아·상아제품과 모피류는 발송이 가능하다. O X

10 ×
종자류, 채소, 야채를 포함한 살아있는 동식물과 옷(신발, 벨트, 지갑, 핸드백), 장식품(보석, 실내장식)이나 그 외 부산물(by-products) 등 가공되지 않은 동물들에게서 나온 제품은 물론 상아·상아제품과 모피류 모두 발송 불가 품목이다.

11 탄약, 소형화기 및 무기, 화기성 제품은 EMS 프리미엄 서비스로 발송이 불가능하지만, 모형 총기는 발송이 가능하다. O X

11 ×
장난감 무기 등 모형 총기도 발송이 금지된다.

12 EMS 프리미엄 서비스에서는 드라이아이스가 가스, 방사성물질, 소화기, 스프레이 등과 같은 위험품으로 간주되어 발송이 금지된다. O X

12 ○

13 김치, 육포 등 건어물, 젓갈, 주류, 육류·야채·어패류·냉동품 등 신선식품, 가정에서 만든 음식과 위급 환자의 전문 의약품은 EMS 프리미엄 서비스로 발송이 불가능하지만, 처방전 없이 구매할 수 있는 약품 또는 개방된 약품은 발송이 가능하다. O X

13 ×
모든 음식물과 의약품은 발송불가 품목이다. 단, 의약품의 경우 발송인이 도착국에 통관여부 등 확인이 필요하며, 추가로 현지 의사의 영문으로 발행된 처방전 등이 필요하다.

14 가격측정이 어려운 물품, 현금 및 양도성 물품은 EMS 프리미엄 서비스로 발송이 가능하다. O X

14 ×
동전, 화폐, 우표, 유가증권, 우편환, 세팅되지 않은 보석류, 산업용 다이아몬드, 사람의 유해 등 가격측정이 어려운 물품과 현금, 고가의 우표와 유가증권 등 양도성 물품은 발송이 제한된다.

15 예술품, 골동품, 보석, 금과 은은 EMS 프리미엄 서비스로 발송이 가능하다. O X

15 ×
예술품, 골동품, 보석, 금, 은 등 특별용품도 발송이 금지된다.

16 EMS프리미엄 우편물을 사서함 주소로 접수할 때 수취인이 개인인 경우 이름과 주소는 필수사항, 전화번호는 선택사항이다. O X

16 ×
수취인이 개인인 경우 이름, 주소, 전화번호는 모두 필수사항이다.

17 아프리카, 중동 지역 및 수취인의 주소가 개인 주소 없이 사서함(P.O. Box)으로만 되어 있는 경우에는 EMS프리미엄을 사서함 주소로 접수할 수 있다. O X

17 ○

18 EMS프리미엄 서비스를 이용한 우편물을 사서함 주소로 접수한 경우 배달 지연, 배달 불가 등에 대한 손해배상 등 민원 제기를 할 수 없다. O X

18 ○

19 EMS 프리미엄 고중량서비스는 개인 및 EMS 계약고객 등 모든 고객을 대상으로 전국 총괄국(5급 이상)에서 접수한다. O X

19 ○

20 EMS 프리미엄 고중량 우편물의 개인, 계약고객에 대한 방문접수는 5급 이상 총괄우체국에서만 수행할 수 있다. O X

20 ×
부득이한 경우 UPS 지점이나 대리점에서 방문접수가 가능하다.

21 EMS 프리미엄 서비스 중 고중량화물 서비스를 취급하는 국가는 40여 개 지역이며, 국가별 취급규격은 EMS 프리미엄 업무처리지침을 참조한다. O X

21 ×
40여 개 지역 → 67개 지역

22 EMS 프리미엄 서비스 중 고중량화물 서비스의 견적요청은 국가명, 도시명, 우편번호, 팔레트 사이즈, 총무게, 품명 등 발송정보를 파악한 후 UPS 영업부에 발송가능 여부와 요금을 문의하여야 한다. O X

22 ○

23 EMS 프리미엄 서비스 중 고중량화물 서비스 이용시 고객이 팔레트 포장을 요청할 경우 UPS에서 팔레트 포장을 대행한 후 실비와 대행수수료를 청구한다. O X

23 ×
UPS 지정업체에서 팔레트 포장을 대행한 후 실비 청구한다.

24 EMS 프리미엄 우편물 접수시 내용품 가액이 고가품일 경우에는 보험 가입을 안내하고 우편요금과 함께 부가요금을 수납하여 세입처리한다. O X

25 EMS 프리미엄의 보험취급의 취급국가는 전 국가, 접수관서는 전국 우체국, 대상고객은 개인 및 EMS 계약고객 등 모든 고객이다. O X

26 EMS 프리미엄의 Export 수취인 요금부담과 Import 수취인 요금부담의 취급국가는 188개 지역, 접수관서는 전국 우체국, 대상고객은 개인 및 EMS 계약고객 등 모든 고객이다. O X

27 수취인이 개인인 경우, 수취인의 주소가 P.O. Box일 경우에는 EMS 프리미엄의 Export 수취인 요금부담 서비스의 접수가 제한된다. O X

28 EMS 프리미엄의 발송인 관세와 세금부담의 취급국가는 180여 개 지역, 접수관서는 전국 총괄 우체국(5급 이상), 대상고객은 EMS 계약고객(요금납부방법이 후납인 경우)이다. O X

24 ○

25 ○

26 ×
Export 수취인 요금부담 취급국가는 178개 지역이고 Import 취급국가는 184개 지역이다. 전국 우체국 → 전국 총괄국(5급국 이상), 개인 및 EMS 계약고객 등 모든 고객 → EMS 계약고객(요금납부방법이 후납인 경우)

27 ○
EMS 프리미엄의 Export 수취인 요금부담 서비스의 접수가 제한되는 경우는 수취인이 개인인 경우, 수취인의 주소가 P.O. Box일 경우, 수취인의 전화번호나 담당자 이름 미기록, 수취인의 주소가 호텔이나 전시회장 등 일시적인 경우, 선물용 물품인 경우이다.

28 ×
180여 개 지역 → 167개 지역

Step 3 스피드 단답식 말하기

01 공익성을 추구하는 공기업과 이윤추구를 목적으로 하는 사기업의 제휴를 통해 국제우편서비스의 경쟁력을 제고 하기 위해 만들어진 서비스는?
답 _____

01 EMS 프리미엄 서비스

02 우편물의 부피를 기준으로 계산하는 방법으로 '가로cm X 세로cm X 높이cm/6,000 = 00kg'의 공식으로 계산되는 무게는?
답 _____

02 부피중량(체적중량)

03 화학물질을 안전하게 사용·관리하기 위해 필요한 정보(제조자명, 제품명, 성분과 성질, 취급상 주의사항, 사고가 생겼을 때 응급처치방법 등)를 기록한 서류는?
답 _____

03 MSDS(Meterial Safety Data Sheet)

04 EMS 프리미엄의 부가서비스 중 30kg 초과 70kg 이하의 우편물을 해외로 배송하는 서비스는?
답 _____

04 고중량서비스

05 EMS 프리미엄 서비스 중 고중량화물 서비스 이용시 국내에서 인천공항 UPS 발송센터까지 운송을 담당하도록 UPS가 지정한 위탁운송업체는?
답 _____

05 경동택배

06 EMS 프리미엄의 부가서비스 중 외국에서 한국행 수입물품에 대해 수취인이 발송요금을 지불하는 서비스는?
답 _____

06 Import 수취인 요금부담 서비스

07 EMS 프리미엄의 부가서비스 중 발송한 우편물의 도착국가에서 발생한 관세와 부가세 등 모든 비용을 발송인이 지불하는 서비스는?
답 _____

07 발송인 관세와 세금부담 서비스

08 EMS 프리미엄의 발송인 관세와 세금부담의 부가요금은?
답 _____

08 25,000원

chapter 06 각종 청구제도

Step 1 빈칸 채우기

01 행방조사청구제도의 청구대상우편물은 등기우편물, 소포우편물, ☐☐☐☐우편물이다.

01 국제특급

02 행방조사의 종류에는 우편을 이용하는 행방조사, 모사전송(팩스)을 이용하는 행방조사, 전자우편·전자전송방식(☐☐☐)을 이용하는 행방조사가 있다.

02 인터넷

03 행방조사청구제도의 청구기한은 우편물을 발송한 다음 날부터 계산하여 6개월이지만, 국제특급우편물의 경우에는 ☐개월 이내이다.

03 4

04 EMS프리미엄의 행방조사청구기한은 발송한 날부터 ☐개월이다.

04 3

05 배달보장서비스의 행방조사청구기한은 발송한 날부터 ☐☐일 이내이다.

05 30

06 K-packet의 행방조사청구기한은 발송한 날로부터 ☐개월 이내이다

06 6

07 행방조사는 미국, 독일, 프랑스 등 많은 국가에서 ☐☐인 청구 위주로 행방조회를 진행한다.

07 발송

08 국제특급우편에 의한 행방조사의 청구는 해당 국제특급우편요금을 징수하는데, 청구요금은 ☐☐로 받아 청구서 뒷면에 붙이고 소인 처리한다.

08 우표

09 처음에 배달통지청구우편물로 발송한 우편물의 배달통지서(CN07)가 통상적인 기간 안에 회송되어 오지 아니한 경우에 청구하는 행방조사 청구는 이른바 '☐☐☐☐☐☐청구'로서 청구료를 징수하지 아니한다.

09 무료행방조사

10 행방조사의 처리는 항공 관련 우편물의 경우 POSA(한국우편사업진흥원) 국제우편팀이 담당하고, 선편 관련 우편물은 ☐☐☐☐우체국이 담당한다.

10 부산국제

11 행방조사를 청구받은 접수우체국은 고객에게 국제우편물 행방조사청구서의 작성 및 우편물 접수 ☐☐☐을 제시하게 하고 정당한 발송인이나 수취인 인지와 그 관계 및 청구기한을 확인한다.

11 영수증

12 국제특급우편에 따른 행방조사 청구를 받은 접수우체국은 청구서 원본을 국내 ☐☐☐☐우편으로 POSA국제우편팀, 부산국제우체국 또는 인천해상교환우체국으로 보내고 사본 1부는 자국에서 보관한다.

12 익일특급

13 다른 나라에서 발송된 우편물에 대한 행방조사 청구가 있는 경우에는 우편물 ☐☐☐☐에 발송인이 직접 행방조사를 신청하도록 권유하고, 접수국가에서 발송인이 직접 행방조사를 신청할 수 없어 우리나라에서 청구하는 경우에는 CN08을 작성하게 한다.

13 접수국가

14 행방조사의 회신내용이 분실·파손 등 손해배상에 해당되는 경우, 관련 문서(내용) 사본을 첨부하여 ☐☐☐☐☐☐☐으로 보고하고, 손해배상 절차에 따라 처리한다.

14 서울지방우정청

15 행방조사 청구서 발송 후 ☐개월(EMS 의 경우 1개월)이 지나도록 회신이 없는 경우 POSA국제우편팀, 부산국제우체국 또는 인천해상교환우체국에서는 독촉처리 명세와 근거서류 사본을 첨부하여 청구서 접수우체국 또는 청구인에게 (인터넷 청구분은 직접 통보) 행방조사 임시 종결 사항을 통지한다.

15 2

16 외국에서 도착한 행방조사청구서에 대한 회답은 가능한 한 빠른 시일 내에 처리하여야 하며, 행방조사를 청구한 날부터 계산하여 늦어도 ☐ 개월 이내에 행방조사청구서를 발송우정당국에 반송한다.

16 2

17 국제우편의 손해배상이 성립하기 위해서는 우편물에 실질적인 손해가 발생하고, 우편관서의 ☐☐이 있어야 하며, 행방조사청구가 기한 내에 이루어져야 한다.

17 과실

18 국제우편 중 보통소포우편물이 일부 분실·도난·훼손된 경우에는 70,000원에 1kg당 ☐☐☐☐원을 합산한 금액범위내의 실손해액을 배상한다.

18 7,870
전부 분실·도난·훼손된 경우에는 70,000원에 1kg당 7,870원을 합산한 금액범위내의 실손해액과 납부한 우편요금을 배상한다.

19 국제우편 중 보험서장 및 보험소포우편물이 일부 분실·도난 또는 일부 훼손된 경우에는 ☐☐☐☐ 범위 내의 실손해액을 배상한다.

19 보험가액

20 국제특급우편물이 배달예정일보다 ☐☐시간 이상 지연 배달된 경우 납부한 국제특급우편요금(보험취급수수료 제외)을 배상하여야 한다.

20 48

21 EMS 배달보장서비스는 ☐☐☐☐일보다 지연배달된 경우 납부한 국제특급우편요금(보험취급수수료 제외)을 배상하여야 한다.

21 배달예정

Step 2 오엑스로 답하기

01 국제우편물이 분실된 경우에는 발송인이나 수취인이 행방조사를 청구하고, 파손된 경우에는 수취인이 행방조사를 청구한다. ⭕❌

01 ✕
분실된 경우에는 발송인이 청구하고, 파손된 경우에는 발송인이나 수취인이 청구한다.

02 행방조사의 청구는 발송국가와 도착국가(배달국가)에서만 가능하고 제3국에서는 청구할 수 없다. ⭕❌

02 ✕
제3국에서도 청구 가능하다.

03 행방조사청구 중 항공우편에 의한 청구는 무료, 모사전송(팩스)에 의한 청구는 해당 모사전송 요금을 징수한다. ⭕❌

03 ⭕

04 행방조사의 청구는 한 발송인이 같은 수취인 앞으로 같은 우체국에서 한꺼번에 같은 편(선편, 항공편)으로 부친 여러 통의 우편물일지라도 상대국 조사요청 및 배상지급처리를 위해서는 반드시 각각 청구해야 한다. ⭕❌

04 ⭕

05 국제특급우편에 따른 행방조사 청구는 상대국가가 국제특급우편을 취급하고 있는 국가인 경우에만 가능하다. ⭕❌

05 ⭕

06 국제우편의 손해배상 청구권자는 원칙적으로 수취인에게 배달되기 전까지는 발송인이 되며, 배달된 후에는 수취인에게 청구 권한이 있다. ⭕❌

06 ⭕

07 국제우편의 우정당국 간 손해배상 책임은 우편물의 분실, 파손 또는 도난 등 사고에 대한 책임이 있는 우정당국이 지며, 국제특급의 경우 지급된 배상금은 원칙적으로 발송우정당국이 부담하고 있으나 상대국에 따라 책임우정당국이 배상하는 경우도 있다. ⭕❌

07 ⭕

08 화재, 천재지변 등 불가항력에 의해 국제우편에 발생한 손해에 대해서는 배상책임이 면제되지만, 도착국가의 국내법에 따라 압수 및 금지물품 등에 해당되어 몰수 또는 폐기된 경우에는 손해배상의 책임을 진다. O**X**

08 ✕
도착국가에서 압수, 몰수, 폐기된 경우에도 손해배상의 면책 대상이 된다.

09 우편물을 잃어버리거나 내용품의 일부나 전부가 파손되거나 도난당하는 등 우편물 자체에 직접적인 손실이 발생하는 경우는 물론 지연배달 등으로 발송인이 입은 간접적 손실에 대해서도 손해배상을 한다. O**X**

09 ✕
간접적 손실에 대해서는 배상하지 않는다.

10 국제우편 내용품의 성질상 훼손된 경우는 발송인의 귀책사유에 해당되어 손해배상이 면책되지만, 포장이 부실하여 훼손된 경우에는 우편물 접수 과정에서의 책임이 성립되어 손해배상 책임을 져야 한다. O**X**

10 ✕
포장부실의 경우에도 발송인의 귀책사유가 되어 손해배상의 면책 대상이다.

11 내용품의 실제가격을 초과 사기하여 보험에 든 경우에는 국제우편 손해배상의 면책 대상이 된다. O**X**

11 ○

12 국제우편의 지연배달 등으로 인한 간접손실 또는 수익의 손실도 손해배상액에 포함한다. O**X**

12 ✕
간접손실 또는 수익의 손실은 배상하지 않는다.

13 국제우편 중 등기우편낭 배달 인쇄물은 52,000원의 액수 범위 내에서 손해배상을 한다. O**X**

13 ✕
등기우편낭 배달 인쇄물이 분실, 전부 도난 또는 전부 훼손된 경우에는 262,350원과 등기료를 제외한 납부우편요금을 배상하고, 일부 도난 또는 일부 훼손된 경우에는 262,350원 범위내의 실손해액을 배상한다.

14 국제우편 중 등기우편물이 분실된 경우에는 52,500원 범위내의 실손해액을 배상한다. O**X**

14 ✕
등기우편물이 분실, 전부 도난 또는 전부 훼손된 경우에는 52,500원 범위내의 실손해액과 납부한 우편요금(등기료 제외)을 배상한다. 일부 도난 또는 일부 훼손된 경우에는 52,500원 범위내의 실손해액을 배상한다.

15 국제우편 중 보험서장 및 보험소포우편물이 분실, 전부 도난 또는 전부 훼손된 경우에는 보험가액 범위내의 실손해액과 보험취급수수료를 포함하여 납부한 우편요금을 배상한다. O|X

15 ×
보험취급수수료는 제외한다.

16 내용품이 서류인 국제특급우편물의 분실, 일부 도난 또는 훼손된 경우에는 52,500원 범위 내의 실손해액과 납부한 국제특급우편요금을 배상한다. O|X

16 ○

17 내용품이 서류가 아닌 국제특급우편물이 분실·도난 또는 훼손된 경우에는 70,000원에 1Kg당 7,870원을 합산한 금액 범위 내의 실손해액과 납부한 국제특급우편요금을 배상한다. O|X

17 ○

18 보험취급한 국제특급우편물이 분실·도난 또는 훼손된 경우에는 보험가액 범위내의 실손해액과 납부한 국제특급우편요금을 배상하되, 보험취급수수료는 제외된다. O|X

18 ○

Step 3 스피드 단답식 말하기

01 발송인이나 수취인의 청구에 따라 국제우편물의 행방을 추적 조사하고 그 결과를 청구자에게 알려주는 제도로 조사결과 우편관서에서 취급하던 중 일어난 사고로 판명되고 해당 우편물이 손해배상 대상이 되는 경우에는 발송인이나 수취인의 청구에 따라 손해배상을 실시하는 서비스는? 답 _____

01 행방조사청구제도

02 행방조사 결과 우편물의 분실 및 파손 등으로 발송인 또는 수취인이 재산상으로 손해를 입은 것으로 확정되었을 때 일정한 조건과 규정에 따라 손해를 보전하는 제도는? 답 _____

02 국제우편 손해배상제도

chapter 07 국제우편물 및 국제우편요금의 반환

Step 1 빈칸 채우기

01 국제우편물 반환의 청구시한은 우편물이 수취인에게 배달되기 전 발송인의 ☐☐☐가 해당우체국에 도착되어 적절하게 조치할 수 있는 시점이다.

01 청구서

02 외국으로 발송 준비 완료 전에 발송인이 외부 기록사항의 변경·정정이나 반환청구를 한 때에는 청구인이 정당한 발송인인지를 신분증명서, ☐☐☐☐☐☐ 등으로 확인한 뒤 수리 여부를 결정한다.

02 우편물접수증

03 국제우편의 접수우체국 발송 전 수취인 주소·성명 변경청구와 우편물 반환청구 수수료는 ☐☐이다.

03 무료

04 외국으로 발송할 준비를 완료하였거나 이미 발송한 경우의 반환 청구시 청구서 접수우체국은 청구인이 해당 우편물의 발송인이 맞는지를 확인하여야 한다. 기록취급우편물인 경우에는 ☐☐☐ 등으로 확인한다.

04 접수증

05 외국으로 발송할 준비를 완료하였거나 이미 발송한 경우의 반환 청구시 청구인에게 국제우편물 반환 및 주소변경·정정청구서(CN17)를 배달국가 현지문자 및 ☐☐문자와 아라비아 숫자로 정확하게 적도록 하여야 하며, 한 발송인이 같은 수취인 앞으로 한 우체국에서 한꺼번에 부친 여러 개의 우편물에 대하여는 하나의 서식을 사용하게 할 수 있다.

05 로마

06 외국으로 발송할 준비를 완료하였거나 이미 발송한 이후 발송인이 우편으로 반환청구를 할 경우 청구수수료는 1,800원, FAX로 반환청구를 할 경우 청구수수료는 ☐☐☐☐원이며 현금, 신용카드, 우표첩부 등으로 징수한다.

06 4,800

07 발송인 반환청구 국제우편물이 외국 발송 전인 경우에는 ☐☐☐☐☐☐를 제외한 국제우편요금을 환불해 주지만, 외국 발송 후에는 우편요금 환불이 없다.

07 반송취급료

08 국제우편요금의 반환청구는 우편물을 발송한 다음날로부터 기산하여 ☐년 이내에 청구하여야 한다.

08 1

09 항공서간을 선편으로 발송한 경우에 있어서 국제우편요금의 반환청구 시 항공서간 요금과 해당 지역의 선편 보통서신 최저요금의 ☐☐을 반환한다.

09 차액

Step 2 오엑스로 답하기

01 국제우편물의 외부 기재사항을 잘못 기재하여 발송한 경우나 발송 후 수취인의 주소가 변경된 것을 알게 된 경우 변경 및 정정 청구가 가능하다. O X

01 ○

02 수취인에게 보낼 필요가 없게 된 경우에는 국제우편물 반환 청구를 할 수 있다. O X

02 ○

03 반환이 가능한 국제우편물은 등기, 소포, 보통통상 등의 국제우편물이 해당되는데, 청구서 접수 시 청구의 수리 가능 여부를 검토하여 접수하여야 하며, 특급우편은 대상이 될 수 없다. O X

03 ×
특급우편을 포함한 모든 국제우편물이 대상우편물이다.

04 EMS(비서류)의 외국 발송 전 국제우편물의 국내 반송취급료는 국내등기통상우편요금이다. O X

04 ✕
국내등기통상우편요금 → 국내등기소포요금, 외국 발송 전 국제우편물의 국내 반송취급료는 등기통상/EMS(서류)의 경우 국내등기통상요금이고 국제소포/EMS(비서류)의 경우 국내등기소포요금이다.

05 국제소포의 외국 발송 후 국제우편물의 국내 반송취급료는 무료이다. O X

05 ✕
무료 → 반송도착료, 외국 발송 후 국제우편물의 국내 반송취급료는 등기통상은 국내등기취급수수료, 국제소포는 반송도착료(배달국가에서 부과하는 반송처리에 소요되는 비용), 국제특급은 무료이다.

06 도착국가의 법령에 따라 몰수되거나 폐기처분 대상인 우편물의 경우에는 발송준비 완료 후인 경우에도 국제우편물의 반환을 청구할 수 있다. O X

06 ✕
발송준비 완료 후인 경우에는 도착국가가 청구를 허용하는 경우, 도착국가의 법령에 따라 몰수되거나 폐기처분되지 아니한 경우(금지물품이 들어 있지 않은 경우 등), 해당 우편물이 수취인에게 배달되지 않은 경우 등에 한정하여 반환을 청구할 수 있다.

07 우편관서의 과실로 국제우편요금을 과다징수한 경우에 대하여 국제우편요금의 반환청구시 과다징수한 국제우편요금 등을 반환하여야 한다. O X

07 ○

08 등기우편물·소포우편물 또는 보험취급된 등기우편물·소포우편물의 분실·전부도난 또는 완전파손 등의 경우에 대하여 국제우편요금의 반환청구시 등기취급수수료를 포함하여 납부한 국제우편요금 등을 반환하여야 하지만, 보험취급수수료는 제외된다. O X

08 ✕
등기·보험취급수수료는 제외된다.

09 특급우편물 또는 보험취급된 특급우편물의 분실·도난 또는 파손 등의 경우에 대하여 국제우편요금의 반환청구시 보험취급 수수료를 제외한 납부 국제우편요금 등을 반환하여야 한다. O X

09 ○

10 다른 법령에 따른 수출금지 대상이거나 그 밖의 부득이한 사유로 발송인에게 반환된 경우에는 국제우편요금의 반환을 하지 않는다. ⓞⓧ

10 ✕
납부한 국제우편요금 등을 반환하되 우편물의 반환에 따른 국내 우편요금 및 수수료는 공제한다. 단, 발송인의 고의 또는 중대한 과실이 있는 경우에는 반환하지 아니한다.

11 다른 법령 또는 상대국의 규정에 따라 압수되는 등의 사유로 반환되지 아니하는 우편물에 대하여 국제우편요금 반환청구시 납부한 국제우편요금을 반환한다. ⓞⓧ

11 ✕
이 경우 반환이 불가하다.

Step 3 스피드 단답식 말하기

01 국제우편의 접수우체국 발송 후 수취인 주소·성명 변경청구와 우편물 반환청구 수수료는? 답 _____

01 국내등기취급수수료

02 납부한 국제우편요금에 상응하는 역무를 이용자에게 제공하지 아니하였을 때 제한된 범위 내에서 청구에 의해 요금을 환불하는 것은? 답 _____

02 국제우편요금의 반환청구

03 부가취급 국제우편물의 국제우편요금 등을 받은 후 우편관서의 과실로 부가취급을 하지 아니한 경우에 반환 대상 요금은? 답 _____

03 부가취급 수수료

04 행방조사청구에 따른 조사결과 우편물의 분실 등이 우편관서의 과실로 발생하였음이 확인된 경우에 반환 대상 요금은? 답 _____

04 행방조사청구료

05 수취인의 주소·성명이 정확하게 기재된 우편물을 우편관서의 과실로 발송인에게 반환한 경우와 외국으로 발송하는 부가취급되지 아니한 통상우편물이 우편관서의 취급과정에서 파손된 경우에 반환 대상 요금은? 답 _____

05 납부한 국제우편요금 등

chapter 08 국제우편 수수료 및 우편요금 고시(우정사업본부 고시)

1. 통상우편물

가. 국제회신(반신) 우표권
- 판 매 : 1,450[1]원
- 교 환 : 항공서장 4지역 20[2]g 해당요금

나. 등기료 : 2,800[3]원

다. 통관절차대행수수료
- 통관 대상 발송 우편물 : 1,000[4]원
- 관세 부과된 도착 우편물 : 2,000[5]원
- 우편자루 배달 인쇄물 : 4,000[6]원

라. 행방조사 청구료
- 항공우편청구 : 무료[7]
- 국제특급우편(EMS) 청구 : 해당요금

마. 배달통지청구료(등기한) : 1,500[8]원

바. 주소변경 및 환부 청구료
- 외국으로 발송준비 완료 전
  - 접수국 발송준비 완료 전 : 무료[9]
  - 접수국 발송 후 : 국내 등기취급[10] 수수료
- 외국으로 발송준비 완료 후
  - 항공우편 청구 : 1,800[11]원
  - 팩스 청구 : 4,800[12]원

사. 등기우편물 반송료(반송취급료) : 국내우편등기[13]료(무료등기는 제외)

아. 보험료
- 기본요금 : 550[14]원
- 추가배달료(보험가입 시 필수) : 1,300[15]원
- 추가요금(보험가액 65.34 SDR 또는 114,300원 초과마다) : 550[16]원

자. 국제우편요금 수취인 부담(IBRS) 취급 수수료
- 인쇄물(봉투) 50g까지 : 1,100[17]원
- 엽 서 : 500[18]원

1) 1,450
2) 20
3) 2,800
4) 1,000
5) 2,000
6) 4,000
7) 무료
8) 1,500
9) 무료
10) 등기취급
11) 1,800
12) 4,800
13) 국내우편등기
14) 550
15) 1,300
16) 550
17) 1,100
18) 500

2. 특급우편물(EMS)

가. 통관절차대행수수료
- 관세 부과된 도착 우편물 : □,□□□¹⁹⁾원   19) 4,000

나. 배달통지청구료 : □,□□□²⁰⁾원   20) 1,500

다. 주소변경 및 환부 청구료
- 외국으로 발송준비 완료 전
  - 접수국 발송준비 완료 전 : □□²¹⁾   21) 무료
  - 접수국 발송 후 : □□□□□□²²⁾수수료   22) 국내등기취급
- 외국으로 발송 후
  - 항공우편 청구 : □,□□□²³⁾원   23) 1,800
  - 팩스 청구 : □,□□□²⁴⁾원   24) 4,800

라. 초특급 서비스 수수료
- 접수익일(J+1) : □,□□□²⁵⁾원   25) 4,500
- 대상국가(도시) : 홍콩, 베트남(하노이, 호치민)
- 접수관서 및 접수마감시각 : 서울·경인지방우정청 국내특급우편취급 고시사항의 □□□□²⁶⁾ 접수우체국 및 취급시간 참조   26) 당일특급

마. 보험료
- 기본요금 : □,□□□²⁷⁾원   27) 2,800
- 추가요금(보험가액 65.34 SDR 또는 114,300원 초과마다) : □□□²⁸⁾원   28) 550

바. EMS 방문접수 수수료(계약고객 제외)
- 1회 방문 1통 당 □,□□□²⁹⁾원, 추가 1통 당 1,000원(최대 5,000원)   29) 3,000

사. 해외 전자상거래용 반품서비스(IBRS) 수수료
- 적용 대상 : □³⁰⁾kg 이하의 소형 물품   30) 2
- 취급 지역 : □□³¹⁾   31) 일본
- 취급수수료(IBRS EMS) : 통당 □□,□□□³²⁾원   32) 10,000

3. 소포우편물

가. 통관절차대행수수료
- 관세 부과된 도착 및 반착 우편물 : □,□□□³³⁾원   33) 4,000

나. 행방조사 청구료
- 항공우편청구 : □□³⁴⁾   34) 무료
- 특급우편(EMS) 청구 : 해당요금

다. 배달통지청구료 : □,□□□³⁵⁾원   35) 1,500

라. 주소변경 및 환부 청구료
- 외국으로 발송준비 완료 전
  - 접수국 발송준비 완료 : □□³⁶⁾   36) 무료

- 접수국 발송 후 : ☐☐☐☐☐☐[37]수수료
○ 외국으로 발송 후
- 항공우편 청구 : ☐,☐☐☐[38]원
- 팩스 청구 : ☐,☐☐☐[39]원
마. 등기우편물 반송료(반송취급료) : 배달국가의 ☐☐[40]요금
바. 보험료
○ 기본요금 : ☐,☐☐☐[41]원
○ 추가요금(보험가액 65.34 SDR 또는 114,300원 초과마다) : ☐☐☐[42]원

4. 특별인출권 환율(SDR)

통화명	환율	화폐단위
SDR(Special Drawing Rights)	☐,☐☐☐[43]	원(Won)

5. 국제항공우편물 특별운송수수료 : ☐☐☐☐☐☐☐[44] 공고

37) 국내등기취급

38) 1,800
39) 4,800
40) 반송

41) 2,800
42) 550

43) 1,749

44) 우정사업본부장

PART 4

부록

01 국제우편규정
02 우편법 / 우편법 시행령 / 우편법 시행규칙

01 국제우편규정

제1장 총칙

제1조(목적) 이 영은 우편에 관한 국제조약에 따라 우리나라와 외국 간에 교환하는 우편물의 이용 및 취급에 필요한 사항을 규정함을 목적으로 한다.

제2조(다른 법령과의 관계) 우리나라에서 외국으로 발송하는 우편물(이하 "□□[1]우편물"이라 한다) 및 외국으로부터 우리나라에 도착한 우편물(이하 "□□[2]우편물"이라 한다)의 취급에 관하여 우편에 관한 국제조약(이하 "□□[3]"이라 한다)과 이 영에서 정한 것을 제외하고는 국내우편에 관한 법령에서 정하는 바에 따른다.

1) 발송
2) 도착
3) 협약

제2장 국제우편물의 종류 및 취급대상

제3조(국제우편물의 종류) ① 우리나라와 외국 간에 교환하는 우편물(이하 "□□[4]우편물"이라 한다)의 종류는 다음 각 호와 같다.
1. 통상우편물
2. 소포우편물
3. □□[5]우편물
4. 그 밖에 과학기술정보통신부장관이 필요하다고 인정하여 고시하는 우편물

② 제1항제4호에 따른 우편물의 이용조건 및 취급절차 등에 관하여 필요한 사항은 과학기술정보통신부장관이 정하여 고시한다.

4) 국제

5) 특급

제4조(통상우편물의 취급대상) ① 통상우편물은 서류우편물과 □□□[6]우편물로 구분한다.
② 서류우편물의 취급대상은 다음 각 호와 같다.
1. 「우편법」 제1조의2제7호에 따른 □□[7]
2. 시각장애인을 위한 우편물
3. 여러 개의 동일한 사본으로 생산된 인쇄물

6) 비서류

7) 서신

4. 하나의 주소지의 같은 수취인을 위한 신문, 정기간행물, 서적 및 상품안내서 등이 담긴 특별우편자루로서 □□[8]킬로그램 이하인 것
5. 우편엽서
6. 항공□□[9]

③ 비서류우편물의 취급대상은 제2항 각 호의 우편물을 제외한 2킬로그램 이하의 물품(이하 "□□□□[10]물"이라 한다)으로 한다.

제5조(우편엽서와 항공서간) ① 우편엽서와 항공서간은 □□[11]가 발행하는 것과 정부 외의 자가 제조하는 것으로 구분한다.
② 정부가 발행하는 우편엽서와 항공서간에는 □□□□[12]을 표시하는 증표를 인쇄할 수 있다.
③ 정부가 발행하는 우편엽서와 항공서간은 원형을 □□[13]하여 사용할 수 없다.
④ 정부 외의 자가 제조하는 우편엽서와 항공서간은 제15조제1항에 따라 과학기술정보통신부장관이 고시한 우편물의 □□[14]에 적합하여야 한다.
⑤ 정부 외의 자가 제조하는 우편엽서와 항공서간에는 우편요금을 표시하는 □□[15]를 인쇄할 수 없다.
⑥ 제4항을 위반하여 제조된 우편엽서와 항공서간은 제4조제2항제1호에 따른 □□[16]으로 본다.

제6조(소포우편물의 취급대상) 소포우편물의 취급대상은 제4조에 따른 통상우편물을 □□[17]한 물품으로 한다.

제7조(특급우편물의 취급대상) ① 특급우편물의 취급대상은 빠르게 해외로 배송하여야 하는 서류 및 물품으로 하며, □□[18]취급을 원칙으로 한다.
② 제1항에 따른 특급우편물의 이용조건 및 취급절차 등에 관하여 필요한 사항은 과학기술정보통신부장관이 정하여 고시한다.

제8조(국제우편물의 부가취급) 국제우편물에 대한 부가취급의 종류는 다음 각 호와 같다.
1. 등기(□□[19]우편물만 해당한다)
2. 배달통지
3. □□[20]취급
4. 그 밖에 국제적으로 시행되고 있는 업무 중 과학기술정보통신부장관이 정하여 고시하는 업무

8) 30
9) 서간
10) 소형포장
11) 정부
12) 우편요금
13) 변경
14) 규격
15) 증표
16) 서신
17) 제외
18) 기록
19) 통상
20) 보험

제3장 요금

제9조(국제우편요금 등) ① 국제우편요금 및 국제우편 이용에 관한 수수료(이하 "국제우편요금등"이라 한다)는 ☐☐²¹⁾에서 정한 범위에서 과학기술정보통신부장관이 정하여 고시한다.
② 제8조에 따른 ☐☐²²⁾취급에 관한 국제우편요금등에 대하여 협약에서 정하지 아니한 사항은 과학기술정보통신부장관이 정하여 고시한다.

제10조(국제우편요금등의 납부) 국제우편요금등은 다음 각 호의 어느 하나에 해당하는 방법으로 납부할 수 있다.
1. 현금
2. 우표
3. 우편요금을 표시하는 ☐☐²³⁾
4. 「여신전문금융업법」에 따른 신용카드·직불카드·선불카드(이하 "신용카드등"이라 한다)
5. 정보통신망을 이용한 ☐☐☐☐²⁴⁾ 또는 전자결제

제11조(국제우편요금등의 별납 또는 후납) ① 발송우편물은 국내우편물 취급의 예에 따라 국제우편요금등을 별납 또는 ☐☐²⁵⁾할 수 있다.
② 국제우편요금등의 별납 및 후납의 표시와 취급우체국 등에 관한 사항은 과학기술정보통신부장관이 정하여 고시한다.

제12조(국제우편요금등의 감액) ① 국제우편요금등은 ☐☐²⁶⁾를 감액할 수 있다.
② 제1항에 따라 국제우편요금등을 감액할 수 있는 우편물의 종류·수량·취급요건·감액범위 등에 관한 사항은 협약에서 정한 범위에서 과학기술정보통신부장관이 정하여 고시한다.

제13조(국제회신우표권) ① 외국에서 판매한 국제회신우표권은 국내우체국에서 제9조제1항에 따라 고시된 요금에 해당하는 ☐☐²⁷⁾류와 교환한다.
② 우리나라에서 ☐☐²⁸⁾한 국제회신우표권은 국내우체국에서 교환할 수 없다.

21) 협약
22) 부가
23) 증표
24) 전자화폐
25) 후납
26) 일부
27) 우표
28) 판매

제4장 발송

제14조(국제우편물의 발송) ① 다음 각 호의 어느 하나에 해당하는 국제우편물을 발송하려는 경우에는 우체국에 직접29) 접수해야 한다. 다만, 제1호와 제8호에 해당하는 우편물은 발송인의 요청에 따라 발송인을 방문하여 접수할 수 있다.
1. 소포30)우편물 및 특급우편물
2. 제8조에 따른 부가31)취급이 필요한 우편물
3. 소형32)포장물
4. 통관33)을 하여야 하는 물품이 들어 있는 우편물
5. 제11조에 따라 국제우편요금등을 별납 또는 후납34)하는 우편물
6. 항공으로 취급하는 시각35)장애인을 위한 우편물
7. 협약 및 제12조에 따른 우편요금 감면36)대상 우편물
8. 제3조제1항제4호(그 밖에 과학기술정보통신부장관이 필요하다고 인정하여 고시하는 우편물)에 따른 우편물

② 제1항 각 호의 우편물 외의 국제우편물을 발송하려는 경우에는 우체통37)에 투입할 수 있다.

제15조(우편물의 규격·포장 및 외부기재사항 등) ① 제14조에 따라 국제우편물을 발송하려는 자는 과학기술정보통신부장관이 정하여 고시하는 발송우편물의 규격·포장에 관한 사항 및 외부기재38)사항을 준수하여야 한다.
② 과학기술정보통신부장관은 협약 및 제1항에 따라 고시한 기준에 맞지 아니하는 우편물에 대해서는 발송인에게 보완하여 제출하게 하거나 우편물로서의 취급을 거절39)할 수 있다.
③ 발송인의 포장부실로 인하여 우편물의 송달과정에서 발생한 내용물의 파손·탈락 또는 다른 우편물의 파손, 그 밖의 모든 손해에 대해서는 발송인40)이 책임을 진다.

제16조(첨부물의 중량) 발송우편물에 붙인 부가표시물 및 서류의 중량은 그 우편물의 중량에 포함41)하여 계산한다. 다만, 우표, 운송장42) 및 통관을 위하여 붙인 서류의 중량은 포함하지 아니한다.

제17조(우편물의 접수증 등) ① 기록취급 우편물을 발송하는 경우 발송인은 그 우편물의 접수증 또는 운송장 사본과 영수증을 교부받을 수 있으며, 발송일의 다음 날부터 143)년 이내에 우편물을 접수한 우체국에 우편물의 접수증 또는 운송장 등본의 교부를 신청할 수 있다.

② 우편물을 발송한 후에 제1항에 따라 우편물의 접수증 또는 운송장 등본의 교부를 신청하는 경우에는 그 우편물의 □□□44)을 제시하여야 하며, 영수증을 제시할 수 없을 때에는 그 발송 사실을 소명하여야 한다.
③ 다량의 기록취급 우편물을 발송하는 자에게는 미리 잇따라 적는 방식으로 된 식 우편물 □□□45) 용지를 작성하도록 하고 우편물과 함께 제출하게 할 수 있다.
④ □□□46) 등 전자적 방법으로 접수한 우편물의 접수증은 전자적 방법으로 교부할 수 있다.

제18조(발송우편물의 외부기재사항 변경 또는 반환청구 등) 국제우편물의 발송인은 그 우편물의 외부기재사항의 변경·정정 또는 우편물의 반환을 우체국에 청구할 수 있다. 이 경우 제9조제1항에 따라 고시된 □□□□□□47)등을 납부하여야 한다.

제19조(국제우편요금등이 미납된 발송우편물의 처리) ① 국제우편요금등의 전부 또는 일부가 납부되지 아니한 발송우편물에 대해서는 우편물을 접수한 우체국장이 그 납부되지 아니한 국제우편요금등(이하 "미납요금"이라 한다)을 발송인에게 통지하고, □□□48)으로부터 미납요금을 징수한 후 발송한다.
② 발송인의 주소·성명이 명확하지 아니하거나 그 밖의 사유로 미납요금을 징수할 수 없는 경우에는 우편물 표면의 윗부분에 미납요금이 있는 우편물임을 표시하는 문자인 T(이하 "T"라 한다) 및 미납요금을 기재하여 □□49)한다.

제20조(발송상대국의 우편업무 일시정지) 발송상대국의 우편업무 일시정지로 인하여 발송할 수 없는 우편물은 그 상대국의 우편업무가 재개되면 □□50) 없이 발송하여야 한다.

제21조(국제우편금지물품) ① 과학기술정보통신부장관은 음란물, 폭발물, 총기·도검, 마약류 및 독극물 등 우편으로 취급하는 것이 부적절하다고 인정되는 물품(이하 "우편□□□□51)"이라 한다)을 정하여 고시하여야 한다.
② 과학기술정보통신부장관은 제1항에 따라 고시된 물품에 대해서는 우편물로서의 취급을 □□52)할 수 있다.

44) 영수증
45) 접수증
46) 인터넷
47) 국제우편요금
48) 발송인
49) 발송
50) 지체
51) 금지물품
52) 거절

제22조(예외적으로 허용되는 위험물질) ① 제21조에도 불구하고 ☐☐⁵³⁾에서 예외적으로 허용한 위험물질은 우편물로서 취급할 수 있다.
② 제1항에 따른 우편물의 이용조건과 취급절차는 과학기술정보통신부장관이 정하여 고시한다.

제5장 배달

제23조(도착우편물의 배달) ① 도착우편물의 배달에 관하여는 협약과 이 영에서 정한 것을 제외하고는 ☐☐☐☐⁵⁴⁾ 배달의 예에 따른다. 다만, 보관교부 우편물의 보관기간은 ☐☐⁵⁵⁾일로 한다.
② 협약에서 정한 규격을 위반한 우편물이나 우편금지물품이 들어있는 우편물이 외국에서 접수되어 우리나라에 도착하였으나 해당 우편물에 대하여 다른 법령에 압수 또는 반송에 관한 처리규정이 없는 경우에는 이를 수취인에게 ☐☐⁵⁶⁾할 수 있다.

제24조(통관우편물의 배달) ① 통관절차를 거쳐야 하는 국제우편물은 통관우체국에 보관하고 통관우체국장은 국제우편물의 ☐☐ ☐☐⁵⁷⁾서(이하 "안내서"라 한다)를 수취인에게 송달할 수 있다.
② 제1항에 따라 안내서를 송달받은 수취인은 제25조에 따른 보관기간 내에 부과된 ☐☐⁵⁸⁾ 및 통관절차 대행수수료를 납부하고 해당 우편물을 수령하여야 한다.

제25조(보관기간) 도착우편물의 보관기간은 통관우체국장이 안내서를 발송한 날의 다음 날부터 ☐☐⁵⁹⁾일간으로 한다. 다만, 통관절차나 그 밖의 부득이한 사유로 수취인의 청구가 있거나 통관우체국장이 필요하다고 인정할 때에는 ☐☐⁶⁰⁾일의 범위에서 연장할 수 있다.

제26조(국제우편요금등이 미납된 도착우편물의 배달) T 표시가 있는 도착우편물은 미납요금을 우리나라 통화로 환산하여 ☐☐☐⁶¹⁾으로부터 징수한 후 배달한다.

제27조(국제우편물의 전송) 도착우편물의 국내 간 전송에 관하여는 발송인이 이를 ☐☐⁶²⁾한 경우를 제외하고 국내우편물 전송의 예에 따른다.

53) 협약
54) 국내우편
55) 30
56) 배달
57) 통관 안내
58) 세금
59) 15
60) 45
61) 수취인
62) 금지

제28조(종추적배달우편물의 배달) 종추적배달우편물(우편물의 접수에서 배달까지의 취급과정을 ☐☐⁶³⁾하나 서명 또는 기명날인을 받지 아니하고 배달하는 우편물을 말한다)을 배달할 때에는 국내 ☐☐⁶⁴⁾우편물 배달의 예에 따르되, 수령하는 사람의 서명 또는 기명날인은 생략한다.

63) 기록
64) 등기

제29조(배달통지서에의 서명·기명날인) ① ☐☐☐☐⁶⁵⁾ 청구가 있는 도착우편물을 수령하는 사람은 배달통지서에 서명 또는 기명날인을 하여야 한다. ② 부득이한 사유로 제1항에 따른 서명 또는 기명날인을 받지 못한 경우에는 우편물을 배달한 ☐☐☐☐⁶⁶⁾이 그 배달 사실을 증명하여야 한다.

65) 배달통지
66) 우체국장

제30조(국제우편물의 탈락물 및 수취 포기 우편물 등의 처리) ① 수취인을 확인할 수 없는 국제우편물의 탈락물은 다음 각 호의 방법에 따라 처리한다.
  1. 탈락물을 발견한 우체국장은 우체국 내의 공중이 보기 쉬운 장소나 게시판에 그 내용을 ☐⁶⁷⁾개월간 게시하고 보관한다.
  2. 제1호의 게시기간 내에 정당한 권리자의 교부청구가 없는 경우에는 「우편법」 제36조제2항 및 제3항에 따른 절차를 준용하여 처리한다.
② 통관 대상인 도착우편물로서 수취인이 그 우편물의 전부(☐☐⁶⁸⁾ 또는 전송할 수 없는 것으로 한정한다) 또는 일부의 수취를 포기한 경우에는 「우편법」 제36조에 따른 절차를 준용하여 처리한다.
③ 외국으로부터 반송된 우편물은 다음 각 호의 어느 하나에 해당하는 방법에 따라 처리한다.
  1. 통상우편물을 발송인에게 배달하는 경우에는 제23조제1항 본문 및 같은 조 제2항을 준용한다. 다만, 등기의 경우에는 ☐☐ ☐☐⁶⁹⁾취급 수수료에 해당하는 금액을 징수한 후 배달한다.
  2. 소포우편물은 ☐☐☐⁷⁰⁾ 및 그 밖의 요금을 징수한 후 발송인에게 배달한다.
  3. 발송인의 ☐☐☐☐⁷¹⁾이나 그 밖의 부득이한 사유로 반송할 수 없는 우편물과 내용품의 파손·변질 등의 사유로 발송인이 수취를 거절하는 우편물은 「우편법」 제36조에 따른 절차를 준용하여 처리한다.

67) 1
68) 반송
69) 국내 등기
70) 발송료
71) 주소불명

제6장 통관

제31조(국제우편물의 통관) ① 제4조제2항제1호(서신), 제5호(우편엽서) 및 제6호(항공서간)에 따른 우편물을 제외한 국제우편물은 ☐☐72)하여야 한다. 다만, 통관우체국장 또는 세관장이 필요하다고 인정하는 경우에는 제4조제2항제1호(서신), 제5호(우편엽서) 및 제6호(항공서간)에 따른 우편물도 통관할 수 있다.

② 제1항에 따른 통관절차에는 우체국 직원 또는 우체국의 위탁을 받은 업체의 직원이 ☐☐73)해야 한다.

③ 통관우체국장은 특히 필요하다고 인정될 때에만 우편물의 ☐☐☐74)을 통관절차에 참관하게 할 수 있다.

④ 수취인에게 책임이 있는 사유로 제25조에 따른 보관기간 내에 통관절차를 끝내지 못한 도착우편물은 ☐☐☐ ☐ ☐☐75) 우편물에 준하여 처리한다.

72) 통관
73) 참관
74) 수취인
75) 배달할 수 없는

제32조(통관절차 대행수수료의 납부) ① 통관한 우편물의 ☐☐☐76)은 제10조제1호(현금)·제4호(신용카드등) 또는 제5호(전자화폐 또는 전자결제)의 방법 중 하나로 통관절차 대행수수료를 납부하여야 한다.

② 다음 각 호의 어느 하나에 해당하는 국제우편물에 대해서는 통관절차 대행수수료의 납부를 면제한다.

1. ☐☐☐☐77) 및 전쟁으로 인하여 억류된 민간인이 발송한 우편물
2. ☐☐☐☐78)인을 위한 우편물
3. 주한외교공관 및 그 공관에 근무하는 ☐☐☐79)과 이에 준하는 대우를 받는 국제기관 및 그 기관의 직원을 수취인으로 지정한 우편물
4. 국가☐☐80)를 수취인으로 지정한 우편물
5. 과학기술정보통신부장관이 인정하는 우편☐☐81)와 관련된 우편물 등
6. 그 밖에 ☐☐82)가 부과되지 아니하는 우편물

76) 수취인
77) 전쟁포로
78) 시각장애
79) 외교관
80) 원수
81) 업무
82) 관세

제33조(관세에 대한 불복의 신청에 따른 조치) ① 세관장에게 「관세법」에 따른 이의신청·심사청구 또는 심판청구를 한 도착우편물의 수취인이 우편물의 반송 또는 관련 처분의 보류를 희망하는 경우에는 지체 없이 그 뜻을 ☐☐☐☐☐83)장에게 통지하여야 한다.

② 「관세법」에 따라 이의신청·심사청구 또는 심판청구를 한 날부터 결정일까지의 기간과 그 결정통지에 걸리는 기간(결정일부터 ☐84)일간을 말한다)은 제25조에 따른 보관기간에 산입하지 아니한다.

83) 통관우체국
84) 5

제34조(재수출면세 또는 보세구역으로의 이송신청에 따른 조치) ① 도착우편물의 ☐☐☐[85]면세 또는 보세구역으로의 이송을 세관장에게 신청한 도착우편물의 수취인은 그 사실을 통관우체국장에게 통지하여야 한다.
② 제1항의 경우 제33조제2항을 준용한다.

제7장 책임

제35조(행방조사의 청구) 발송우편물 또는 도착우편물에 대하여 발송인 또는 수취인은 그 우편물을 발송한 다음 날부터 ☐[86]개월 이내에 행방조사 청구를 할 수 있다. 다만, 특급우편물에 대한 행방조사 청구는 ☐[87]개월 이내에 하여야 한다.

제36조(국제우편요금등의 반환) ① 발송인은 다음 각 호의 어느 하나에 해당하는 국제우편요금등에 대하여 과학기술정보통신부장관에게 반환을 청구할 수 있다.
 1. 우편관서의 과실로 과다징수한 경우: ☐☐☐☐[88]한 국제우편요금등
 2. 부가취급 국제우편물의 국제우편요금등을 받은 후 우편관서의 과실로 부가취급을 하지 아니한 경우: ☐☐☐☐ ☐☐☐[89]
 3. 항공서간을 선편으로 발송한 경우: 항공서간 요금과 해당 지역의 선편 보통서신 ☐☐[90]요금의 차액
 4. 등기우편물·소포우편물 또는 보험취급된 등기우편물·소포우편물의 분실·전부도난 또는 완전파손 등의 경우: 납부한 국제우편요금등. 다만, 등기·보험취급 수수료는 ☐☐[91]한다.
 5. 특급우편물 또는 보험취급된 특급우편물의 분실·도난 또는 파손 등의 경우: 납부한 국제우편요금등. 다만, 보험취급 수수료는 ☐☐[92]한다.
 6. 행방조사청구에 따른 조사결과 우편물의 분실 등이 우편관서의 과실로 발생하였음이 확인된 경우: ☐☐☐☐ ☐☐☐[93]
 7. 수취인의 주소·성명이 정확하게 기재된 우편물을 우편관서의 과실로 발송인에게 반환한 경우: 납부한 ☐☐☐☐☐☐[94]등
 8. 외국으로 발송하는 부가취급되지 아니한 통상우편물이 우편관서의 취급과정에서 파손된 경우: 납부한 ☐☐☐☐☐☐[95]등
② 국제우편요금등을 완납한 발송우편물이 다른 법령에 따른 수출금지 대상이거나 그 밖의 부득이한 사유로 발송인에게 반환된 경우에는 발송인의 청구에 따라 완납한 국제우편요금등에서 해당 우편물의 반환에 따른 국내우편요금 및 수수료를 ☐☐[96]한 금액을 반환한다. 다만, 발송인의

85) 재수출

86) 6
87) 4

88) 과다징수

89) 부가취급 수수료

90) 최저

91) 제외

92) 제외

93) 행방조사 청구료

94) 국제우편요금

95) 국제우편요금

96) 공제

고의 또는 중대한 과실이 있다고 인정되는 경우에는 반환하지 아니한다.
③ 제1항 및 제2항에 따라 반환하는 국제우편요금등은 ☐☐⁹⁷⁾으로 지급할 수 있다. 다만, 발송인이 국제우편요금등을 제10조제4호에 따라 신용카드등으로 납부한 경우에는 카드거래 취소로 대신할 수 있다.
④ 국제우편요금등의 반환청구는 발송한 다음 날부터 ☐⁹⁸⁾년 이내에 하여야 한다.
⑤ 다른 법령 또는 상대국의 규정에 따라 압수되는 등의 사유로 ☐☐⁹⁹⁾되지 아니하는 우편물에 대한 국제우편요금등은 반환하지 아니한다.

97) 현금

98) 1

99) 반환

02 우편법 / 우편법 시행령 / 우편법 시행규칙

제1장 총칙

제1조(목적) 이 법은 우편 이용에 관한 기본적인 사항을 정하여 ☐☐[1]하고 적정한 우편 역무를 제공함으로써 공공의 복지증진에 이바지함을 목적으로 한다.

1) 공평

제1조의2(정의) 이 법에서 사용하는 용어의 뜻은 다음과 같다.
1. "☐☐☐[2]"이란 통상우편물과 소포우편물을 말한다.
2. "☐☐[3]우편물"이란 서신(書信) 등 의사전달물, 통화(송금통지서를 포함한다) 및 소형포장우편물을 말한다.
3. "☐☐[4]우편물"이란 통상우편물 외의 물건을 포장한 우편물을 말한다.
4. "우편☐☐[5]"이란 우편물의 발송인이나 수취인이 그 송달의 대가로 우편관서에 내야 하는 금액을 말한다.
5. "☐☐[6]"란 우편요금의 선납과 우표수집 취미의 문화를 확산시키기 위하여 발행하는 증표를 말한다.
6. "우편요금을 표시하는 증표"란 우편☐☐[7], 항공서신, 우편요금 표시 인영(印影)이 인쇄된 봉투(연하장이나 인사장이 딸린 것을 포함한다)를 말한다.
7. "☐☐[8]"이란 의사전달을 위하여 특정인이나 특정 주소로 송부하는 것으로서 문자·기호·부호 또는 그림 등으로 표시한 유형의 문서 또는 전단을 말한다. 다만, 신문, 정기간행물, 서적, 상품안내서 등 대통령령으로 정하는 것은 제외한다.

2) 우편물
3) 통상
4) 소포
5) 요금
6) 우표
7) 엽서
8) 서신

시행령 제3조(서신 제외 대상) 「우편법」(이하 "법"이라 한다) 제1조의2제7호 단서에서 "신문, 정기간행물, 서적, 상품안내서 등 대통령령으로 정하는 것"이란 다음 각 호의 어느 하나를 말한다.
1. 「신문 등의 진흥에 관한 법률」 제2조제1호에 따른 신문
2. 「잡지 등 정기간행물의 진흥에 관한 법률」 제2조제1호가목에 따른 정기간행물
3. 다음 각 목의 요건을 모두 충족하는 서적

가. 표지를 제외한 48쪽 이상인 책자의 형태로 인쇄·제본되었을 것
나. 발행인·출판사나 인쇄소의 명칭 중 어느 하나가 표시되어 발행되었을 것
다. 쪽수가 표시되어 발행되었을 것
4. 상품의 가격·기능·특성 등을 문자·사진·그림으로 인쇄한 16쪽 이상(표지를 포함한다)인 책자 형태의 상품안내서
5. 화물에 첨부하는 봉하지 아니한 첨부서류 또는 송장
6. 외국과 주고받는 국제서류
7. 국내에서 회사(「공공기관의 운영에 관한 법률」에 따른 공공기관을 포함한다)의 본점과 지점 간 또는 지점 상호 간에 주고받는 우편물로서 발송 후 12시간 이내에 배달이 요구되는 상업용 서류
8. 「여신전문금융업법」제2조제3호에 해당하는 신용카드

제2조(경영주체와 사업의 독점 등) ① 우편사업은 ☐☐[9]가 경영하며, 과학기술정보통신부장관이 관장한다. 다만, 과학기술정보통신부장관은 우편사업의 일부를 개인, 법인 또는 단체 등으로 하여금 경영하게 할 수 있으며, 그에 관한 사항은 따로 법률로 정한다.

② 누구든지 제1항과 제5항의 경우 외에는 타인을 위한 서신의 송달 행위를 업(業)으로 하지 못하며, 자기의 조직이나 계통을 이용하여 타인의 서신을 전달하는 행위를 하여서는 아니 된다.

③ 제2항에도 불구하고 서신(국가기관이나 지방자치단체에서 발송하는 등기취급 서신은 제외한다)의 중량이 ☐☐☐[10]그램을 넘거나 제45조의2에 따라 서신송달업을 하는 자가 서신송달의 대가로 받는 요금이 대통령령으로 정하는 통상우편요금의 ☐☐[11]배를 넘는 경우에는 타인을 위하여 서신을 송달하는 행위를 업으로 할 수 있다.

⑤ 우편사업이나 우편창구업무의 위탁에 관한 사항은 따로 ☐☐[12]로 정한다. 다만, 과학기술정보통신부장관은 우편창구업무 외의 우편업무의 일부를 대통령령으로 정하는 바에 따라 다른 자에게 위탁할 수 있다.

⑥ 다음 각 호의 어느 하나에 해당하는 사람은 제5항 단서에 따라 과학기술정보통신부장관이 위탁하는 업무 중 우편물을 집배하는 업무에는 종사할 수 없다.

1. 다음 각 목의 어느 하나에 해당하는 죄를 범하여 금고 이상의 실형을 선고받고 그 집행이 끝나거나(집행이 끝난 것으로 보는 경우를 포함한다) 면제된 날부터 최대 20년의 범위에서 범죄의 종류, 죄질, 형기의 장단 및 재범위험성 등을 고려하여 대통령령으로 정하는 기간이 지나지 아니한 사람

9) 국가

10) 350

11) 10

12) 법률

가. 「특정강력범죄의 처벌에 관한 특례법」 제2조제1항 각 호에 따른 죄
나. 「특정범죄 가중처벌 등에 관한 법률」 제5조의2, 제5조의4, 제5조의5, 제5조의9 및 제11조에 따른 죄
다. 「마약류 관리에 관한 법률」에 따른 죄
라. 「성폭력범죄의 처벌 등에 관한 특례법」 제2조제1항제2호부터 제4호까지, 제3조부터 제9조까지 및 제15조(제14조의 미수범은 제외한다)에 따른 죄
마. 「아동·청소년의 성보호에 관한 법률」 제2조제2호에 따른 죄

2. 제1호에 따른 죄를 범하여 금고 이상의 형의 집행유예를 선고받고 그 유예기간 중에 있는 사람

⑦ 과학기술정보통신부장관은 제6항에 따른 범죄경력을 확인하기 위하여 필요한 정보에 한정하여 경찰청장에게 범죄경력자료의 조회를 요청할 수 있다.

시행령 제3조의2(기본통상우편요금) 법 제2조제3항에서 "대통령령으로 정하는 통상우편요금"이란 제12조에 따라 고시한 통상우편물요금 중 중량이 ☐ 13)그램 초과 ☐☐ 14)그램 이하인 규격우편물의 일반우편요금을 말한다.

13) 5
14) 25

시행령 제4조(우편업무의 위탁) ① 과학기술정보통신부장관은 법 제2조제5항 단서에 따라 다음 각 호의 어느 하나에 해당하는 업무를 과학기술정보통신부령이 정하는 자에게 위탁한다.

1. 우편이용자를 ☐☐ 15)하여 우편물을 접수하는 업무
2. 교통이 불편한 지역 기타 우편물의 집배업무·운송업무 또는 발착업무(우편물을 구분 및 정리하는 업무를 말한다. 이하 같다)상 특히 필요하다고 인정하는 지역에서 우편물을 집배·운송 또는 발착하는 업무
3. 우표류(우표, 우편요금을 표시하는 증표와 우표책, 우편물의 특수취급에 필요한 봉투 및 국제반신우표권을 말한다. 이하 같다)를 조제하는 업무
4. 그 밖에 우편이용의 편의, 우편물의 원활한 송달 및 우편사업 운영의 효율을 제고하기 위하여 과학기술정보통신부령이 정하는 업무

15) 방문

② 제1항제1호 및 제2호의 규정에 의한 우편물 방문접수업무와 집배업무를 위탁하는 때에는 과학기술정보통신부령이 정하는 바에 따라 당해 위탁업무를 행하는 지역을 구분하여 위탁방법을 달리 정할 수 있다.
③ 과학기술정보통신부장관은 제1항의 규정에 의하여 업무를 위탁받은 자(이하 "수탁자"라 한다)에 대하여 수수료 및 당해 업무의 수행에 직접 소요되는 경비를 지급할 수 있다.

④ 수탁자가 위탁받은 업무의 처리와 수탁자에게 지급하는 수수료 및 경비의 지급 등에 관하여 필요한 사항은 과학기술정보통신부령으로 정한다.
⑤ 법 제2조제6항제1호 각 목 외의 부분에서 "대통령령으로 정하는 기간"이란 다음 각 호의 기간을 말한다.
1. 「특정강력범죄의 처벌에 관한 특례법」 제2조제1항 각 호에 따른 죄: 20년
2. 「특정범죄 가중처벌 등에 관한 법률」 제5조의2, 제5조의4, 제5조의5, 제5조의9(제4항은 제외한다) 및 제11조에 따른 죄: 20년
3. 「특정범죄 가중처벌 등에 관한 법률」 제5조의9제4항에 따른 죄: 6년
4. 「마약류 관리에 관한 법률」 제58조부터 제60조까지의 규정에 따른 죄: 20년
5. 「마약류 관리에 관한 법률」 제61조제1항 각 호에 따른 죄 및 같은 조 제3항에 따른 그 각 미수죄(같은 조제1항제2호, 제3호 및 제9호의 미수범은 제외한다): 10년
6. 「마약류 관리에 관한 법률」 제61조제2항에 따른 죄 및 같은 조 제3항에 따른 그 각 미수죄(같은 조 제1항제2호, 제3호 및 제9호의 미수범은 제외한다): 15년
7. 「마약류 관리에 관한 법률」 제62조제1항 각 호에 따른 죄 및 같은 조 제3항에 따른 그 각 미수죄: 6년
8. 「마약류 관리에 관한 법률」 제62조제2항에 따른 죄 및 같은 조 제3항에 따른 그 각 미수죄: 9년
9. 「마약류 관리에 관한 법률」 제63조제1항 각 호에 따른 죄 및 같은 조 제3항에 따른 그 각 미수죄(같은 조제1항제2호부터 제5호까지, 제11호 및 제12호에 따른 죄의 미수범에 한정한다): 4년
10. 「마약류 관리에 관한 법률」 제63조제2항에 따른 죄 및 같은 조 제3항에 따른 그 각 미수죄(같은 조 제2항에 따른 죄의 미수범에 한정한다): 6년
11. 「마약류 관리에 관한 법률」 제64조 각 호에 따른 죄: 2년
12. 「성폭력범죄의 처벌 등에 관한 특례법」 제2조제1항제2호부터 제4호까지, 제3조부터 제9조까지 및 제15조(제14조의 미수범은 제외한다)에 따른 죄: 20년
13. 「아동·청소년의 성보호에 관한 법률」 제2조제2호에 따른 죄: 20년

시행규칙 제3조(방문접수업무와 집배업무 위탁방법) 영 제4조제2항에 따른 우편물 방문접수업무와 집배업무의 위탁방법은 해당 위탁업무를 하는 지역의 인구와 우편물의 증감 등을 고려하여 □□□□□□[16]장이 정한다.

16) 우정사업본부

시행규칙 제4조(우편업무의 일부를 수탁할 수 있는 자의 자격) ① 영 제4조제1항제1호에 따른 우편물방문접수 업무를 위탁받을 수 있는 자는 다음 각 호와 같다.
  1. 개인 : 18세 이상으로서 「국가공무원법」 제33조 각 호의 어느 하나에 해당하지 아니한 자
  2. 법인 : 위탁업무의 수행에 필요한 시설·장비 및 인력 등 우정사업본부장이 정하는 요건을 갖춘 자

제3조(우편물 등의 비밀 보장) 우편업무 또는 제45조의2에 따른 서신송달업에 종사하는 자나 종사하였던 자는 재직 중에 우편 또는 서신에 관하여 알게 된 타인의 비밀을 누설하여서는 아니 된다.

제3조의2(우편물의 운송 명령) ① 과학기술정보통신부장관은 다음 각 호의 어느 하나에 해당하는 자에게 대통령령으로 정하는 바에 따라 우편물의 운송을 명할 수 있다.
  1. ◯◯[17]·궤도 사업을 경영하는 자
  2. 일반 교통에 이용하기 위하여 노선을 정하여 정기적으로 또는 임시로 자동차·선박·◯◯◯[18]의 운송사업을 경영하는 자
  ② 과학기술정보통신부장관은 제1항에 따라 우편물을 운송한 자에게 정당한 ◯◯[19]을 하여야 한다.

시행령 제4조의2(우편물의 운송요구등) ① 과학기술정보통신부장관이 법 제3조의2제1항의 규정에 의하여 우편물의 운송을 요구할 때에는 다음 각호의 사항을 기재한 우편물 운송요구서를 운송개시 ◯[20]일전까지 운송을 하는 자에게 교부하여야 한다. 다만, 천재·지변 기타 특히 긴급을 요하는 경우에는 즉시 이를 요구할 수 있다.
  1. 운송구간 및 운송횟수
  2. 출발 및 도착일시
  3. 우편물의 수량 또는 중량
  4. 우편물의 인수인계 장소 및 방법
  5. 운송료 및 그 지급방법
  6. 우편물 운송도중 우편물의 망실 또는 훼손시 국가에 대하여 지불하여야 하는 손해배상 금액
  7. 기타 우편물의 신속하고 안전한 운송을 위하여 필요한 사항
  ② 법 제3조의2제2항의 규정에 의하여 보상하여야 할 금액은 당해 운송구간에 적용되고 있는 ◯◯◯◯[21] 등이 고려되어야 한다.

17) 철도
18) 항공기
19) 보상
20) 5
21) 운송요금

제3조의3(우편물의 우선 취급) ① 우편물을 운송하는 자는 해당 차량·선박·항공기에 실은 우편물을 그 목적지에서 내릴 때 또는 사고나 재해로 운송 도중에 바꿔 실을 때에는 다른 화물에 □□[22]하여 내리거나 바꿔 실어야 한다.

② 우편물을 운송하는 자는 위험한 재난으로 인하여 부득이하게 화물을 처분하여야 하는 경우에는 우편물을 가장 나중에 처분하여야 한다.

22) 우선

제4조(운송원 등의 □□[23] 청구권) ① 우편업무를 집행 중인 우편운송원, 우편집배원과 우편물을 운송 중인 항공기·차량·선박 등이 사고를 당하였을 때에 우편운송원, 우편집배원 또는 우편관서의 공무원으로부터 도와줄 것을 요구 받은 자는 정당한 사유 없이 그 요구를 거부할 수 없다. 이 경우 우편관서는 도움을 준 자의 청구에 따라 적절한 보수를 지급하여야 한다.

23) 조력

② 전시·사변이나 이에 준하는 국가 비상사태 시에 국가기관과 지방자치단체 상호간에 주고 받는 행정우편을 취급하는 운송원 등은 우편관서 외의 다른 기관과 소속 직원에게 행정우편을 운송하기 위하여 필요한 교통수단의 제공이나 그 밖의 도움을 요구할 수 있다.

시행규칙 제7조(손실보상등의 청구) ① 법 제4조제1항에 따른 우편운송등의 조력자에 대한 보수와 법 제5조에 따른 우편운송원등의 통행으로 인한 피해에 대한 손실보상을 청구하고자 하는 자는 다음 각 호의 사항을 기재한 청구서를 그 우편운송원등이 소속된 우체국장을 거쳐 관할지방우정청장에게 제출하여야 한다.

1. 청구인의 성명·주소
2. 청구사유
3. 청구□□[24]

24) 금액

② 제1항의 경우 소속우체국장은 보수 또는 손실보상의 청구내용에 대한 □□□[25]를 첨부하여야 한다.

25) 의견서

③ 제1항 및 제2항에 따른 청구서 및 의견서를 받은 지방우정청장은 그 내용을 심사하여 청구내용이 정당하지 아니하다고 인정하여 청구금액을 지급할 수 없는 때에는 그 □□□[26]를 청구인에게 송부하고, 청구내용이 정당하다고 인정하는 때에는 청구한 보수 또는 손실보상금을 청구인에게 지급하여야 한다.

26) 사유서

④ 제1항에 따른 청구를 받은 지방우정청장은 필요하다고 인정하는 때에는 청구인의 출석을 요구하여 질문하거나 관계자료를 제출하게 할 수 있다.

시행령 제8조(보수 및 손실보상) 법 제4조제1항의 규정에 의한 운송원등의 조력자에 대한 보수와 법 제5조의 규정에 의한 운송원등의 통행에 따른 손실보상에 관한 사항은 과학기술정보통신부령으로 정한다.

제5조(우편운송원 등의 ▢▢[27]권) ① 우편업무를 집행 중인 우편운송원, 우편집배원과 우편 전용 항공기·차량·선박 등은 도로의 장애로 통행이 곤란할 경우에는 담장이나 울타리가 없는 택지, 전답, 그 밖의 장소를 통행할 수 있다. 이 경우 우편관서는 피해자의 청구에 따라 손실을 보상하여야 한다.
② 우편업무를 집행 중인 우편운송원, 우편집배원과 우편 전용 항공기·차량·선박 등은 도선장(渡船場), 운하, 도로, 교량이나 그 밖의 장소를 통행할 때에 통행요금을 지급하지 아니하고 통행할 수 있다. 다만, 청구권자의 청구가 있을 때에는 우편관서는 정당한 보상을 하여야 한다.
③ 우편물을 운송 중인 우편운송원, 우편집배원은 언제든지 도선장에서 도선(渡船)을 요구할 수 있다.
④ 제3항의 요구를 받은 자는 정당한 사유 없이 이를 거부할 수 없다.

[27] 통행

제6조(이용 제한 및 업무 정지 등) ① 과학기술정보통신부장관은 전시·사변이나 이에 준하는 국가 비상사태와 ▢▢▢▢[28]이나 그 밖의 부득이한 사유가 있을 경우에 우편운송원 및 우편집배원의 생명·신체를 보호하거나 중요한 우편물의 취급을 확보하기 위하여 필요하다고 인정될 때에는 우편물의 이용을 제한하거나 우편업무의 일부를 정지할 수 있다.
② 과학기술정보통신부장관은 제1항에 따라 우편업무의 일부가 정지된 우편운송원 및 우편집배원에 대하여 승진·전보·교육·포상 및 후생복지 등에서 불리한 처우를 하여서는 아니 된다.

[28] 천재지변

시행령 제8조의2(이용 제한 및 업무 정지 등) ① 과학기술정보통신부장관은 법 제6조제1항에 따른 전시·사변이나 이에 준하는 국가 비상사태와 천재지변이나 그 밖의 부득이한 사유(이하 "비상사태등"이라 한다)가 있을 경우 안전사고 등이 발생할 우려가 높은 정도에 따라 집배구를 1급지부터 3급지까지 구분하여 위험등급을 지정할 수 있다.
② 과학기술정보통신부장관은 비상사태등이 발생할 경우 다음 각 호의 구분에 따라 우편업무를 정지하거나 이에 수반되는 우편물의 이용을 제한할 수 있으며, 해당 집배구의 상황을 고려하여 순차적으로 이를 해제할 수 있다.

시행규칙 제8조(이용의 제한 및 업무의 정지) 우정사업본부장은 법 제6조의 규정에 의하여 우편이용을 제한하거나 우편업무의 일부를 정지한 때에는 이를 공고하여야 한다.

제7조(우편 전용 물건 등의 ☐☐²⁹⁾ 금지와 부과 면제) ① 우편을 위한 용도로만 사용되는 물건과 우편을 위한 용도로 사용 중인 물건은 압류할 수 없다.
② 우편을 위한 용도로만 사용되는 물건(우편에 관한 서류를 포함한다)은 각종 세금 및 공과금의 부과 대상이 되지 아니한다.

29) 압류

제8조(우편물의 ☐☐☐☐³⁰⁾권) 우편관서는 우편물을 운송 중이거나 우편물의 발송 준비를 마친 후에만 그 압류를 거부할 수 있다.

30) 압류거부

제9조(우편물의 검역) 우편물의 검역을 받아야 하는 경우에는 다른 물건에 ☐☐³¹⁾하여 검역을 받는다.

31) 우선

제10조(제한능력자의 행위에 관한 ☐☐³²⁾) 우편물의 발송·수취나 그 밖에 우편 이용에 관하여 제한능력자가 우편관서에 대하여 행한 행위는 능력자가 행한 것으로 본다.

32) 의제

제12조(「우편환법」의 적용) 우편에 의한 추심금(推尋金)의 지급이나 그 밖의 처분에 관하여는 이를 우편환금(郵便換金)으로 보고 「우편환법」을 적용한다.

제12조의2(우편작업의 ☐☐³³⁾화를 위한 지원 등) ① 과학기술정보통신부장관은 우편물의 수집·구분·운송·배달 등 우편 작업의 효율을 높이고 우편 이용자의 편의를 도모하기 위하여 해당 작업이나 이용에 관련되는 자 등에 대하여 대통령령으로 정하는 바에 따라 필요한 지원을 할 수 있다.
② 과학기술정보통신부장관은 우편 이용자의 편의를 도모하고 우편사업의 건전한 발전을 위하여 우편 관련 용품·장비의 개선 등에 관한 기술개발을 지원할 수 있다.

33) 효율

시행령 제9조(우편작업 효율화를 위한 지원대상 등) ① 법 제12조의2제1항의 규정에 의한 우편작업이나 이용에 관련되는 자 등은 다음 각 호의 어느 하나에 해당하는 자를 말한다.
1. 제4조제1항의 규정에 의하여 업무를 위탁받은 자
2. 제4조의2제1항의 규정에 의하여 우편물을 운송하는 자

3. 우편물의 발송 또는 제작 등을 대행하는 자
4. 우편물의 처리를 위한 관련 기기·장비 및 용기 등을 제조·판매하는 자
5. 우편관련 장비 및 기술개발을 담당하는 자
6. 우편에 사용되는 용품 등을 제조·판매하는 자
7. 기타 우편작업의 효율을 높이고 우편이용자의 편의를 도모하기 위하여 과학기술정보통신부장관이 필요하다고 인정하는 자

② 제1항의 규정에 해당하는 자에 대하여는 다음 각호의 지원을 할 수 있다.
1. 우편작업 관련기기·장비의 성능향상 및 기능개선을 위한 기술지원
2. 우편기술 개발을 위한 연구비 지원 및 기술정보의 제공
3. 우편물 처리 관련장비 및 용기 등의 대여
4. 기타 우편작업 효율화를 위하여 과학기술정보통신부장관이 필요하다고 인정하는 사항

제2장 우편역무

제14조(◯◯³⁴⁾적 우편역무의 제공) ① 과학기술정보통신부장관은 전국에 걸쳐 효율적인 우편송달에 관한 체계적인 조직을 갖추어 모든 국민이 공평하게 적정한 요금으로 우편물을 보내고 받을 수 있는 기본적인 우편역무를 제공하여야 한다.

② 제1항에 따른 보편적 우편역무의 대상은 다음 각 호와 같다.
1. ◯³⁵⁾킬로그램 이하의 통상우편물
2. ◯◯³⁶⁾킬로그램 이하의 소포우편물
3. 제1호 또는 제2호의 우편물의 ◯◯³⁷⁾취급 등 특수취급우편물
4. 그 밖에 대통령령으로 정하는 우편물

③ 과학기술정보통신부장관은 과학기술정보통신부령으로 정하는 바에 따라 보편적 우편역무 제공에 필요한 우편물의 수집·배달 횟수, 우편물 송달에 걸리는 기간, 이용조건 등에 필요한 사항을 정하여 고시하여야 한다.

시행규칙 제12조(보편적 우편역무의 제공기준 및 이용조건 등) ① 과학기술정보통신부장관은 법 제14조제3항에 따라 보편적 우편역무의 제공을 위하여 1근무일에 ◯³⁸⁾회 이상 우편물을 수집하고 배달하여야 한다. 다만, 지리, 교통, 사업 환경 등이 열악하여 부득이한 경우에는 이를 조정할 수 있다.

② 제1항에 따라 수집하거나 우체국 창구에 접수한 우편물의 송달에 걸리는 기간(이하 "우편물 송달기준"이라 한다)은 수집이나 접수한 날의 다음

---

34) 보편

35) 2
36) 20
37) 기록

38) 1

날부터 ☐³⁹⁾일 이내로 한다. 이 경우 수집이나 접수한 날이란 우편물의 수집을 관할하는 우체국장이 관할지역의 지리·교통상황·우편물처리능력 및 다른 지역의 우편물송달능력 등을 참작하여 공고한 시간 내에 우체통에 투입되거나 우체국 창구에 접수한 경우를 말한다.

③ 「관공서의 공휴일에 관한 규정」에 의한 공휴일 기타 다른 법령에 의한 ☐☐⁴⁰⁾휴일·토요일 및 우정사업본부장이 배달하지 아니하기로 정한 날은 이를 우편물송달기준에 산입하지 아니한다.

④ 우정사업본부장은 우체국 및 우체통의 설치현황을 고시하여야 한다.

39) 3

40) 유급

제15조(☐☐⁴¹⁾적 우편역무의 제공) ① 과학기술정보통신부장관은 고객의 필요에 따라 제14조에 따른 보편적 우편역무 외의 우편역무를 제공할 수 있다.

② 제1항에 따른 선택적 우편역무의 대상은 다음 각 호와 같다.
1. 2킬로그램을 초과하는 통상우편물
2. 20킬로그램을 초과하는 소포우편물
3. 제1호 또는 제2호의 우편물의 기록취급 등 특수취급우편물
4. 우편과 다른 ☐☐⁴²⁾ 또는 역무가 결합된 역무
5. 우편시설, 우표, 우편엽서, 우편☐☐⁴³⁾ 표시 인영이 인쇄된 봉투 또는 우편차량장비 등을 이용하는 역무
6. 우편 이용과 관련된 ☐☐⁴⁴⁾의 제조 및 판매
7. 그 밖에 우편역무에 부가하거나 부수하여 제공하는 역무

③ 선택적 우편역무의 종류와 그 이용조건은 과학기술정보통신부령으로 정한다.

41) 선택

42) 기술

43) 요금

44) 용품

시행규칙 제25조(선택적 우편역무의 종류 및 이용조건 등) ① 법 제15조제3항에 따른 선택적 우편역무의 종류는 다음 각 호와 같이 구분한다.
1. ☐☐⁴⁵⁾취급
   우편물의 접수에서 배달까지 모든 단계의 취급과정을 기록하는 우편물의 특수취급제도
1의2. ☐☐☐⁴⁶⁾취급
   우편물의 접수에서 배달 전(前) 단계까지의 취급과정을 기록하는 우편물의 취급제도
2. 보험취급
   가. 보험☐☐⁴⁷⁾: 등기취급을 전제로 보험등기 취급용 봉투를 이용하여 유가증권, 통화 또는 소형포장우편물 등의 통상우편물을 배달하는 특수취급제도

45) 등기

46) 준등기

47) 통상

나. 보험○○⁴⁸⁾: 등기취급을 전제로 사회통념상 용적에 비하여 가격이 높다고 발송인이 신고한 것으로서 그 취급에 특히 유의할 필요가 있는 고가품·귀중품 등의 소포우편물을 배달하는 특수취급제도

4. 증명취급
  가. ○○⁴⁹⁾증명 : 등기취급을 전제로 우체국창구 또는 정보통신망을 통하여 발송인이 수취인에게 어떤 내용의 문서를 언제 발송하였다는 사실을 우체국이 증명하는 특수취급제도
  다. ○○⁵⁰⁾증명 : 등기취급을 전제로 우편물의 배달일자 및 수취인을 배달우체국에서 증명하여 발송인에게 통지하는 특수취급제도

5. 국내○○⁵¹⁾우편
등기취급을 전제로 국내특급우편 취급지역 상호간에 수발하는 긴급한 우편물로서 통상적인 송달방법보다 빠르게 송달하기 위하여 접수된 우편물을 약속한 시간 내에 신속히 배달하는 특수취급제도

6. 특별○○⁵²⁾
등기취급을 전제로 「민사소송법」 제176조의 규정에 의한 방법으로 송달하는 우편물로서 배달우체국에서 배달결과를 발송인에게 통지하는 특수취급제도

7. ○○⁵³⁾우편
우정사업본부장이 정하여 고시하는 민원서류 발급을 위하여 등기취급을 전제로 우편 또는 정보통신망을 통하여 발급신청에 필요한 서류와 발급수수료를 송부하고 그에 따라 발급된 민원서류와 발급수수료 잔액 등을 우정사업본부장이 발행하는 민원우편봉투에 함께 넣어 송달하는 특수취급제도

9. ○○○○⁵⁴⁾우편
우체국에서 서신·서류·도화 등의 통신문을 접수받아 수취인의 모사전송기에 전송하는 제도

10. 우편○○○○⁵⁵⁾
등기취급을 전제로 우체국 창구나 정보통신망, 방송채널 등을 통하여 전국 각 지역에서 생산되는 특산품이나 소상공인 및 중소·중견기업 제품 등을 생산자나 판매자에게 주문하고 생산자나 판매자는 우편을 통하여 주문자에게 직접 공급하는 제도

11. ○○⁵⁶⁾우편
우정사업본부장이 조제한 우표류 및 우편차량 또는 우편시설등에 개인 또는 단체로부터 의뢰받아 광고를 게재하거나 광고물을 부착하는 제도

12. ○○⁵⁷⁾우편
우체국 창구나 정보통신망을 통하여 전자적 형태로 접수된 통신문 등을

48) 소포
49) 내용
50) 배달
51) 특급
52) 송달
53) 민원
54) 모사전송
55) 주문판매
56) 광고
57) 전자

발송인이 의뢰한 형태로 출력·봉함하여 수취인에게 배달하는 제도

13. 우편물□□□□⁵⁸⁾
발송인의 요청 또는 발송인과 발송인 소재지역을 관할하는 우체국장과 사전계약에 따라 발송인을 방문하여 우편물을 접수하는 제도

16. □□⁵⁹⁾배달
영 제29조제1항제2호에 따른 등기우편물에 대하여 그 요금을 배달 시 수취인으로부터 수납하는 특수취급제도

17. □□⁶⁰⁾등기
등기취급을 전제로 우체국장과 발송인과의 별도의 계약에 따라 접수한 통상우편물을 배달하고 그 배달결과를 발송인에게 전자적 방법 등으로 통지하는 특수취급제도

18. □□⁶¹⁾우편
등기취급을 전제로 우체국과 발송인과의 별도의 계약에 따라 수취인을 직접 대면하여 우편물을 배달하면서 서명이나 도장을 받는 등 응답을 필요로 하는 사항을 받거나 서류를 인수받아 발송인이나 발송인이 지정하는 자에게 회신하는 특수취급제도

19. □□□□⁶²⁾배달
등기취급을 전제로 우편물을 수취인 본인에게만 배달하여 주는 특수취급제도

20. 우편□□ □□⁶³⁾제공
등기취급을 전제로 이사 등 거주지 이전으로 우편주소가 변경된 경우에 우편물을 변경된 우편주소로 배달하고 수취인의 동의를 받아 발송인에게 변경된 우편주소정보를 제공하는 특수취급제도

21. 우편물의 □□ □□⁶⁴⁾ 제공
수취인에게 배달할 수 없거나 수취인이 수취를 거부하여 발송인에게 되돌려 보내는 우편물의 목록, 봉투를 스캔한 이미지 및 반환 사유 등 우편물의 반환 정보를 발송인에게 제공하는 제도

22. □□⁶⁵⁾우편
「공직선거법」, 「국민투표법」, 그 밖에 선거 또는 투표 관련 법령에서 정하는 우편물로서 통상적인 우편물보다 정확하고 신속하게 송달하기 위하여 우선적으로 우편물을 취급 및 배달하는 특수취급제도

제15조의2(우편업무의 전자화) ① 과학기술정보통신부장관은 우편업무를 효율적으로 처리하기 위하여 필요한 경우에는 종이문서나 그 밖에 전자적 형태로 작성되지 아니한 문서(이하 "□□□□⁶⁶⁾문서"라 한다)를 정보처리시스템이 처리할 수 있는 형태로 변환하여 처리할 수 있다.

58) 방문접수
59) 착불
60) 계약
61) 회신
62) 본인지정
63) 주소 정보
64) 반환 정보
65) 선거
66) 전자화대상

제16조(□□⁶⁷⁾우편) ① 과학기술정보통신부장관은 국방부장관의 요청에 따라 국군이 주둔하는 지역으로서 우체국의 기능이 미치지 아니하는 지역에 있는 부대(기관을 포함한다. 이하 같다)와 그 부대에 속하는 군인·군무원에 대한 우편역무를 제공할 수 있다.
② 군사우편물의 요금은 일반우편요금의 □⁶⁸⁾분의 1로 한다.
③ 국방부장관은 군사우편을 취급하는 우체국(이하 "군사우체국"이라 한다)에 필요한 시설·장비를 제공하는 것 외에 용역의 일부를 지원할 수 있다. 부대의 이동에 따라 군사우체국을 이동하는 경우에도 또한 같다.

시행령 제10조의2(군사우편물) ① 법 제16조제2항의 규정에 의한 군사우편물이라 함은 다음 각호의 우편물을 말한다.
1. 국방부장관이 지정하는 지역에 있는 부대(기관을 포함한다. 이하 같다) 및 그 부대에 속하는 군인·군무원이 발송하는 통상우편물
2. 제1호의 부대에 입영한 자의 소지품 및 의류 등을 발송하는 소포우편물
② 군사우편물을 발송하는 자는 군사우편물 표면에 "□□□□⁶⁹⁾"이라 표시하여야 한다.

제17조(우편금지물품, 우편물의 용적·중량 및 포장 등) ① 과학기술정보통신부장관은 건전한 사회질서를 해치거나 우편물의 안전한 송달을 해치는 물건(음란물, 폭발물, 총기·도검, 마약류 및 독극물 등으로서 우편으로 취급하는 것이 부적절하다고 인정되는 물건을 말하며, 이하 "우편□□□□⁷⁰⁾"이라 한다)을 정하여 고시하여야 한다.
② 과학기술정보통신부장관은 우편물의 취급 □□⁷¹⁾·중량 및 포장에 관한 사항을 정하여 고시하여야 한다.
③ 과학기술정보통신부장관은 우편금지물품과 제2항에 따라 고시한 기준에 맞지 아니한 물건에 대하여는 우편역무의 제공을 거절하거나 제한할 수 있다.

제3장 우편에 관한 요금

제19조(우편요금 등의 결정) 우편에 관한 요금과 우편 이용에 관한 □□□⁷²⁾(이하 "요금등"이라 한다)는 과학기술정보통신부장관이 정한다.

시행령 제12조(우편요금등의 고시) 과학기술정보통신부장관은 법 제19조의 규정에 의한 우편에 관한 요금 및 우편이용에 관한 수수료(이하 "우편요

67) 군사
68) 2
69) 군사우편
70) 금지물품
71) 용적
72) 수수료

금등"이라 한다)를 고시하여야 한다.

제20조(요금등의 납부방법) 요금등은 다음 각 호의 방법으로 내게 할 수 있다.
1. 현금
2. ☐☐[73]
3. 우편요금을 표시하는 증표
4. 「여신전문금융업법」에 따른 신용카드 또는 직불카드
4의2. 「전자금융거래법」에 따른 직불전자지급수단
5. 정보통신망을 이용한 전자화폐 또는 전자결제
6. 우편요금이 인쇄된 라벨 등 과학기술정보통신부령으로 정하는 납부방법

시행규칙 제87조의2(우편요금의 납부방법) ① 법 제20조제6호에서 "우편요금이 인쇄된 라벨 등 과학기술정보통신부령으로 정하는 납부방법"이란 우편요금의 납부 용도로 우편요금이 인쇄되어 있는 라벨로서 우편물에 부착하는 라벨(이하 "☐☐☐☐[74]"이라 한다)을 말한다.
② 선납라벨의 종류 및 취급방법은 우정사업본부장이 정한다.

제21조(우표의 발행권) ① 우표와 우편요금을 표시하는 ☐☐[75]는 과학기술정보통신부장관이 발행한다.
② 우표와 우편요금을 표시하는 증표의 판매, 관리와 그 밖의 필요한 처분 등에 관한 사항은 과학기술정보통신부령으로 정한다.
③ 우편엽서는 과학기술정보통신부령으로 정하는 바에 따라 제조하여 사용할 수 있다.

시행령 제13조(우표류의 발행) ① 과학기술정보통신부장관은 법 제21조제1항 및 제2항의 규정에 의하여 우표와 우편요금을 표시하는 증표를 발행하여 판매할 때에는 그 종류·액면·형식·판매기일 및 판매장소등을 그때마다 공고하여야 한다. 이 경우 우편요금표시인영이 인쇄된 봉투는 그 ☐☐[76]에 소요되는 비용을 우편요금과 합산한 금액으로 판매한다.

제22조(우표의 효력) 오염이나 훼손된 우표와 우편요금을 표시하는 증표는 ☐☐[77]로 한다.

제23조(요금등의 제척기간) 요금등의 납부의무는 요금등을 내야 하는 날부터 ☐[78]개월 내에 납부의 고지를 받지 아니한 경우에는 소멸한다. 다만, 불법으로 면탈한 요금에 대하여는 그러하지 아니하다.

---

73) 우표
74) 선납라벨
75) 증표
76) 발행
77) 무표
78) 6

제24조(체납 요금등의 징수방법) ① 요금등의 체납 금액은 「국세징수법」에 따른 체납처분의 예에 따라 징수한다.
② 제1항의 경우 체납 요금등에 대하여는 대통령령으로 정하는 바에 따라 ○○○[79]를 가산하여 징수한다.
③ 제1항과 제2항의 체납 요금등과 연체료는 조세를 제외한 다른 채권에 우선한다.

79) 연체료

제25조(○○[80]·과납 요금의 반환 등) 우편에 관하여 이미 냈거나 초과하여 낸 요금은 대통령령으로 정하는 경우 외에는 되돌려 주지 아니한다.

80) 기납

시행령 제35조(우편요금등의 반환) ① 법 제25조의 규정에 의하여 납부인의 청구에 따라 되돌려 주는 우편요금등은 다음 각 호와 같다.
1. 우편관서의 과실로 인하여 과다징수한 우편요금등
2. 우편관서에서 우편물의 특수취급의 수수료를 받은 후 우편관서의 과실로 인하여 특수취급을 하지 아니한 경우 그 특수취급수수료
3. 사설우체통의 사용을 폐지하거나 사용을 폐지시킨 경우 그 폐지한 다음날부터의 납부수수료 잔액
4. 납부인이 우편물을 접수한 후 우편관서에서 발송이 완료되지 아니한 우편물의 접수를 취소한 경우

② 제1항의 규정에 의한 우편요금등의 반환청구는 다음 각 호의 기간내에 납부한 우편관서에 청구하여야 한다.
1. 제1항제1호 및 제2호의 경우에는 납부일로부터 ○○[81]일
2. 제1항제3호의 경우에 폐지 또는 취소한 날로부터 ○○[82]일

81) 60
82) 30

제26조(무료 우편물) 다음 각 호의 우편물은 우편요금을 무료로 할 수 있다.
1. 과학기술정보통신부와 그 소속 기관이 발송하는 우편물 중 우편업무와 관련된 것
2. 과학기술정보통신부와 그 소속 기관으로 발송하는 우편물 중 우편물에 관한 손해배상, 우편요금 등의 반환 청구, 우편물에 관한 사고조회 및 과학기술정보통신부와 그 소속 기관의 우편업무상 의뢰에 의한 것
3. 재해복구를 위하여 설치된 구호기관이 이재민의 구호를 위하여 발송하는 것
4. 시각장애인용 점자 또는 시각장애인을 위한 법인·단체 또는 시설(법률에 따라 설치되거나 허가·등록·신고 등을 한 법인·단체 또는 시설만 해당한다)에서 시각장애인용 ○○○[83]을 발송하는 것
5. 전쟁○○[84]발송하는 것

83) 녹음물
84) 포로

시행규칙 제105조(무료우편물의 발송) ① 법 제26조에 따른 무료우편물에는 발송인이 그 우편물 표면의 윗부분 오른쪽에 다음 각 호의 구분에 따라 표시하여야 한다.
1. 법 제26조제1호 및 제2호에 해당하는 우편물: "우편사무"
2. 법 제26조제3호에 해당하는 우편물: "구호우편"
3. 법 제26조제4호에 해당하는 우편물: "시각장애인용우편"
4. 법 제26조제5호에 해당하는 우편물: "전쟁포로우편"

② 무료우편물의 발송인 또는 수취인이 국가·지방자치단체 또는 공무원인 경우에는 그 기관명 또는 직위 및 성명을, 개인, 기관 또는 단체인 경우에는 그 성명, 기관명 또는 단체명 및 주소를 우편물의 ☐☐⁸⁵⁾에 기재하여야 한다.

③ 제1항 및 제2항을 위반한 우편물은 무료우편물로 취급하지 아니한다.

④ 법 제26조제3호 및 제5호에 따른 무료우편물에 대해서는 우정사업본부장이 정하는 바에 따라 해당 발송기관의 장이 인정하는 것만 해당한다.

⑤ 제4항에 따른 무료우편물을 발송할 때에는 우편물의 종별 및 수량 등을 기재한 발송표를 발송우체국에 제출하여야 한다.

⑥ 무료우편물은 우정사업본부장이 특별히 정하는 것을 제외하고는 ☐☐⁸⁶⁾ 취급을 하지 아니한다.

85) 외부
86) 특수

제26조의2(요금등의 감액) ① 과학기술정보통신부장관은 우편 이용의 편의와 우편물의 원활한 송달을 확보할 수 있는 방법으로 발송하는 ☐☐⁸⁷⁾의 우편물에 대하여는 그 요금등의 일부를 감액할 수 있다.

② 제1항에 따라 요금등을 감액할 수 있는 우편물의 종류, 수량, 취급 요건 및 감액 범위 등에 관한 사항은 과학기술정보통신부령으로 정한다.

87) 다량

제4장 우편물의 취급

제27조(우편물 내용의 신고와 개봉 요구) ① 우편관서는 우편물을 접수할 때에 우편물 내용물의 종류와 성질에 대하여 발송인에게 ☐☐⁸⁸⁾를 받을 수 있다.

② 제1항의 경우 우편물의 내용이 발송인의 신고와 달라서 이 법 또는 대통령령으로 정한 규정을 위반한다고 인정되면 우편관서는 발송인에게 그 ☐☐⁸⁹⁾을 요구할 수 있다.

③ 발송인이 제1항의 신고나 제2항의 개봉을 거부할 때에는 우편물은 접수하지 아니할 수 있다.

88) 신고
89) 개봉

제28조(◯◯[90] 위반 우편물의 개봉) ① 우편관서는 취급 중인 우편물의 내용이 이 법 또는 대통령령으로 정한 규정을 위반한 혐의가 있으면 발송인이나 수취인에게 그 우편물의 개봉을 요구할 수 있다.
② 발송인이나 수취인이 제1항의 개봉을 거부하였을 때 또는 발송인이나 수취인에게 그 개봉을 요구할 수 없을 때에는 과학기술정보통신부장관이 지정하는 우편관서의 장이 그 우편물을 개봉할 수 있다. 다만, 대통령령으로 정하는 봉함한 우편물은 개봉하지 아니한 채로 발송인에게 되돌려 보내야 한다.

시행령 제36조의3(열어보지 아니하고 되돌려 보내는 우편물의 범위) 법 제28조제2항 단서에서 "대통령령이 정하는 봉함한 우편물"이라 함은 서신, 통화가 들어 있는 봉함한 통상우편물을 말한다.

제29조(법규 위반 우편물의 반환) 우편관서는 취급 중인 우편물이 이 법 또는 대통령령으로 정한 규정을 위반하였을 때에는 ◯◯◯[91]에게 되돌려 보내야 한다. 다만, 다른 법률에 따라 되돌려 보내지 아니할 수 있는 경우에는 그러하지 아니하다.

제31조(우편물의 배달) 우편물은 그 ◯◯[92]에 기재된 곳에 배달한다. 다만, 대통령령으로 정하는 경우는 그러하지 아니하다.

시행령 제42조(우편물의 배달) ① 법 제31조 본문의 규정에 의하여 우편물은 관할 배달우편관서에서 그 우편물의 표면에 기재된 곳에 배달한다. 이 경우 2인이상을 수취인으로 정한 우편물은 그중 ◯[93]인에게 배달한다.
② 우편사서함(이하 "사서함"이라 한다) 번호를 기재한 우편물은 당해 ◯◯◯[94]에 배달한다.
③ 등기우편물은 수취인·동거인(동일 직장에서 근무하는 자를 포함한다) 또는 제43조제1호 및 제5호에 따른 수령인으로부터 그 수령사실의 ◯◯[95]을 받고 배달해야 한다. 다만, 다음 각 호의 어느 하나에 해당하는 경우에는 해당 증명자료로 그 수령사실의 확인을 갈음할 수 있다.
1. 등기우편물(법원의 송달서류, 현금, 유가증권 등을 발송하는 우편물로서 과학기술정보통신부장관이 정하여 고시하는 우편물은 제외한다. 이하 제2호 및 제43조제8호에서 같다)을 제43조제8호에 따라 ◯◯[96]우편물보관함(대면 접촉 없이 우편물을 수령하는 장치를 말한다. 이하 같다)에 배달하거나 전자 잠금장치가 설치된 우편수취함에 배달하고 해당 무인우편물보관함 또는 우편수취함에서 배달확인이 가능한 증명

90) 법규

91) 발송인

92) 표면

93) 1

94) 사서함

95) 확인

96) 무인

자료를 제공하는 경우
2. 「감염병의 예방 및 관리에 관한 법률」에 따른 감염병 확산으로 인해 「재난 및 안전관리 기본법」 제60조에 따른 특별재난지역으로 선포된 지역에서 감염병 확산 방지 및 예방을 위해 등기우편물을 대면 접촉 없이 우편수취함(무인우편물보관함 및 전자 잠금장치가 설치된 우편수취함은 제외한다)에 배달하고 배달안내문, 배달사진, 전화, 이메일 등에 의하여 배달확인이 가능한 증명자료를 제공하는 경우. 이 경우 구체적인 배달방법, 증명자료 및 적용기간 등은 과학기술정보통신부장관이 정하여 고시한다.

시행령 제43조(우편물 배달의 특례) 법 제31조 단서에 따라 우편물을 해당 우편물의 표면에 기재된 곳 외의 곳에 배달할 수 있는 경우는 다음 각 호와 같다.
1. 동일건축물 또는 동일구내의 수취인에게 배달할 우편물로서 그 건축물 또는 구내의 ☐☐☐☐☐[97], 접수처 또는 관리인에게 배달하는 경우
2. 사서함을 사용하고 있는 수취인에게 배달할 우편물로서 사서함 번호를 기재하지 아니한 것을 그 ☐☐☐[98]에 배달하는 경우
3. 우편물을 배달하지 아니하는 날에 수취인의 청구에 의하여 배달우편관서 ☐☐[99]에서 우편물을 교부하는 경우
3의2. 수취인의 일시부재나 그 밖의 사유로 우편물을 배달하지 못하여 배달우편관서 창구 또는 무인우편물보관함(과학기술정보통신부장관이 본인확인방법, 수취인에 대한 통지방법, 보관기간 등을 정하여 고시하는 기준에 적합한 무인우편물보관함을 말한다)에서 우편물을 교부하는 경우
4. 교통이 불편한 도서지역이나 농어촌지역 또는 과학기술정보통신부장관이 필요하다고 인정하는 지역으로 배달할 우편물을 과학기술정보통신부령이 정하는 바에 의하여 개별 또는 ☐☐☐☐[100]함을 설치하고 그 수취함에 배달하는 경우
5. 수취인이 동일 집배구(우편집배원이 우편물을 수집하고 배달하는 구역을 말한다. 이하 같다)에 거주하는 자를 ☐☐☐☐[101]인으로 지정하여 배달우편관서에 신고한 경우에는 그 대리수령인에게 등기우편물을 배달하는 경우
6. 우편물에 "☐☐☐[102]보관" 표시가 있는 것으로서 과학기술정보통신부령이 정하는 바에 의하여 당해 배달우편관서 창구에서 수취인에게 교부하는 경우
7. 교통이 불편하여 통상의 방법으로 우편물 배달이 어려운 지역에 배달

97) 관리사무소

98) 사서함

99) 창구

100) 공동수취

101) 대리수령

102) 우체국

할 우편물로서 과학기술정보통신부령이 정하는 바에 의하여 당해 배달우편관서 ☐☐¹⁰³⁾에서 수취인에게 교부하는 경우
8. ☐☐☐☐☐¹⁰⁴⁾보관함을 이용하는 수취인의 신청 또는 동의를 받아 그 수취인과 동일 집배구에 있는 무인우편물보관함에 등기우편물을 배달하는 경우
9. 법 제31조의2에 따라 수취인이 주거이전을 신고한 경우로서 우편물을 수취인이 신고한 곳으로 전송하는 경우
10. 수취인이 과학기술정보통신부장관이 정하여 고시하는 우편물에 대하여 우편물의 표면에 기재된 곳 외의 곳으로 배달을 청구하는 경우

시행규칙 제128조(개별 또는 공동수취함의 설치) 영 제43조제4호의 규정에 의한 개별 또는 공동수취함(이하 "마을공동수취함"이라 한다)은 ☐☐☐☐☐¹⁰⁵⁾장이 설치한다.

시행규칙 제121조의2(우체국보관 우편물의 보관기간) 영 제43조제6호의 규정에 의한 우편물의 보관기간은 우편물이 도착한 다음 날부터 기산하여 ☐☐¹⁰⁶⁾일로 한다. 다만, 교통이 불편하거나 그 밖의 사유로 인하여 수취인이 10일 이내에 우편물을 교부받을 수 없다고 인정될 때에는 20일의 범위안에서 이를 연장할 수 있다.

시행규칙 제121조의3(보관교부지 우편물의 교부) ① 영 제43조제7호에 따른 교통이 불편하여 통상의 방법으로 우편물 배달이 어려운 지역(이하 "보관교부지"라 한다)에 송달하는 우편물은 배달우체국에서 보관하고 수취인의 청구에 따라 내준다. 다만, 보관교부지에 거주하는 자가 미리 당해배달우체국 관할구역안의 일정한 곳을 ☐☐¹⁰⁷⁾하여 배달할 것을 신청한 때에는 그 곳에 배달하여야 한다.
② 제1항에 따른 우편물의 보관기간은 우편물이 도착한 다음 날부터 기산하여 ☐☐¹⁰⁸⁾일로 하고, 보관교부지는 관할지방우정청장이 정하여 공고하여야 한다.

시행규칙 제121조의4(보관교부우편물의 기재사항변경등) ① 제121조의2 및 제121조의3의 규정에 의하여 우체국에서 보관·교부할 우편물에 대하여는 수취인이 아직 교부받지 아니한 경우에 한하여 보관우체국을 변경하거나 배달장소를 지정하여 그 곳에 배달하여 줄 것을 보관우체국장에게 청구할 수 있다.
② 제1항의 규정에 의한 보관우체국의 변경청구는 ☐¹⁰⁹⁾회에 한한다.

103) 창구
104) 무인우편물
105) 배달우체국
106) 10
107) 지정
108) 30
109) 1

③ 제121조의2 및 제121조의3제2항에 따른 보관기간이 경과된 우편물은 ○○○¹¹⁰⁾에게 되돌려 주어야 한다.

제31조의2(우편물의 전송) ① 과학기술정보통신부장관은 우편물의 수취인이 주거를 이전하고 그 이전한 곳을 과학기술정보통신부령으로 정하는 바에 따라 신고한 경우에는 수취인이 이전한 곳으로 우편물을 ○○¹¹¹⁾로 전송하여야 한다. 다만, 주거이전을 신고한 날부터 3개월이 지난 후에 도착하는 우편물은 발송인에게 되돌려 보낼 수 있다.
② 제1항에도 불구하고 다음 각 호의 어느 하나에 해당하는 경우에는 대통령령으로 정하는 바에 따라 수취인에게 수수료를 내게 하고 우편물을 전송할 수 있다.
1. 주거이전을 신고한 날부터 ○¹¹²⁾개월이 지난 후에 도착하는 우편물을 수취인이 받기를 신고한 경우
2. 수취인이 주거를 이전한 곳에 우편물을 전송하는 데 상당한 비용이 소요되는 경우

시행규칙 제110조(우편물의 전송을 위한 주거이전 신고 등) ① 법 제31조의2제1항에 따라 주거이전을 신고하려는 자는 별지 제1호서식을 작성하여 우체국장에게 제출하여야 한다. 이 경우 우체국장은 다음 각 호의 서류를 확인하여야 한다.
1. 신고인이 본인임을 증명할 수 있는 서류
2. 주거이전을 증명할 수 있는 서류
3. 대리인이 신고하는 경우에는 위임받은 사실을 증명할 수 있는 서류

시행령 제44조(우편물의 전송 수수료) 법 제31조의2제2항에 따른 우편물의 전송 수수료는 우편물을 수취인이 주거를 이전한 곳으로 전송하는 ○○¹¹³⁾에 따라 소요되는 비용 등을 고려하여 과학기술정보통신부장관이 정하여 고시한다.

제32조(반환우편물의 처리) ① 수취인에게 배달할 수 없거나 수취인이 수취를 ○○¹¹⁴⁾한 우편물은 발송인에게 되돌려 보낸다. 다만, 발송인이 발송할 때에 과학기술정보통신부령으로 정하는 바에 따라 반환 거절의 의사를 우편물에 기재한 경우에는 그러하지 아니하다.
② 제1항 본문의 경우에 발송인은 되돌아온 우편물의 수취를 정당한 사유 없이 거부할 수 없다.
③ 과학기술정보통신부장관은 제1항 본문에 따라 우편물을 발송인에게

---

110) 발송인

111) 무료

112) 3

113) 거리

114) 거부

되돌려 보낼 때에는 과학기술정보통신부령으로 정하는 바에 따라 되돌려 보내는 사유를 발송인에게 알려주어야 한다.

시행규칙 제112조의2(반환거절의 표시) 법 제32조제1항 단서에 따라 우편물의 반환을 원하지 아니하는 자는 발송시 우편물 표면 좌측 중간에 "□□□□□"115)라고 표시하여야 한다.

115) 반환 불필요

제112조의3(반환우편물의 처리) 법 제32조제3항에 따라 우편물을 발송인에게 되돌려 보낼 때에는 수취인불명, 수취거부 등의 □□□□116)를 우편물의 표면에 기재하여야 한다.

116) 반환사유

제33조(우편관서의 증명 요구) 우편관서는 우편물 수취인의 □□117)를 확인하기 위하여 수취인에 대하여 필요한 증명을 요구할 수 있다.

117) 진위

제34조(정당 교부의 인정) 이 법 또는 이 법에 따른 명령으로 정한 □□118)를 밟아 우편물을 내주었을 때에는 정당하게 내준 것으로 본다.

118) 절차

제35조(반환 □□119) 우편물의 개봉) 발송인의 주소나 성명이 불분명하여 되돌려 보낼 수 없는 우편물은 그 주소·성명을 알기 위하여 필요한 경우에는 우편관서에서 이를 개봉할 수 있다.

119) 불능

제36조(우편물의 처분) ① 제35조에 따라 개봉하여도 배달하거나 되돌려 보낼 수 없는 우편물과 제32조제1항 단서에 따라 되돌려 보내지 아니하는 우편물은 해당 □□□□120)에서 보관한다. 이 경우 그 우편물이 유가물(有價物)이면 보관한 날부터 □121)개월간 해당 우편관서의 게시판 등에 그 사실을 게시하여야 한다.

120) 우편관서
121) 1

② 제1항에 따라 보관한 우편물은 다음 각 호의 구분에 따라 처리하여야 한다.
1. 유가물이 아닌 경우: 보관하기 시작한 날부터 □122)개월 내에 내줄 것을 청구하는 자가 없을 때에는 폐기. 다만, 제32조제1항 단서에 따라 발송인에게 되돌려 보내지 아니하는 우편물은 1개월 내에 내줄 것을 청구하는 자가 없을 때에는 폐기한다.
2. 유가물로서 멸실 또는 훼손의 우려가 있는 것이나 보관비용이 지나치게 많이 드는 경우: 매각하여 그 대금을 보관하되 매각하는 데에 드는 비용은 □□123)한 대금으로 충당

122) 3

123) 매각

③ 유가물과 매각대금은 그 우편물을 보관한 날부터 1년 내에 내줄 것을

청구하는 자가 없을 때에는 ☐☐[124]에 귀속한다.

제37조(우편☐☐☐[125]) 우편관서에 대통령령으로 정하는 바에 따라 우편사서함을 설치할 수 있다.

시행령 제46조(사서함의 설치·이용등) ① 우편관서는 법 제37조의 규정에 의하여 ☐☐[126]우편관서에 사서함을 설치할 수 있다. 다만, 관할 지방우정청장이 필요하다고 인정하는 경우에는 배달업무를 취급하지 아니하는 우편관서에도 사서함을 설치할 수 있다.
② 사서함의 이용 및 관리 등에 관하여 필요한 사항은 과학기술정보통신부령으로 정한다.

시행규칙 제122조(우편사서함 사용신청 등) ① 영 제46조제2항에 따라 우편사서함(이하 "사서함"이라 한다)을 사용하려는 자는 별지 제2호서식을 작성하여 사서함이 설치된 우체국의 우체국장에게 제출하여야 한다.
② 제1항의 신청을 받은 우체국장은 다음 각호의 순위에 따라 우선적으로 사서함 사용계약을 할 수 있다.
1. 국가기관 및 지방자치단체
2. 일일배달 예정물량이 ☐☐☐[127]통이상인 다량 이용자
3. 우편물배달 주소지가 사서함 설치 우체국의 관할구역인 경우

제37조의2(고층건물의 우편☐☐☐[128] 설치) 3층 이상의 고층건물로서 그 전부 또는 일부를 주택·사무소 또는 사업소로 사용하는 건축물에는 대통령령으로 정하는 바에 따라 우편수취함을 설치하여야 한다.

시행령 제50조(고층건물의 우편수취함 설치) ① 법 제37조의2의 규정에 의한 건축물의 소유자 또는 관리인은 당해 건축물의 출입구에서 가까운 ☐☐[129]의 보기쉬운 곳에 그 건축물의 주거시설·사무소 또는 사업소별로 우편수취함을 설치하여야 한다.
② 제1항의 규정에 의한 우편수취함의 설치 및 관리등에 관하여 필요한 사항은 과학기술정보통신부령으로 정한다.

시행규칙 제131조(고층건물우편수취함의 설치) 영 제50조제1항의 규정에 의한 고층건물의 우편수취함(이하 "고층건물우편수취함"이라 한다)은 건물구조상 한 곳에 그 전부를 설치하기가 곤란한 경우에는 3층이하의 위치에 ☐[130]개소이내로 분리하여 설치할 수 있다. 다만, 고층건물우편수취함 설치대상 건축물로서 그 1층 출입구, 관리사무실 또는 수위실등(출입구 근

124) 국고
125) 사서함
126) 배달
127) 100
128) 수취함
129) 내부
130) 3

처에 있는 것에 한한다)에 우편물 접수처가 있어 우편물을 배달할 수 있는 경우에는 고층건물우편수취함을 설치하지 아니할 수 있다.

시행규칙 제132조(고층건물우편수취함등의 규격·구조등) 영 제50조제2항의 규정에 의한 고층건물우편수취함의 표준규격·재료·구조 및 표시사항은 우정사업본부장이 정하여 고시한다.

시행령 제51조(고층건물내의 우편물의 배달) ① 제50조제1항의 규정에 의한 건축물에 배달되는 우편물은 해당 건축물에 설치된 우편수취함에 배달한다. 다만, 제43조제1호의 규정에 의한 경우에는 그러하지 아니하다.
② 법 제37조의2의 규정에 의한 건축물에 우편수취함을 설치하지 아니한 경우에는 배달우편관서에서 우편물을 ☐☐☐☐¹³¹⁾할 수 있다.
③ 제2항의 규정에 의한 보관교부는 그 실시일전 ☐¹³²⁾일까지 그 건축물의 관리인 및 입주자에게 우편수취함설치의 촉구, 우편물의 보관사유·장소, 우편물의 수취요령등을 통지하여야 한다.

131) 보관교부
132) 5

시행규칙 제135조(고층건물앞 우편물의 보관 및 반환) ① 영 제51조제2항의 규정에 의하여 배달우체국에서 보관·교부할 우편물은 그 우편물이 배달우체국에 도착한 다음 날부터 ☐☐¹³³⁾일간 이를 보관한다.
② 제1항에 따른 기간이 경과하여도 우편물의 수취청구가 없는 경우에는 ☐☐☐¹³⁴⁾에게 이를 되돌려 준다.

133) 10
134) 발송인

제5장 손해배상

제38조(손해배상의 범위) ① 과학기술정보통신부장관은 다음 각 호의 어느 하나에 해당하는 사유가 발생한 경우에는 그 손해를 배상하여야 한다.
1. 우편역무 중 취급과정을 ☐☐¹³⁵⁾취급하는 우편물을 잃어버리거나 못 쓰게 하거나 지연 배달한 경우
2. 우편역무 중 ☐☐¹³⁶⁾취급 우편물을 잃어버리거나 못 쓰게 하거나 지연 배달한 경우
3. 우편역무 중 현금추심 취급 우편물을 배달하면서 추심금액을 받지 아니하고 수취인에게 내준 경우
4. 제1호부터 제3호까지 외의 우편역무로서 대통령령으로 정하는 경우
② 제1항의 배상금액과 지연배달의 기준은 과학기술정보통신부령으로 정한다.

135) 기록
136) 보험

③ 국제우편물에 관한 손해배상액은 ☐☐[137])에서 정하는 손해배상액을 넘지 아니하는 범위에서 과학기술정보통신부장관이 정하여 고시한다.
④ 제2항과 제3항의 손해배상액은 대통령령으로 정하는 바에 따라 우편관서에서 ☐☐[138]) 지급할 수 있다.

137) 조약

138) 즉시

시행규칙 제135조의2(우편물의 손해배상금액 및 지연배달의 기준) ① 법 제38조제1항제1호 및 제2호에 따라 잃어버리거나 못쓰게 된 우편물의 손해배상금액은 다음과 같다.
1. 등기통상우편물: ☐☐[139])만원
2. 준등기통상우편물: ☐[140])만원
3. 등기소포우편물: ☐☐[141])만원
4. 민원우편물: 표기금액
5. 보험취급우편물: 신고가액

② 법 제38조제1항제3호의 규정에 의한 현금추심취급 우편물의 손해배상금액은 그 추심금액으로 한다.
③ 제1항 및 제2항의 경우에 실제 손해액이 손해배상금액보다 적을 때는 그 ☐☐[142]) 손해액을 배상한다.

139) 10
140) 5
141) 50

142) 실제

시행령 제52조(손해배상) ② 법 제38조제4항의 규정에 의하여 손해배상액은 예산의 범위안에서 당해 우편관서에서 보유하고 있는 자금중에서 우선지급하고 이를 사후 보전할 수 있다.

제39조(책임 원인의 제한) 정부는 우편물의 손해가 발송인 또는 수취인의 잘못으로 인한 것이거나 해당 우편물의 성질, 결함 또는 ☐☐☐☐[143])으로 인하여 발생한 경우에는 제38조에도 불구하고 그 손해를 배상하지 아니한다.

143) 불가항력

제40조(손해배상의 한계) 우편물을 내줄 때에 외부에 파손 흔적이 없고 ☐☐[144])에 차이가 없는 경우에는 손해가 없는 것으로 본다.

144) 중량

시행규칙 제136조(손해의 신고등) ② 배달우체국장은 제1항의 규정에 의한 우편물이 외부에 파손의 흔적이 없고 중량에 차이가 없어 법 제40조의 규정에 해당한다고 인정하는 때에는 그 사유를 기재한 조서와 함께 수취를 거부한 자에게 우편물을 교부하여야 하며, 그러하지 아니하다고 인정하는 때에는 수취를 거부한 다음 날부터 ☐☐[145])일 이내에 기일을 정하여 수취를 거부한 자 또는 손해배상 청구권자의 출석을 요구하고 그 출석하

145) 15

에 동 우편물을 개피하여 손해의 유무를 검사하여야 한다.
③ 제2항의 규정에 의한 검사결과 우편물에 손해가 없다고 인정하는 때에는 그 사유를 기재한 조서와 함께 동 우편물을 교부하고, 손해가 있다고 인정하는 때에는 ☐☐☐☐146)를 작성하여 제135조의2의 규정에 의한 손해배상금을 지급한다.

시행규칙 제137조(수취를 거부한 자가 출석하지 아니한 때의 처리) 제136조 제2항의 경우에 수취를 거부한 자 또는 손해배상청구권자가 지정기일에 출석하지 아니한 때에는 당해인에게 그 우편물을 배달하여야 한다.

제41조(우편물 수취거부권) 우편물의 발송인 또는 수취인은 그 우편물에 대하여 우편관서에서 배상하여야 할 손해가 있다고 인정될 때에는 우편물을 받는 것을 ☐☐147)할 수 있다. 다만, 우편물을 받은 후에는 이의를 제기할 수 없다.

시행규칙 제136조(손해의 신고등) ① 등기우편물의 배달(반환을 포함한다. 이하 같다)에 있어서 수취인 또는 발송인이 그 우편물에 손해가 있음을 주장하여 수취를 거부하고자 할 때에는 집배원 또는 배달우체국에 그 ☐☐148)를 통보하여야 한다.

제42조(손해배상 청구권자) 제38조에 따른 손해배상을 청구할 수 있는 자는 그 우편물의 발송인이나 그 ☐☐149)을 받은 수취인으로 한다.

제43조(배상 및 보수 등의 단기소멸시효) 이 법에 따른 보수 또는 손실보상, 손해배상의 청구권은 과학기술정보통신부장관이 지정한 우편관서에 대하여 다음 각 호의 구분에 따른 기간 내에 행사하지 아니하면 소멸시효가 완성된다.
1. 제4조제1항 후단에 따른 보수(우편관서는 도움을 준 자의 청구에 따라 적절한 보수를 지급하여야 한다.)와 제5조제1항(우편업무를 집행 중인 우편운송원, 우편집배원과 우편 전용 항공기·차량·선박 등은 도로의 장애로 통행이 곤란할 경우에는 담장이나 울타리가 없는 택지, 전답, 그 밖의 장소를 통행할 수 있다. 이 경우 우편관서는 피해자의 청구에 따라 손실을 보상하여야 한다.)·제2항(우편업무를 집행 중인 우편운송원, 우편집배원과 우편 전용 항공기·차량·선박 등은 도선장(渡船場), 운하, 도로, 교량이나 그 밖의 장소를 통행할 때에 통행요금을 지급하지 아니하고 통행할 수 있다. 다만, 청구권자의 청구가 있을 때에는

146) 손해조서

147) 거부

148) 사유

149) 승인

우편관서는 정당한 보상을 하여야 한다.)에 따른 보상은 그 사실이 있었던 날부터 ☐¹⁵⁰⁾년

2. 제38조에 따른 배상은 우편물을 발송한 날부터 ☐¹⁵¹⁾년

150) 1
151) 1

제44조(보수 등의 결정에 대한 불복의 구제) 제4조제1항 후단에 따른 보수, 제5조제1항·제2항에 따른 보상 및 제38조에 따른 손해배상에 관한 과학기술정보통신부장관의 결정에 불복하는 자는 그 통지를 받은 날부터 3개월 내에 ☐☐¹⁵²⁾을 제기할 수 있다.

152) 소송

제45조(손해배상에 따른 대위) 우편관서는 손해배상을 한 후 그 우편물의 전부 또는 일부를 발견하였을 때에는 그 손해배상을 받은 자에게 통지하여야 한다. 이 경우 손해배상을 받은 자는 그 통지를 받은 날부터 ☐¹⁵³⁾개월 내에 대통령령으로 정하는 바에 따라 배상금의 전부 또는 일부를 반환하고 그 우편물의 교부를 청구할 수 있다.

153) 3

시행령 제53조(손해배상금의 반환) 법 제45조의 규정에 의하여 우편물의 교부를 청구하고자 하는 자가 반환하여야 할 손해배상금은 다음 각호와 같다.

1. 우편물에 손해가 없는 경우에는 손해배상금의 ☐☐¹⁵⁴⁾
2. 우편물에 손해가 있는 경우에는 손해배상금중 ☐☐¹⁵⁵⁾ 손해액을 뺀 금액

154) 전액
155) 실제

시행규칙 제139조(손해배상금의 반환통지) 손해를 배상한 우체국에서 법 제45조의 규정에 의한 통지를 하는 때에는 영 제53조의 규정에 의한 반환 ☐☐¹⁵⁶⁾·반환방법 및 우편물의 청구방법을 명시하여야 한다.

156) 금액

제6장 서신송달업자 등의 관리

제45조의2(☐☐☐☐¹⁵⁷⁾업의 신고 등) ① 제2조제3항(제2항에도 불구하고 서신의 중량이 350그램을 넘거나 제45조의2에 따라 서신송달업을 하는 자가 서신송달의 대가로 받는 요금이 대통령령으로 정하는 통상우편요금의 10배를 넘는 경우에는 타인을 위하여 서신을 송달하는 행위를 업으로 할 수 있다.)에 따라 서신을 송달하는 업을 하려는 자는 과학기술정보통신부장관에게 신고하여야 한다. 다만, 대통령령으로 정하는 기준에 해당하는 소규모 서신송달업을 하려는 자는 신고하지 아니하고 서신송달업을 할 수 있다.

157) 서신송달

시행령 제53조의2(소규모 서신송달업자의 신고 면제) 법 제45조의2제1항 단서에서 "대통령령으로 정하는 기준에 해당하는 소규모 서신송달업을 하려는 자"란 「부가가치세법」 제61조에 따라 간이과세자에 관한 규정이 적용되는 사업자로서 서신송달업을 하려는 자를 말한다.

제141조(서신송달업자의 신고 등) ① 법 제45조의2제1항에 따라 서신을 송달하는 업(이하 "서신송달업"이라 한다)을 신고하려는 자는 별지 제3호서식의 서신송달업 신고서에 □□□□□[158](사업운영 및 시설에 관한 사항, 수입·지출계산서 등을 포함한다)를 첨부하여 관할지방우정청장에게 제출하여야 한다.

158) 사업계획서

제7장 벌칙

제46조(사업독점권 □□[159]의 죄) ① 제2조제2항 및 제3항을 위반하여 타인을 위한 서신의 송달 행위를 업으로 하거나 자기의 조직이나 계통을 이용하여 타인의 서신을 전달하는 행위를 한 자는 3년 이하의 징역 또는 3천만원 이하의 벌금에 처한다.

159) 침해

제47조(우편특권 □□[160]의 죄) 다음 각 호의 어느 하나에 해당하는 자는 100만원 이하의 벌금에 처한다.
1. 제3조의2제1항에 따른 우편물의 운송명령을 따르지 아니한 자
2. 제4조제1항 전단을 위반하여 정당한 사유 없이 우편운송원, 우편집배원 또는 우편관서 공무원의 조력요구를 거부한 자
3. 제5조제1항·제2항에 따른 통행을 방해한 자
4. 제5조제4항을 위반하여 정당한 사유 없이 도선 요구를 거부한 자
5. 제9조를 위반하여 우선 검역을 하지 아니한 자

160) 침해

제47조의2(전시 우편특권 침해의 죄) 제4조제2항을 위반하여 우편운송원 등의 조력 요구를 거부한 자는 100만원 이하의 벌금에 처한다.

제48조(우편물 등 개봉 훼손의 죄) ① 우편관서 및 서신송달업자가 취급 중인 우편물 또는 서신을 정당한 사유 없이 개봉, 훼손, □□[161] 또는 방기(放棄)하거나 고의로 수취인이 아닌 자에게 내준 자는 3년 이하의 징역 또는 3천만원 이하의 벌금에 처한다.
② 우편업무 또는 서신송달업무에 종사하는 자가 제1항의 행위를 하였을

161) 은닉

때에는 5년 이하의 징역 또는 5천만원 이하의 벌금에 처한다.

제49조(우편전용 물건 □□[162]의 죄) ① 우편을 위한 용도로만 사용되는 물건이나 우편을 위한 용도로 사용 중인 물건에 손상을 주거나 그 밖에 우편에 장해가 될 행위를 한 자는 3년 이하의 징역 또는 3천만원 이하의 벌금에 처한다.
② 우편업무에 종사하는 자가 제1항의 행위를 하였을 경우에는 5년 이하의 징역 또는 5천만원 이하의 벌금에 처한다.

제50조(우편취급 □□[163]의 죄) 우편업무에 종사하는 자가 정당한 사유 없이 우편물의 취급을 거부하거나 이를 고의로 지연시키게 한 경우에는 1년 이하의 징역 또는 1천만원 이하의 벌금에 처한다.

제51조(서신의 □□[164]침해의 죄) ① 우편관서 및 서신송달업자가 취급 중인 서신의 비밀을 침해한 자는 3년 이하의 징역 또는 3천만원 이하의 벌금에 처한다.
② 우편업무 및 서신송달업무에 종사하는 자가 제1항의 행위를 하였을 경우에는 5년 이하의 징역 또는 5천만원 이하의 벌금에 처한다.

제51조의2(비밀 □□[165]의 죄) 제3조를 위반하여 비밀을 누설한 자는 5년 이하의 징역 또는 5천만원 이하의 벌금에 처한다.

제52조(우편금지물품 □□[166]의 죄) 우편금지물품을 우편물로서 발송한 자는 2년 이하의 징역 또는 2천만원 이하의 벌금에 처하고 그 물건을 몰수한다.

제54조(□□[167]를 떼어낸 죄) ① 우편관서에서 취급 중인 우편물에 붙어 있는 우표를 떼어낸 자는 50만원 이하의 벌금에 처한다.
② 제1항의 경우에 소인(消印)이 되지 아니한 우표를 떼어낸 자는 1년 이하의 징역 또는 1천만원 이하의 벌금에 처한다.

---

162) 손상
163) 거부
164) 비밀
165) 누설
166) 발송
167) 우표

그 외 우편법 시행령

시행령 제5조(우편구 및 우편번호의 지정) ① 과학기술정보통신부장관은 우편물의 배달지역을 구분하는 ☐☐☐¹⁶⁸⁾ 및 우편번호를 정할 수 있다.
② 과학기술정보통신부장관은 제1항의 규정에 의한 우편구와 우편구별 우편번호를 정한 때에는 미리 고시하여야 한다. 이를 변경한 때에도 또한 같다.

168) 우편구

시행규칙 제9조(우편구의 구별) ① 영 제5조제1항에 따른 우편구는 시내우편구와 시외우편구로 구분하되 시내우편구는 우체국의 ☐☐☐¹⁶⁹⁾와 그 가까운 지역으로서 관할지방우정청장이 지정하는 지역으로 하고, 시외우편구는 시내우편구를 제외한 지역으로 한다.
② 지방우정청장은 제1항에 따라 시내우편구를 지정한 때에는 이를 고시하여야 한다. 이를 변경한 때에도 또한 같다.

169) 소재지

시행령 제6조(우편물의 외부기재사항) ① 우편물의 외부에는 발송인 및 수취인의 성명·주소와 ☐☐☐☐¹⁷⁰⁾를 기재하여야 한다. 다만, 취급과정을 기록하는 우편물(이하 "등기우편물"이라 한다)을 제외한 우편물은 수취인의 ☐☐¹⁷¹⁾을 생략할 수 있다.
② 제1항의 규정에 의한 기재사항외에 필요한 기재사항은 과학기술정보통신부령으로 정한다.

170) 우편번호

171) 성명

시행규칙 제16조(우편물의 외부 기재사항) ① 영 제6조제2항에 따라 우편물의 외부에는 우편☐☐¹⁷²⁾의 납부표시, 그 밖에 우편물의 취급을 위하여 이 규칙에서 정한 사항을 적어야 한다.
② 우편물의 발송인은 제1항의 기재사항외에 우편물의 취급에 지장이 없는 범위안에서 우정사업본부장이 정하여 고시하는 사항을 우편물의 외부에 표시하거나 ☐☐¹⁷³⁾할 수 있다.
③ 제1항 및 제2항의 규정에 의한 사항을 우편물의 외부에 기재하거나 표시 또는 부착하는 경우 그 방법·위치등은 우정사업본부장이 정하여 고시하는 요건에 적합하여야 한다.

172) 요금

173) 부착

시행령 제7조(우편업무의 시험적 실시) 과학기술정보통신부장관은 우편업무에 관한 새로운 제도(제도의 변경을 포함한다)를 시험적으로 실시할 수 있다.

시행규칙 제10조(우편업무의 시험적 실시) 우정사업본부장은 영 제7조의 규정에 의하여 우편업무에 관한 새로운 제도를 시험적으로 실시하고자 할 때에는 그 명칭 또는 종류·내용 기타 필요한 사항을 미리 공고하여야 한다.

시행령 제7조의2(수탁취급) 과학기술정보통신부장관은 국민의 편의를 위하여 필요한 경우에는 다른 국가기관·지방자치단체 또는「공공기관의 운영에 관한 법률」에 따른 공공기관 등의 업무중 우편역무의 방법으로 취급할 수 있는 업무를 □□[174]할 수 있다.

174) 수탁

시행규칙 제11조(수탁취급) 우정사업본부장은 영 제7조의2의 규정에 의하여 다른 국가기관·지방자치단체 또는「공공기관의 운영에 관한 법률」에 따른 공공기관(이하 "공공기관"이라 한다) 등의 업무를 수탁취급하는 경우에는 그 업무의 종류·내용 기타 필요한 사항을 미리 공고하여야 한다.

시행령 제10조의3(군사우편 요금납부) ① 군사우편물의 요금은 발송인이 납부하지 아니하고 국방부장관이 과학기술정보통신부장관에게 분기별로 납부한다.
② 제1항의 납부액은 국방부소관 세출예산과 우편사업특별회계 세입예산 간에 대체납입할 수 있다.

시행령 제10조의5(해외특수지 군사우편) 해외특수지역에 주둔하는 부대 및 그 부대에 속하는 군인·군무원에 대한 군사우편에 대하여는 과학기술정보통신부장관이 국방부장관과 협의하여 정한다.

시행령 제11조(우편역무 등의 이용에 따른 수수료) 우편이용자는 다음 각 호의 경우에는 수수료를 납부하여야 한다.
1. 법 제14조제2항제3호에 따른 보편적 우편역무와 법 제15조제2항에 따른 선택적 우편역무의 이용
2. 법 제32조제1항에 따른 반환우편물 중 등기우편물의 반환
3. 제29조제1항의 규정에 의한 수취인 부담 우편물의 취급
4. 제36조의2에 따른 수취인과 수취인 주소변경 또는 우편물 반환의 청구
5. 제38조제1항의 규정에 의한 사설우체통의 설치·이용
6. 제43조제10호에 따른 우편물 배달의 청구

시행령 제25조(우편요금등의 □□[175]) ① 동일인이 동시에 우편물의 종류와 우편요금등이 동일한 우편물을 다량으로 발송할 때에는 그 우편요금등을

175) 별납

따로 납부할 수 있다.
② 제1항에 따라 우편요금등을 따로 납부할 수 있는 우편물의 종류·수량 및 취급우편관서, 그 밖에 필요한 사항은 과학기술정보통신부장관이 정하여 고시한다.

시행령 제26조(우편☐☐☐☐☐[176]를 사용한 우편물 발송) ① 우편물 발송인은 우표를 부착하지 아니하고 우편요금 납부표시 인영을 인쇄하는 표시기를 사용하여 우편물을 발송할 수 있다.

176) 요금표시기

시행규칙 제90조(우편요금표시기의 사용신청 등) ① 영 제26조제1항의 규정에 의하여 우편요금표시기(이하 "표시기"라 한다)를 사용해 우편물을 발송하려는 자는 사전에 발송우체국장으로부터 ☐☐☐☐[177]를 부여받아 그 인영번호가 표시된 표시기와 다음 각 호의 사항을 기재 또는 첨부한 신청서를 발송우체국장에게 제출하여야 한다.
1. 표시기의 명칭·구조 및 조작방법
2. 표시기인영번호
3. 발송우체국명
4. 발송인의 성명·주소와 우편번호
5. 표시기인영의 견본 10매

177) 인영번호

시행령 제28조(우편관서에 설치된 우편요금표시기의 이용) 우편물의 발송 우편관서의 장은 해당 우편관서에 설치된 우편요금표시기에 의하여 그 우편요금을 납부하게 할 수 있다.

시행령 제29조(우편요금등의 수취인 부담) ① 다음 각 호의 어느 하나에 해당하는 우편물은 우편요금등을 수취인의 부담으로 발송할 수 있다.
1. 우편물을 다량으로 수취하는 자가 ☐☐☐☐[178]으로 수취하기 위하여 발송하는 통상우편물
2. 우편요금등을 수취인이 지불하는 것에 대하여 발송인이 수취인의 ☐☐[179]을 얻은 등기우편물. 다만, 통상우편물은 우편관서의 장과 발송인 간에 별도의 계약을 체결한 경우로 한정한다.

② 제1항의 규정에 의한 우편요금등은 수취인이 우편물을 받을 때에 납부한다. 다만, 제30조의 규정에 의하여 우편요금등을 후납하는 때에는 그러하지 아니하다.
③ 제1항제2호 본문에 따른 우편물의 우편요금등을 수취인이 납부하지 아니하는 때에는 발송인에게 그 우편물을 ☐☐[180]한다. 이 경우 발송인은

178) 자기부담

179) 승낙

180) 반환

우편요금등 및 반환 수수료를 납부하여야 한다.
④ 제1항의 규정에 의한 우편요금등의 수취인 부담 우편물의 취급에 관하여 필요한 사항은 과학기술정보통신부령으로 정한다.

시행령 제30조(우편요금등의 ○○[181]) 우편물 발송인은 과학기술정보통신부령이 정하는 우편물의 우편요금등을 발송시에 납부하지 아니하고 일정 기간이내에 후납할 수 있다.

181) 후납

시행령 제33조(우편요금등의 미납 또는 부족한 우편물) ① 우편요금등을 미납하거나 부족하게 납부한 우편물은 이를 발송인에게 되돌려 준다.
② 제1항의 경우에 발송인의 성명 또는 주소의 불명 기타 사유로 인하여 우편물을 되돌려 줄 수 없거나 해외체류자 또는 해외여행자가 귀국하는 인편을 통하여 국내에서 발송한 경우 기타 과학기술정보통신부장관이 필요하다고 인정하는 경우에는 미납하거나 부족하게 납부한 우편요금등과 동액의 부가금을 합하여 ○○○[182]으로부터 징수하고 이를 배달할 수 있다.
③ 우편요금등의 미납 또는 부족이 우편관서의 과실로 인한 때에는 그 미납 또는 부족한 우편요금등을 징수하지 아니한다.

182) 수취인

시행령 제34조(연체료) ① 우편요금등의 납부의무자가 우편요금등을 납부기한까지 완납하지 아니하였을 때에는 법 제24조제2항에 따라 체납된 우편요금등의 100분의 ○[183]에 상당하는 연체료를 가산하여 징수하며, 납부기한이 지난 날부터 매 1개월이 지날 때마다 체납된 우편요금등의 1천분의 12에 상당하는 연체료를 추가로 가산하여 징수한다.
② 제1항에도 불구하고 체납된 우편요금등이 100만원 미만인 경우에는 체납기간에 관계없이 체납된 우편요금등의 100분의 3에 상당하는 연체료를 징수하며, 납부의무자가 주한외국공관이나 주한국제연합기관인 경우에는 연체료를 징수하지 아니한다.
③ 제1항에 따라 연체료를 추가로 가산하여 징수하는 기간은 60개월을 초과하지 못한다.

183) 3

시행령 제36조의2(우편물 주소 등의 변경 및 반환청구) 우편물 발송인은 우편관서에서 우편물을 배달하기 전 또는 제43조제6호 및 제7호의 규정에 의하여 배달우편관서의 창구에서 수취인에게 우편물을 교부하기 ○[184]에 한하여 수취인과 수취인 주소의 변경 또는 우편물의 반환을 우편관서에 청구할 수 있다. 이 경우 당해 우편관서의 장은 업무상 지장이 큰 것으로 판단하는 때에는 이에 응하지 아니할 수 있다.

184) 전

시행령 제38조(사설우체통의 설치·이용) ① 우편물 발송인은 자기부담으로 설치한 ◯◯[185]우체통을 이용하여 우편물을 발송할 수 있다.
② 제1항의 규정에 의한 사설우체통의 설치 및 이용에 관하여 필요한 사항은 사설우체통을 설치한 자와 당해 우체통의 우편물을 수집하는 우체국장간의 ◯◯[186]으로 정한다.

시행령 제53조의3(규제의 재검토) 과학기술정보통신부장관은 과태료의 부과기준에 대하여 2015년 1월 1일을 기준으로 ◯[187]년마다(매 3년이 되는 해의 1월 1일 전까지를 말한다) 그 타당성을 검토하여 개선 등의 조치를 하여야 한다.

185) 사설
186) 계약
187) 3

그 외 우편법 시행규칙

시행규칙 제2조(창구업무의 취급 등) ① 우체국의 창구에서 취급하는 우편업무의 범위와 취급시간은 ◯◯◯◯◯◯[188]장이 정하는 바에 의한다. 다만, 특별한 사정이 있는 때에는 우체국장은 필요하다고 인정하는 업무에 대하여 취급시간을 연장할 수 있다.
② 우편물의 수집·배달 및 운송의 횟수와 시간은 관할◯◯◯◯◯[189]장이 정한다.
③ ◯◯◯[190]장은 취급업무의 종류·취급시간, 우편물의 규격·중량·포장, 우편요금 및 우편이용수수료 등 우편이용자가 알아야 할 사항을 적은 안내판을 우체국안의 보기 쉬운 곳에 언제나 걸어 놓아야 한다.

188) 우정사업본부
189) 지방우정청
190) 우체국

시행규칙 제14조(우편물송달기준 적용의 예외) 「신문 등의 진흥에 관한 법률」 제9조에 따라 등록된 일간신문(주 5회 이상 발행되는 신문으로 한정한다) 및 관보를 제86조제1항에 따른 우편물정기발송계약에 따라 발송할 때에는 제12조제2항 전단에도 불구하고 접수한 날의 ◯◯[191]날까지 이를 송달할 수 있다.

191) 다음

시행규칙 제15조(우편물송달기준의 이행) ① 우정사업본부장은 우편물의 종류별·지역별로 우편물송달기준의 ◯◯◯◯[192]율을 정하여 고시하여야 한다.
② 우정사업본부장은 제1항의 규정에 의한 이행목표율의 달성도를 매년 ◯[193]회이상 조사하여 그 결과를 공표하여야 한다.
③ 우정사업본부장은 법 제6조의 규정에 의하여 우편물의 이용을 제한하거나 우편업무의 일부를 정지하는 경우 또는 일시에 다량의 우편물이 접

192) 이행목표
193) 1

수되어 특별한 송달대책이 요구되는 경우 그 기간동안에는 제1항의 규정에 의한 이행목표율을 보다 낮은 수준으로 정하여 고시할 수 있다.

시행규칙 제15조의2(이용자에 대한 실비의 지급) ① 우편관서의 장은 보편적 우편역무 및 선택적 우편역무의 제공과 관련하여 우정사업본부장이 공표하는 기준을 충족하지 못한 경우에는 예산의 범위안에서 해당 이용자에게 교통비 등 ◯◯[194]의 전부 또는 일부를 지급할 수 있다.
② 제1항의 규정에 의한 실비 지급의 절차는 우정사업본부장이 정하여 고시한다.

194) 실비

시행규칙 제17조(우편날짜도장의 사용) ① 우체국은 우편물의 접수확인 및 우표의 소인을 위하여 ◯◯◯◯[195]도장을 찍는다. 다만, 영 제13조제1항에 따라 우정사업본부장이 발행하는 우편요금표시인영이 인쇄된 연하우편엽서와 연하우편봉투 및 이 규칙에서 따로 정한 경우에는 그러하지 아니하다.
② 우편날짜도장의 종류·형식 및 사용범위에 관하여는 우정사업본부장이 정한다.

195) 우편날짜

시행규칙 제19조(통상우편물의 봉함·규격등) ① 통상우편물은 봉투에 넣어 ◯◯[196]하여 발송해야 하며, 봉함하기가 적합하지 않은 우편물은 법 제17조제2항에 따라 우정사업본부장이 정하여 고시한 기준에 적합하도록 포장하여 발송할 수 있다. 다만, 다음 각호의 어느 하나에 해당하는 우편물의 경우에는 그렇지 않다.
1. 우정사업본부장이 발행하는 우편◯◯[197]
1의2. 영 제3조제4호에 해당하는 우편물
2. 제20조의 규정에 의한 요건을 갖춘 사제엽서
3. 제25조제1항제9호에 따른 팩스우편물
4. 제25조제1항제12호의 규정에 의한 전자우편물
③ 우편엽서는 그 종류·규격·형식·발행방법등에 관하여 우정사업본부장이 정하여 고시하는 것으로 한다.
④ 우정사업본부장은 우편물의 안전한 송달과 취급을 위하여 필요한 경우에는 우편물의 규격을 정하여 고시할 수 있다.

196) 봉함

197) 엽서

시행규칙 제20조(사제엽서의 제조요건) 법 제21조제3항에 따라 우편엽서를 개인, 기관 또는 단체가 조제하는 경우에는 제19조제3항에 따라 우정사업본부장이 정하여 고시하는 우편엽서의 종류·규격·형식 등에 적합하여야 한다.

시행규칙 제21조(투명봉투의 사용) 통상우편물로서 무색 ☐☐[198]한 부분이 있는 봉투를 사용하는 경우에는 해당 봉투의 투명한 부분으로 발송인 또는 수취인의 성명·주소와 우편번호를 볼 수 있도록 하여야 한다. 이 경우 투명부분의 크기는 우편날짜도장의 날인, 우편요금의 납부표시, 우편물의 종류표시 그 밖의 우편물 취급에 지장이 없도록 하여야 한다.

198) 투명

시행규칙 제26조(등기취급) 제25조제1항제1호의 등기취급(이하 "등기"라 한다)을 하는 우편물(이하 "등기우편물"이라 한다)에는 발송인이 그 표면의 왼쪽 중간에 "☐☐[199]"의 표시를 하여야 한다.

199) 등기

시행규칙 제27조(등기우편물의 접수) ② 등기우편물을 접수한 때에는 발송인에게 접수번호를 기록한 ☐☐☐☐☐[200]수령증을 교부하여야 한다.

200) 특수우편물

시행규칙 제28조(등기우편물 배달시의 수령사실확인등) 영 제42조제3항 본문에 따른 등기우편물 배달시의 수령사실확인은 특수우편물배달증에 수령인이 서명(전자서명을 포함한다) 또는 ☐☐[201]하는 것으로 한다. 다만, 수령인이 본인이 아닌 경우에는 수령인의 성명 및 본인과의 관계를 기재하고 서명(전자서명을 포함한다) 또는 날인하게 하여야 한다.

201) 날인

시행규칙 제28조의2(준등기취급) 제25조제1항제1호의2의 준등기취급(이하 "준등기"라 한다)을 하는 우편물(이하 "준등기우편물"이라 한다)에는 발송인이 그 표면의 왼쪽 중간에 "☐☐☐[202]"의 표시를 하여야 한다.

202) 준등기

시행규칙 제28조의3(준등기우편물의 접수) 준등기우편물을 접수한 때에는 발송인에게 접수번호를 기록한 ☐☐☐[203]수령증을 교부하여야 한다.

203) 우편물

시행규칙 제28조의4(준등기우편물의 배달) 준등기우편물의 배달은 우편수취함 등에 ☐☐[204]함으로써 완료되며, 수령인의 수령사실을 확인하지 아니한다.

204) 투함

시행규칙 제29조(보험통상 및 보험소포의 취급조건 등) ① 통화를 우편물로 발송하려는 경우에는 제25조제1항제2호가목에 따른 보험☐☐[205]으로 한다. 다만, 제25조제1항제7호에 따른 민원우편의 경우에는 그러하지 아니하다.
② 제1항에서 규정한 사항 외에 제25조제1항제2호에 따른 보험통상 또는 보험소포 취급우편물의 세부종류, 취급한도, 취급방법 및 절차 등 보험취급에 필요한 사항은 우정사업본부장이 정하여 고시한다.

205) 통상

시행규칙 제46조(내용증명) ① 제25조제1항제4호가목에 따른 내용증명우편물은 한글, 한자 또는 그 밖의 외국어로 자획을 명료하게 기재한 □□206)(첨부물을 포함한다. 이하 같다)인 경우에 한하여 취급하며, 공공의 질서 또는 선량한 풍속에 반하는 내용의 문서 또는 문서의 원본(사본을 포함한다. 이하 같다)과 등본이 같은 내용임을 일반인이 쉽게 식별할 수 없는 문서는 이를 취급하지 아니한다.
② 제1항에 따른 문서(이하 "내용문서"라 한다)에는 숫자·괄호·구두점이나 그 밖에 일반적으로 사용하는 단위등의 기호를 함께 기재할 수 있다.

206) 문서

시행규칙 제47조(동문내용증명) 2인이상의 수취인에게 발송하는 내용증명우편물로서 그 내용문서가 동일한 것은 이를 □□207)내용증명으로 할 수 있다.

207) 동문

시행규칙 제48조(내용문서 원본 및 등본의 제출등) ① 내용증명우편물을 발송하고자 하는 자는 내용문서 원본 및 그 등본 □208)통을 제출하여야 한다.
② 동문내용증명 우편물인 경우에는 각 수취인별·내용문서 원본과 수취인 전부의 성명 및 주소를 기재한 등본 □209)통을 제출하여야 한다.
③ 제1항 및 제2항에 따라 제출받은 등본 중 한통은 우체국에서 발송한 다음날부터 □210)년간 보관하고 나머지 한통은 발송인에게 이를 되돌려 준다. 다만, 발송인이 등본을 필요로 하지 아니하는 때에는 제1항 및 제2항에 따른 등본은 □211)통을 제출할 수 있다.

208) 2

209) 2

210) 3

211) 한

시행규칙 제49조(내용문서 원본 및 등본의 규격등) ① 내용문서의 원본 및 등본은 「행정 효율과 협업 촉진에 관한 규정」 제7조제6항에 따라 가로 210밀리미터, 세로 297밀리미터의 용지(이하 "□□□□212)"라 한다)를 사용하여 작성하되, 등본은 내용문서의 원본을 복사한 것이어야 한다.

212) 기준용지

시행규칙 제50조(문자의 정정등) ① 내용문서의 원본 또는 등본의 문자나 기호를 정정·삽입 또는 삭제한 때에는 "정정"·"삽입" 또는 "삭제"의 문자 및 □□213)를 난외 또는 말미여백에 기재하고 그 곳에 발송인의 도장 또는 지장을 찍거나 서명을 해야 한다.
② 제1항의 경우 정정 또는 삭제된 문자나 기호는 명료하게 판독할 수 있도록 남겨두어야 한다.
③ 내용증명우편물을 접수한 후에는 발송인 및 수취인의 성명·주소의 변경, 내용문서원본 또는 등본의 문자나 기호의 정정등을 청구할 수 없다.

213) 자수

시행규칙 제51조(발송인 및 수취인등의 성명·주소) ① 내용증명우편물의 내용문서 원본, 그 등본 및 우편물의 봉투에 기재하는 발송인 및 수취인의 성명·주소는 ☐☐²¹⁴⁾하여야 한다.

214) 동일

② 제1항의 규정에 불구하고 다수인이 연명하여 동일인에게 내용증명우편물을 발송하는 때에는 연명자중 ☐²¹⁵⁾인의 성명·주소만을 우편물의 봉투에 기재하여야 한다.

215) 1

시행규칙 제52조(내용문서의 증명) ① 내용증명우편물을 접수할 때에는 접수우체국에서 내용문서 원본과 등본을 대조하여 서로 부합함을 확인한 후 내용문서 원본과 등본의 각통에 발송연월일 및 그 우편물을 내용증명우편물로 발송한다는 뜻과 ☐☐☐☐²¹⁶⁾을 기재하고 우편날짜도장을 찍는다.

216) 우체국명

② 수취인에게 발송할 내용문서의 원본, 우체국에서 보관할 등본 및 발송인에게 교부할 등본 상호간에는 우편날짜도장으로 ☐☐²¹⁷⁾찍어야 한다.

217) 걸쳐

③ 내용문서의 원본 또는 등본이 2매이상 합철되는 곳에는 우편날짜도장을 찍거나 구멍을 뚫은 방식 등으로 ☐☐²¹⁸⁾해야 하며, 제50조제1항에 따라 내용문서의 원본 또는 등본의 정정·삽입 또는 삭제를 기재한 곳에는 우편날짜도장을 찍어야 한다.

218) 간인

④ 제1항부터 제3항까지의 규정에 따라 증명한 내용문서의 원본은 우체국의 취급직원이 보는 곳에서 ☐☐☐²¹⁹⁾이 수취인 및 발송인의 성명·주소를 기재한 봉투에 넣고 봉함하여야 한다.

219) 발송인

시행규칙 제53조(내용증명 취급수수료의 계산방법) ① 내용증명 취급수수료는 기준용지의 규격을 기준으로 내용문서의 매수에 따라 계산하되, 양면에 기재한 경우에는 이를 ☐²²⁰⁾매로 본다.

220) 2

② 내용증명 취급수수료의 계산에 있어서 내용문서의 규격이 기준용지보다 큰 것은 기준용지의 규격으로 접어서 매수를 계산하고, 기준용지보다 작은 것은 기준용지로 ☐☐²²¹⁾를 계산한다.

221) 매수

시행규칙 제54조(발송후의 내용증명 청구) ① 내용증명우편물의 발송인 또는 수취인은 내용증명우편물을 발송한 다음 날부터 ☐3년까지는 우체국에 특수우편물수령증·주민등록증등의 관계자료를 내보여 동 우편물의 발송인 또는 수취인임을 입증하고 내용증명의 재증명을 청구할 수 있다.

② 제1항에 따른 재증명 청구인은 우체국에서 보관 중인 최초의 내용문서 등본과 같은 등본을 우체국에 제출하여야 하며, 재증명 청구를 받은 우체국은 청구인이 제출한 내용문서를 재증명하여 내주어야 한다. 다만, 청구

인이 분실 등의 사유로 내용문서를 제출하기 어려운 경우에는 우체국에서 보관 중인 내용문서를 □□²²²⁾한 후 재증명하여 내줄 수 있다.

시행규칙 제55조(등본의 열람청구) 내용증명우편물의 발송인 또는 수취인은 우편물을 발송한 다음 날부터 □²²³⁾년까지는 발송우체국에 특수우편물수령증·주민등록증등의 관계자료를 내보여 동 우편물의 발송인 또는 수취인임을 입증하고 내용문서 등본의 열람을 청구할 수 있다.

시행규칙 제57조(배달증명의 표시) 제25조제1항제4호 다목의 규정에 의한 배달증명우편물에는 발송인이 그 표면의 보기 쉬운 곳에 "□□□□²²⁴⁾"의 표시를 하여야 한다.

시행규칙 제58조(배달증명서의 송부) 배달증명우편물을 배달한 때에는 발송인에게 배달증명서를 □□²²⁵⁾으로 송부한다. 다만, 발송인이 원하는 경우에는 정보통신망을 통한 전자적 방법으로 송부할 수 있다.

시행규칙 제59조(발송후 배달증명 청구) 등기우편물의 발송인 또는 수취인은 우편물을 발송한 다음날부터 □²²⁶⁾년까지는 우체국에 당해 특수우편물수령증·주민등록증등의 관계자료를 내보여 동 우편물의 발송인 또는 수취인임을 입증하고 그 배달증명을 청구할 수 있다. 다만, 내용증명우편물에 대한 배달증명의 청구기간은 우편물을 발송한 다음 날부터 3년까지로 한다.

시행규칙 제61조(국내특급우편) ① 제25조제1항제5호에 따른 국내특급우편물에는 발송인이 그 표면의 보기 쉬운 곳에 "□□□□²²⁷⁾"의 표시를 하여야 한다.
③ 국내특급우편물의 배달은 다음 각 호의 기준에 따른다.
1. 도착된 특급우편물은 가장 □□²²⁸⁾ 배달편에 배달한다.
2. 수취인의 부재등의 사유로 1회에 배달하지 못한 특급우편물을 다시 배달하는 경우 2회째에는 제1호에 따른 배달의 예에 따르고, 3회째에는 □□²²⁹⁾적인 배달의 예에 따른다.
3. 수취인의 거주이전등으로 배달하지 못한 특급우편물을 전송하거나, 성명·주소등의 불명으로 반환하는 경우에는 전송 또는 반환하는 날의 □□²³⁰⁾날까지 송달한다.
⑥ 국내특급우편물의 취급지역·취급우체국·취급시간 그 밖에 필요한 사항은 관할□□□□□²³¹⁾장이 정하여 고시한다.

222) 복사
223) 3
224) 배달증명
225) 우편
226) 1
227) 국내특급
228) 빠른
229) 통상
230) 다음
231) 지방우정청

시행규칙 제62조(특별송달) ① 다른 법령에 의하여 「☐☐²³²⁾소송법」이 정하는 방법으로 송달하여야 할 서류를 내용으로 하는 등기통상우편물은 이를 제25조제1항제6호의 규정에 의한 특별송달로 할 수 있다.
② 특별송달우편물을 발송할 때에는 그 표면의 왼쪽 중간에 "☐☐☐☐²³³⁾"의 표시를 하고, 그 뒷면에 송달상 필요한 사항을 기재한 우편송달통지서 용지를 첨부하여야 한다.

232) 민사

233) 특별송달

시행규칙 제63조(특별송달우편물의 배달) ① 특별송달우편물을 배달하는 때에는 우편송달통지서의 해당란에 수령인의 ☐☐²³⁴⁾(전자서명을 포함한다) 또는 날인을 받아야 한다.
② 특별송달우편물의 수령을 거부하는 때에는 다음 각호의 1에 해당하는 경우를 제외하고는 그 장소에 우편물을 두어 ☐☐☐☐²³⁵⁾할 수 있다.
1. 수취인의 장기간 부재등으로 대리수령인이 그 우편물을 수취인에게 전달할 수 없는 사유가 입증된 경우
2. 우편물에 기재된 주소지에 수취인이 사실상 거주하지 아니하는 경우

234) 서명

235) 유치송달

시행규칙 제64조(민원우편물) ① 제25조제1항제7호의 규정에 의한 민원우편에 의하여 민원서류를 발급받고자 하는 자는 민원서류의 발급에 필요한 서류와 ☐☐☐☐☐²³⁶⁾를 우정사업본부장이 발행하는 민원우편발송용 봉투에 함께 넣어 발송하여야 한다. 다만, 정보통신망을 통하여 민원서류를 발급받고자 하는 경우에는 우정사업본부장이 따로 정하는 방법에 의한다.
② 민원서류를 발급한 기관은 발급된 민원서류와 민원인으로부터 우편으로 송부된 통화중에서 발급수수료를 뺀 잔액의 통화를 우정사업본부장이 발행하는 민원우편회송용 봉투에 함께 넣어 ☐☐²³⁷⁾해야 한다.
③ 민원우편물을 발송·회송 및 배달하는 경우에는 ☐☐☐☐²³⁸⁾우편물로 취급하여야 한다. 민원우편물을 수취인부재등의 사유로 배달하지 못하여 다시 배달하는 경우 및 배달하지 못한 민원우편물을 전송 또는 반환하는 경우에도 또한 같다.

236) 발급수수료

237) 회송
238) 국내특급

시행규칙 제65조(민원우편물의 금액표기) 제64조제1항 및 제2항의 규정에 의하여 통화를 발송하거나 회송하는 경우에는 그 민원우편의 발송용봉투 또는 회송용봉투의 해당란에 그 ☐☐²³⁹⁾을 기재하여야 한다.

239) 금액

시행규칙 제69조(팩스우편) ① 제25조제1항제9호에 따른 팩스우편물을 우체국에서 발송하려는 자는 ☐☐☐²⁴⁰⁾ 및 수취인 성명 등 팩스에 필요한 사항을 우체국에 제출해야 한다.

240) 통신문

② 우체국은 발송인으로부터 제출 받은 통신문을 전송한 후에는 ☐☐☐²⁴¹⁾에게 돌려주어야 한다.

③ 팩스우편의 취급지역·취급우체국 기타 필요한 사항은 우정사업본부장이 정하여 고시한다.

241) 발송인

시행규칙 제70조의2(우편주문판매의 신청) 제25조제1항제10호에 따른 우편주문판매로 물품을 구매하려는 자는 우체국 창구, 정보통신망 또는 ☐☐☐☐²⁴²⁾ 등을 통하여 주문신청을 하고 그 대금을 지급하여야 한다.

242) 방송채널

시행규칙 제70조의3(우편주문판매 취급조건 등) 우정사업본부장은 우편주문판매로 취급하는 물품의 종류 및 주문방법 등에 관하여 필요한 사항을 인터넷 홈페이지 등에 게시하여야 한다.

시행규칙 제70조의4(광고우편의 광고금지) 다음 각호의 1에 해당하는 광고는 이를 광고우편으로 게재할 수 없다.
1. 공공의 ☐☐²⁴³⁾와 선량한 풍속을 저해하는 광고
2. 국민의 건전한 소비생활을 저해하는 광고
3. 우편사업에 지장을 주는 광고
4. 특정단체의 정치적 목적을 위한 광고
5. 과대 또는 허위의 광고

243) 질서

시행규칙 제70조의5(광고우편의 이용조건) 광고우편의 이용조건등 역무제공에 관하여 필요한 사항은 우정사업본부장이 정한다.

시행규칙 제70조의6(전자우편의 접수) 제25조제1항제12호의 규정에 의한 전자우편은 우정사업본부장이 정하는 방식에 따라 우체국 ☐☐²⁴⁴⁾ 또는 정보통신망 등을 이용하여 접수하여야 한다.

244) 창구

시행규칙 제70조의7(전자우편물의 취급조건) 전자우편물의 인쇄·봉함 및 배달등 취급조건에 관하여는 우정사업본부장이 이를 정하여 고시한다.

시행규칙 제70조의8(우편물 방문접수의 이용조건) 제25조제1항제13호의 규정에 의한 우편물 방문접수의 대상우편물·통수 및 취급우체국등 우편물 방문접수에 관하여 필요한 사항은 우정사업본부장이 정하여 고시한다.

시행규칙 제70조의9(우편용품의 조제·판매) 우정사업본부장은 우편이용자

의 ◯◯[245]를 도모하기 위하여 특수취급에 필요한 봉투 또는 우편물 포장상자등 우편관련 용품을 조제·판매할 수 있다.

시행규칙 제70조의11(착불배달의 취급범위 및 배달방법) 제25조제1항제16호에 따른 착불배달의 취급범위 및 배달방법 등에 관하여 필요한 사항은 우정사업본부장이 정하여 고시한다.

시행규칙 제70조의12(계약등기의 종류 및 취급관서) 제25조제1항제17호에 따른 계약등기의 종류, 취급관서 및 이용조건 등에 관하여 필요한 사항은 우정사업본부장이 정하여 고시한다.

시행규칙 제70조의13(회신우편의 회신방법) 제25조제1항제18호에 따른 회신우편의 회신방법 등에 관하여 필요한 사항은 우정사업본부장이 정하여 고시한다.

시행규칙 제70조의14(본인지정배달의 배달방법) 제25조제1항제19호에 따른 본인지정배달의 배달방법 등에 관하여 필요한 사항은 우정사업본부장이 정하여 고시한다.

시행규칙 제70조의15(우편주소 정보제공의 방법) 제25조제1항제20호에 따른 우편주소 정보제공의 방법 등에 관하여 필요한 사항은 우정사업본부장이 정하여 고시한다.

시행규칙 제70조의16(우편물 반환 정보 제공의 방법) 제25조제1항제21호에 따른 우편물의 반환 정보 제공의 방법 등에 관하여 필요한 사항은 우정사업본부장이 정하여 고시한다.

시행규칙 제70조의17(선거우편의 취급 및 배달) ① 제25조제1항제22호에 따른 선거우편(이하 이 조에서 "선거우편"이라 한다)은 우정사업본부장이 정하여 고시하는 ◯◯◯[246]에서 접수한다.
② 선거우편의 취급절차 및 발송방법 등에 관하여 선거 또는 투표 관련 법령에서 특별히 정하는 경우를 제외하고는 우정사업본부장이 정한다.

시행규칙 제71조(우표류의 판매기관등) ① 우표류는 우체국과 다음 각 호의 자가 판매한다.
  1. 우표류를 판매하고자 하는 장소의 소재지를 관할하는 우체국장(열차

[245] 편의

[246] 우체국

또는 선박에서 우표류를 판매하고자 하는 자는 그 시발지, 종착지 또는 선적항을 관할하는 우체국장)과 국내에서의 우표류판매업무에 관한 계약을 체결한 자(이하 "국내☐☐☐247)"이라 한다)

247) 판매인

2. 우정사업본부장과 국내에서의 우표류 수집 및 취미우표등을 보급하는 업무(이하 "우취보급업무"라 한다)에 관한 계약을 체결한 자(이하 "국내☐☐☐248)"이라 한다)

248) 보급인

3. 우정사업본부장과 해외에서의 우취보급업무에 관한 계약을 체결한 자(이하 "☐☐249)보급인"이라 한다)

249) 국외

시행규칙 제76조의2(우표류의 정가판매등) ① 우표류는 제76조의3의 규정에 의한 할인판매의 경우외에는 ☐☐250)로 판매하여야 한다. 다만, 제25조 제11호의 규정에 의한 광고우편엽서는 정가와 함께 판매가를 표시하여 할인판매할 수 있으며, 그 할인금액은 정가의 100분의 30의 범위안에서 우정사업본부장이 미리 정하여 고시한다.

250) 정가

② 우표류의 판매기관에서 판매한 우표류에 대하여는 환매 또는 교환의 청구를 할 수 없다. 다만, 다음 각호의 1에 해당하는 경우에는 동일한 금액에 해당하는 우표류로 교환의 청구를 할 수 있다.
1. 사용하지 아니한 우표류로서 더럽혀지거나 헐어 못쓰게 되지 아니한 경우
2. 우편요금이 표시된 인영외의 부분이 더럽혀지거나 헐어 못쓰게 되어 사용하지 아니한 우편엽서 및 항공서간으로서 우정사업본부장이 고시하는 교환금액을 납부한 경우. 이 경우 헐어 못쓰게 된 경우에는 그 남은 부분이 3분의 ☐251)이상이어야 한다.

251) 2

③ 제2항 단서의 규정에 의하여 교환을 청구하고자 하는 자는 교환청구서에 교환하고자 하는 우표·우편엽서 또는 항공서간을 첨부하여 우체국에 제출하여야 한다.

시행규칙 제76조의3(우표류의 할인판매등) ① 우체국은 별정우체국·우편취급국 및 판매인에게, 별정우체국은 우편취급국 및 국내판매인에게 우표류를 ☐☐252)하여 판매할 수 있다.

252) 할인

② 제1항에 따른 우표류의 할인율은 다음 각 호의 범위에서 우정사업본부장이 정하여 고시한다.
1. 별정우체국·우편취급국·국내판매인 및 국내보급인 : 월간 매수액의 100분의 ☐☐253)이내

253) 15

2. 국외보급인 : 매수액의 100분의 ☐☐254)이내

254) 50

③ 제1항에 따라 할인하여 판매한 우표류는 다음 각호의 어느 하나에 해당하는 우표류에 한하여 환매 또는 교환할 수 있다.

1. 판매를 폐지한 우표류
2. 판매에 부적합한 우표류
3. 고의 또는 과실에 의하지 아니하고 더럽혀 못쓰게 된 우표류

④ 우정사업본부장은 제3항에도 불구하고 우표류의 원활한 보급을 위하여 특히 필요하다고 인정하는 경우에는 국내보급인 또는 국외보급인이 할인매수한 우표류를 교환할 수 있다.

⑤ 판매인이 계약을 해지하거나 사망한 때에는 본인 또는 상속인은 그 잔여 우표류에 대하여 매수당시의 실제매수가액으로 계약우체국(국내보급인 및 국외보급인의 경우에는 우표류를 매수한 우체국)에 그 환매를 청구할 수 있다.

시행규칙 제79조(별정우체국등의 우표류판매장소) 별정우체국 및 우편취급국은 매수한 우표류를 각각 해당 별정우체국 및 우편취급국의 ☐☐[255]에서만 판매하여야 한다.

255) 창구

시행규칙 제80조(통신판매) ① 우정사업본부장은 우표류를 ☐☐[256]하는 자의 구입편의를 위하여 새로 발행하는 우표류를 통신판매할 수 있다.

256) 수집

시행규칙 제82조(우표류의 관리등) ① 우표류는 우정사업본부장이 지정하는 ☐☐☐☐[257]공무원 또는 물품운용관이 이를 관리한다.

257) 물품출납

② 제1항의 규정에 의한 물품출납공무원 또는 물품운용관이 관리하는 우표류를 망실한 때에는 그 정가에 해당하는 금액을, 더럽혀지거나 헐어 못쓰게 된 때에는 그 조제에 소요된 실비액을 ☐☐[258]하여야 한다.

258) 변상

③ 우표류의 출납·보관 기타 처분등에 관하여 필요한 사항은 우정사업본부장이 정한다.

시행규칙 제82조의2(우표류의 기증 및 사용) ① 우정사업본부장은 국제☐☐[259]의 증진과 정보통신사업의 발전 및 우표문화의 보급등을 위하여 특히 필요하다고 인정하는 때에는 우표류 및 시험인쇄한 우표를 기증할 수 있다.

259) 협력

② 우표류는 그 조제를 위한 자료로 사용하거나 판매를 위한 견본으로 사용할 수 있다.

③ 제1항의 규정에 의한 우표류의 기증에 관하여 필요한 사항은 우정사업본부장이 정한다.

시행규칙 제83조(우편역무수수료의 부가) 제25조제3항의 규정에 의하여 우편역무에 다른 우편역무를 부가한 경우에는 그 부가한 우편역무의 수수료를 ☐☐[260]하여 납부하여야 한다.

260) 가산

시행규칙 제84조(반환취급수수료) ① 영 제11조제2호에 따라 등기우편물을 반환하는 경우에는 발송인으로부터 반환취급수수료를 징수한다. 다만, ☐☐☐☐²⁶¹⁾우편물·특별송달우편물·민원우편물 및 회신우편물의 경우에는 그러하지 아니하다.

② 등기우편물의 반환 도중 반환취급수수료의 변동이 있는 경우에는 해당 등기우편물이 발송인의 주소지 배달우체국에 도착한 날을 기준으로 하여 이를 징수한다.

③ 제1항의 규정에 불구하고 우체국과 발송인과의 ☐☐☐☐²⁶²⁾에 따라 발송하는 소포우편물 및 계약등기우편물을 반환하는 경우에는 그 계약에서 정한 반환취급수수료를 징수한다.

261) 배달증명

262) 사전계약

시행규칙 제85조(우편요금등의 감액대상우편물) 법 제26조의2제2항에 따라 법 제19조에 따른 요금등(이하 "우편요금등"이라 한다)을 감액할 수 있는 우편물의 종류 및 수량은 다음과 같다.

1. 통상우편물
   가. 「신문 등의 진흥에 관한 법률」 제2조제1호에 따른 ☐☐²⁶³⁾(그와 관련된 호외·부록 또는 증간을 포함한다)과 「잡지 등 정기간행물의 진흥에 관한 법률」 제2조제1호가목·나목 및 라목의 정기간행물(그와 관련된 호외·부록 또는 증간을 포함한다) 중 발행주기를 일간·주간 또는 월간으로 하여 월 ☐²⁶⁴⁾회 이상 정기적으로 발송하는 것으로서 중량과 규격이 같은 요금별납 또는 요금후납 일반우편물. 다만, 우정사업본부장이 공공성·최소발송부수 및 광고게재한도 등을 고려하여 고시하는 기준에 미달하는 것은 제외한다.
   나. 표지를 제외한 쪽수가 ☐☐²⁶⁵⁾쪽이상인 책자의 형태로 인쇄·제본되어 발행인·출판사 또는 인쇄소의 명칭중 어느 하나와 ☐☐²⁶⁶⁾가 각각 표시되어 발행된 서적으로서 요금별납 또는 요금후납 일반우편물(상품의 선전 및 그에 관한 광고가 전지면의 10분의 ☐²⁶⁷⁾을 초과하는 것을 제외한다)
   다. 우편물의 종류와 ☐☐²⁶⁸⁾ 및 규격이 같은 우편물로서 우정사업본부장이 정하여 고시하는 수량(이하 "감액기준 수량"이라 한다) 이상 발송하는 요금별납 또는 요금후납 일반우편물
   라. 「비영리민간단체지원법」 제4조에 따라 등록된 비영리민간단체가 ☐☐²⁶⁹⁾활동을 위하여 발송하는 요금별납 또는 요금후납 일반우편물
   마. 국회의원이 의정활동을 당해지역구 주민에게 알리기 위하여 연간 ☐²⁷⁰⁾회의 범위에서 감액기준 수량 이상 발송하는 요금별납 또는

263) 신문

264) 1

265) 48

266) 쪽수

267) 1

268) 중량

269) 공익

270) 3

요금후납 일반우편물
　바. 감액기준 수량 이상 발송하는 요금별납 또는 요금후납 등기우편물
　사. 상품의 광고에 관한 우편물로서 종류와 규격이 같고 감액기준 수량 이상 발송하는 요금별납 또는 요금후납 일반우편물
　아. 영 제3조제4호에 해당하는 상품안내서로서 중량과 규격이 같고, 감액기준 수량 이상 발송하는 요금☐☐²⁷¹⁾ 일반우편물

2. 소포우편물
　가. 우체국 창구에서 접수하는 우편물로서 감액기준 수량 이상 발송하는 ☐☐²⁷²⁾ 또는 등기 우편물
　나. 발송인을 방문하여 접수하는 우편물로서 감액기준 수량 이상 발송하는 ☐☐²⁷³⁾ 우편물

271) 후납
272) 일반
273) 등기

시행규칙 제86조(우편요금등의 감액요건) ① 제85조제1호 가목에 해당하는 우편물에 대하여 우편요금의 감액을 받고자 하는 자는 우정사업본부장이 정하여 고시하는 바에 따라 우체국과 우편물☐☐☐☐²⁷⁴⁾계약을 체결하고 그 계약내용에 적합하도록 우편물을 제출하여야 한다.
② 제85조제1호 나목 및 다목에 해당하는 우편물에 대하여 우편요금의 감액을 받고자 하는 자는 우정사업본부장이 정하여 고시하는 요건에 적합하도록 하여 지정된 우체국에 우편물을 제출하여야 한다.
③ 제85조제1호 라목에 해당하는 우편물에 대하여 우편요금의 감액을 받고자 하는 자는 우정사업본부장이 정하여 고시하는 요건에 적합하도록 하여 비영리 민간단체 ☐☐☐²⁷⁵⁾ 사본을 우체국에 제출하여야 한다.
④ 제85조제1호마목·사목 또는 아목에 해당하는 우편물에 대하여 우편요금의 감액을 받고자 하는 자는 우정사업본부장이 정하여 고시하는 요건에 적합하도록 하여 지정된 우체국에 우편물을 제출하여야 한다.
⑤ 제85조제1호 바목에 해당하는 우편물에 대하여 우편요금등의 감액을 받고자 하는 자는 우편물접수목록을 작성하여 우편물과 함께 우체국에 제출하는 등 우정사업본부장이 정하여 고시하는 요건에 적합한 방법에 의하여야 한다.
⑥ 제85조제2호 가목에 해당하는 우편물에 대한 우편요금 등의 감액요건은 우정사업본부장이 정하여 고시하며, 우편요금등의 감액을 받고자 하는 자는 우정사업본부장이 정하여 고시하는 우체국에 우편물을 제출하여야 한다.
⑦ 제85조제2호나목에 해당하는 우편물에 대한 우편요금등의 감액요건은 우정사업본부장이 정하여 고시한다.
⑧ 발송인이 제출한 우편물이 제1항부터 제7항까지의 규정에 따른 요건에

274) 정기발송
275) 등록증

적합하지 아니하는 때에는 발송우체국장은 그 요건에 적합하도록 시정을 요구할 수 있으며 발송인이 이를 거절하는 때에는 우편물의 전부 또는 일부에 대하여 그 우편요금등을 감액하지 아니할 수 있다.

시행규칙 제87조(우편요금등의 감액의 범위) ① 제85조제1호 가목 또는 나목에 해당하는 우편물로서 제86조제1항 또는 제2항에 따른 요건을 갖춘 우편물에 대한 우편요금감액은 우정사업본부장이 정하여 고시한다.
② 제85조제1호 다목·라목 또는 사목에 해당하는 우편물로서 각각 제86조제2항부터 제4항까지의 규정에 따른 요건을 갖춘 우편물에 대한 우편요금감액률은 납부하여야 할 요금의 100분의 ☐☐[276]의 범위안에서 우정사업본부장이 정하여 고시한다.
③ 제85조제1호마목·바목 또는 아목에 해당하는 우편물로서 제86조제4항 또는 제5항에 따른 요건을 갖춘 우편물에 대한 우편요금감액은 우정사업본부장이 정하여 고시한다.
④ 제85조제2호 가목에 해당하는 우편물로서 제86조제6항에 따른 요건을 갖춘 우편물에 대한 우편요금등의 감액률은 납부하여야 할 우편요금등의 100분의 ☐☐[277]의 범위안에서 우정사업본부장이 정하여 고시한다.
⑤ 제85조제2호나목에 해당하는 우편물로서 제86조제7항에 따른 요건을 갖춘 우편물에 대한 우편요금등의 감액률은 우정사업본부장이 정하여 고시한다.
⑥ 제1항부터 제5항까지의 규정에 따른 우편요금등의 감액의 계산에 있어서 ☐☐[278]원미만의 단수는 이를 계산하지 아니한다.
⑦ 감액할 우편요금이 이미 납부된 때에는 우체국장은 다음에 납부하여야 할 우편요금에서 이를 차감할 수 있다.

시행규칙 제91조(표시기의 사용) 표시기를 사용하는 자는 사용 시 ☐☐☐ ☐☐[279]장의 지시사항을 지켜야 한다.

시행규칙 제92조(표시기사용우편물의 발송) ① 표시기사용우편물에는 그 발송인이 우편물 표면의 ☐☐☐[280] 윗부분에 표시기로 인영을 선명히 표시하여야 한다.
② 표시기사용우편물을 발송하는 때에는 표시기별납우편물발송표(이하 "발송표"라 한다)에 다음 각호의 사항을 기재하여 발송우체국에 제출하여야 한다.
1. 표시기의 번호와 명칭
2. 발송통수 및 요금(수수료를 포함한다. 이하 이 조에서 같다)
3. 표시기의 전회요금표시액

276) 75

277) 75

278) 10

279) 발송우체국

280) 오른쪽

4. 표시기의 금회요금표시액
5. 사용하지 아니한 인영증지·인영봉투등의 매수와 합계금액
6. 발송일자
7. 발송인의 성명·주소

③ 표시기사용우편물의 발송인은 표시기사용우편물의 요금으로서 제2항 제3호 및 제4호의 표시액의 차액을 현금으로 납부하여야 한다. 다만, 잘못 표시되거나 기타 부득이한 사정으로 요금납부에 사용하지 아니한 인영증지·인영봉투등이 있는 경우에는 그 표시된 금액을 납부할 요금에서 공제하여야 한다. 이 경우 사용하지 아니한 인영증지·인영봉투등을 발송표에 첨부하여야 한다.

④ 표시기에 의하여 표시된 금액이 납부할 요금보다 부족한 때에는 그 부족액에 해당하는 ☐☐²⁸¹⁾를 붙여야 한다.

⑤ 표시기사용우편물에는 제4항의 우표를 소인하는 경우를 제외하고는 ☐☐☐☐²⁸²⁾도장을 찍지 않는다.

⑥ 제2항 및 제3항의 규정에 불구하고 발송우체국에 정보통신망을 통하여 발송내역을 통보하고 요금을 별도로 납부하는 표시기를 이용하여 우편물을 발송하는 경우 그 발송조건 및 요금납부등에 관한 사항은 우정사업본부장이 정하여 고시한다.

시행규칙 제94조(우편요금등의 수취인 부담의 이용신청) ① 영 제29조제1항 제1호에 따른 우편요금등의 수취인 부담(이하 "요금수취인부담"이라 한다)의 이용신청, 우편물 표시·발송 등에 관한 사항은 우정사업본부장이 정하여 고시한다.

② 배달우체국장은 요금수취인부담과 관련된 우편요금등의 변동이 생긴 경우에는 제98조의2제2항에 따라 담보금액을 증감해야 한다.

③ 요금수취인부담우편물의 발송유효기간은 이용일부터 ☐²⁸³⁾년을 초과할 수 없다. 다만, 국가기관·지방자치단체 또는 공공기관의 경우에는 그러하지 아니하다.

시행규칙 제98조(우편요금등의 후납) ① 영 제30조에 따라 우편요금등의 후납(이하 "요금후납"이라 한다)을 할 수 있는 우편물은 다음 각 호와 같다. 다만, 국가 또는 지방자치단체에서 발송하는 우편물은 발송우체국장이 그 후납조건을 따로 정할 수 있다.

1. 동일인이 매월 ☐☐☐²⁸⁴⁾통이상 발송하는 우편물
2. 법 제32조에 따른 반환우편물 중 요금후납으로 발송한 등기우편물
4. 제25조제1항제9호에 따른 팩스우편물

281) 우표

282) 우편날짜

283) 2

284) 100

5. 제25조제1항제12호의 규정에 의한 전자우편물
6. 제90조의 규정에 의한 표시기사용우편물
7. 제94조의 규정에 의한 우편요금수취인부담의 우편물
8. 우체통에서 발견된 습득물 중 우편물에서 이탈된 것으로 인정되지 아니하는 □□□□[285]증

285) 주민등록

② 제1항에 따라 요금후납을 하려는 자는 발송우체국장에게 요금후납신청서를 제출해야 한다.
③ 요금후납을 하는 자는 매월 이용한 우편물의 우편요금등을 다음 달 □□[286]일까지 발송우체국에 납부해야 한다. 다만, 발송우체국장과 발송인과의 계약에 따라 접수하는 등기취급 소포우편물의 경우에는 다음 달 중에 그 계약서에 정한 날까지 납부할 수 있다.

286) 20

④ 제1항부터 제3항까지에서 규정한 사항 외에 요금후납의 이용신청, 변경사항 통보, 우편물 표시 등 필요한 사항은 우정사업본부장이 정하여 고시한다.

시행규칙 제98조의2(담보금의 제공) ① 요금후납을 하고자 하는 자는 그가 납부할 1월분 우편요금등의 예상금액의 □[287]배이상에 해당하는 금액의 보증금을 납부하거나 우정사업본부장이 지정하는 이행보증보험증권 또는 지급보증서를 제공하여야 한다. 다만, 국가·지방자치단체·공공기관·「은행법」에 따른 은행 및 특별법에 의하여 설립된 공공기관과 우정사업본부장이 정하여 고시하는 기준에 적합한 자에 대하여는 담보의 제공을 면제할 수 있다.

287) 2

② 발송우체국장은 납부할 우편요금등의 변동에 따라 제1항의 규정에 의한 담보금액을 증감할 수 있다.

시행규칙 제102조(요금후납 계약의 해지 등) ① 발송우체국장은 요금후납을 하는 자가 다음 각 호의 어느 하나에 해당한 때에는 그 계약을 해지할 수 있다.
1. 매월 100통이상의 우편물을 발송할 것을 조건으로 우편요금등을 후납하는 자가 발송하는 우편물이 계속하여 2월이상 또는 최근 1년간 4월이상 월 100통에 미달한 때
2. 제98조제3항의 규정에 의한 우편요금등의 납부를 최근 1년간 □[288]회 이상 태만히 한 때

288) 3

3. 제98조의2의 규정에 의한 담보금을 제공하지 않은 때
② 요금후납으로 우편물을 발송하는 자가 요금후납 계약을 해지하고자 할 때에는 이를 발송우체국에 통보하여야 한다.

③ 제1항 및 제2항의 규정에 의하여 요금후납 계약을 해지하고자 할 때에는 그 납부하여야 할 우편요금등을 ◯◯²⁸⁹⁾ 납부하여야 한다.

289) 즉시

시행규칙 제103조(담보금의 반환) 요금후납계약을 해지한 경우 제98조의2에 따른 담보금은 납부하여야 할 우편요금등을 빼고 그 ◯◯²⁹⁰⁾을 되돌려주어야 한다.

290) 잔액

시행규칙 제107조(우편물의 발송) ① 특수취급이 아닌 통상우편물은 ◯◯◯²⁹¹⁾(우정사업본부장이 설치한 무인우편물 접수기기를 포함한다)에 투입하여 발송하여야 한다. 다만, 우편물의 용적이 크거나 일시 다량발송으로 인하여 우체통(우정사업본부장이 설치한 무인우편물 접수기기를 포함한다)에 투입하기 곤란한 경우와 이 규칙에서 달리 정하는 경우에는 그러하지 아니하다.
② 소포우편물과 특수취급으로 할 통상우편물은 우체국 ◯◯²⁹²⁾(우정사업본부장이 설치한 무인우편물 접수기기를 포함한다)에 이를 제출하여야 한다.
③ 제1항 및 제2항의 규정에 의하여 우편물을 발송하기 곤란한 특별한 사정이 있는 경우에는 우정사업본부장이 정하는 바에 따라 우편물 ◯◯◯²⁹³⁾에게 우편물의 발송을 의뢰할 수 있다.

291) 우체통

292) 창구

293) 집배원

시행규칙 제111조(잘못 배달된 우편물의 반환등) ① 잘못 배달된 우편물 또는 수취인이 주거를 이전한 우편물을 받은 자는 즉시 해당 우편물에 그 뜻을 기재한 ◯◯²⁹⁴⁾를 붙여 우체통에 투입하거나 우체국에 돌려주어야 한다.
② 제1항의 경우 잘못하여 그 우편물을 개봉한 자는 다시 봉함한 후 그 사유를 쪽지에 적어 붙여야 한다.

294) 쪽지

시행규칙 제112조(우편물의 조사) ① 우체국장은 업무상의 필요에 의한 관계자료로서 우편물의 봉투·포장지 또는 수취한 엽서등의 확인을 위하여 우편물 ◯◯◯²⁹⁵⁾에게 협조를 요청할 수 있다.
② 제1항의 규정에 의한 확인을 마친 경우에는 수취인에게 이를 반환하여야 한다.

295) 수취인

시행규칙 제122조의2(사서함의 사용) ① 사서함은 2인이상이 ◯◯²⁹⁶⁾으로 사용할 수 없다.
② 사서함 사용자는 계약우체국장이 정하는 기간 내에 사서함의 자물쇠 및 열쇠의 제작실비에 해당하는 금액을 납부하여야 한다.

296) 공동

③ 계약우체국장은 사서함을 관리함에 있어서 필요하다고 인정할 때에는 사서함 사용자(사용계약 신청중에 있는 자를 포함한다)의 주소·사무소 또는 사업소의 소재지를 확인할 수 있다.

시행규칙 제122조의3(사서함 사용자의 통보) ① 사서함 사용자는 다음 각 호의 어느 하나의 내용이 변경된 경우에는 지체 없이 별지 제2호서식을 작성하여 계약우체국장에게 통보하여야 한다.
1. 사서함 사용자의 성명 또는 주소 등
2. 우편물의 ○○○○[297]인

② 사서함 사용자는 다음 각 호의 어느 하나에 해당하는 경우에는 지체 없이 별지 제2호서식을 작성하여 계약우체국장에게 통보하여야 한다.
1. 사서함이 훼손된 것을 발견한 경우
2. 사서함의 ○○[298]를 잃어버린 경우

시행규칙 제123조(열쇠의 교부등) ① 계약우체국장은 사서함의 사용자에게 그 번호를 통지하고 사서함의 개폐에 사용하는 열쇠 ○[299] 개를 교부한다. 다만, 사용자의 요구가 있는 때에는 2개이상을 교부할 수 있다.
② 사서함의 사용자는 제1항에도 불구하고 계약우체국장과 협의하여 사서함의 열쇠를 직접 제작하여 사용할 수 있다.
③ 제1항 단서의 규정에 의하여 2개이상의 열쇠를 교부받고자 하는 자는 추가 개수의 열쇠○○○○[300]를 납부하여야 한다. 열쇠의 분실로 인한 추가교부의 경우에도 또한 같다.

시행규칙 제125조(사서함앞 우편물의 배달) ① 사서함의 사용자가 공공기관·법인 기타 단체인 경우에 그 ○○○○[301]에게 배달할 우편물은 당해 사서함에 배부할 수 있다.
② 사서함앞 우편물로서 등기우편물, 요금수취인부담우편물, 요금등이 미납되거나 부족한 우편물 또는 용적이 크거나 수량이 많아 사서함에 넣을 수 없는 우편물은 이를 따로 보관하고, 우편물배달증용지 또는 우편물을 따로 보관하고 있다는 뜻을 기재한 ○○[302]을 사서함에 넣어야 한다.

시행규칙 제126조의2(사서함 사용계약 해지 등) ① 계약우체국장은 사서함사용자가 다음 각 호의 어느 하나에 해당하는 때에는 사서함의 사용계약을 해지할 수 있다.
1. 사서함에 배달된 우편물을 정당한 사유없이 ○○[303]일이상 수령하지 아니한 때

[297] 대리수령
[298] 열쇠
[299] 한
[300] 제작실비
[301] 소속직원
[302] 표찰
[303] 30

2. 최근 3월간 계속하여 사서함에 배달한 우편물의 통수가 월 ☐☐³⁰⁴⁾통에 미달한 때   304) 30
3. 우편관계법령의 규정에 위반한 때
4. 공공의 질서 또는 선량한 풍속에 반하여 사서함을 이용한 때
② 제1항에 따라 계약이 해지된 사서함에 배달된 우편물은 그 해지통지를 한 날부터 ☐☐³⁰⁵⁾일 이내에 사서함을 사용하였던 자의 교부신청이 없는 때에는 발송인에게 이를 되돌려 주어야 한다.   305) 10
③ 사서함 사용자가 사서함 사용계약을 해지하려는 경우에는 별지 제2호 서식에 그 해지예정일 및 계약을 해지한 후의 우편물 수취장소 등을 기재하여 해지예정일 ☐☐³⁰⁶⁾일 전까지 계약우체국장에게 통보하여야 한다.   306) 10

시행규칙 제129조(마을공동수취함앞 우편물의 배달등) 마을공동수취함앞 우편물에 대한 배달 및 관리등은 우정사업본부장이 정하는 바에 따라 배달우체국장과 마을공동수취함을 관리하는 자와의 계약에 의하여 이를 정한다.

시행규칙 제130조(마을공동수취함의 관리수수료) 우정사업본부장은 마을공동수취함의 ☐☐☐³⁰⁷⁾에게 예산의 범위안에서 배달소요시간을 기준으로 한 실비를 수수료로 지급하여야 한다.   307) 관리인

시행규칙 제133조(고층건물우편수취함의 관리·보수) ① 건축물의 관리책임자 또는 사용자는 설치된 고층건물우편수취함이 그 사용에 지장이 없도록 이를 관리하여야 한다.
② 고층건물우편수취함이 훼손된 경우 훼손된 날부터 ☐☐³⁰⁸⁾일이내에 이를 보수하지 아니한 때에는 이를 우편수취함으로 보지 아니한다.   308) 15

시행규칙 제134조(고층건물우편수취함에 넣을 수 없는 우편물의 배달) ① 다음 각 호의 어느 하나에 해당하는 경우에는 수취인에게 직접 배달해야 한다.
1. 요금☐☐☐☐☐³⁰⁹⁾우편물   309) 수취인부담
2. 양이 많거나 부피가 커서 고층건물우편수취함에 넣을 수 없는 우편물
② 제1항 각 호 외의 특수취급우편물은 수취인에게 직접 배달하는 것을 원칙으로 하되, 등기우편물은 영 제42조제3항 단서에 따라 전자 잠금장치가 설치된 고층건물우편수취함에 넣을 수 있다.

시행규칙 제138조(손해배상청구의 취소) 우편물의 손해배상을 청구한 자가 그 청구를 취소한 때에는 우체국은 즉시 당해우편물을 ☐☐☐³¹⁰⁾에게 교부하여야 한다.   310) 청구인

북적북적 저절로 암기노트
[우편상식]

PART 5

북적북적
[Speed Check Book]

01 국내우편
02 우편물류
03 국제우편

1. 국내우편

01 총론

01 우정사업본부가 책임지고 서신 등의 의사를 전달하는 문서나 통화 그 밖의 물건을 나라 안팎으로 보내는 업무를 무엇이라고 하는가?
> 우편

02 국민의 이익을 추구하기 위해 정부가 출자·관리·경영하는 기업을 무엇이라고 하는가?
> 정부기업

03 이용자가 우편 서비스 제공을 목적으로 마련된 인적·물적 시설을 이용하는 관계를 무엇이라고 하는가?
> 우편 이용관계

04 우편 이용관계자에 해당하는 세 주체는?
> 우편관서, 발송인, 수취인

05 우편이용 계약의 성립시기는?
> 창구접수, 우체통 투함, 방문접수(집배원접수)시 영수증 교부

06 우편사업의 관장주체는?
> 과학기술정보통신부장관

07 사실상의 우편에 관한 기본법으로서 우편사업 경영 형태·우편 특권·우편 서비스의 종류·이용 조건·손해 배상·벌칙 등 기본적인 사항을 규정하고 있는 법률은?
> 우편법

08 개인이 우편창구 업무를 위임받아 운영하는 우편취급국의 업무, 이용자보호, 물품 보급 등에 대한 사항을 규정한 법령은?
> 우체국창구업무의 위탁에 관한 법률

09 국민의 우체국 이용 수요를 맞추기 위해 일반인에게 우편창구의 업무를 위탁하여 운영하게 한 사업소는?
> 우편취급국

10 우정사업의 경영 합리성과 우정 서비스의 품질을 높이기 위한 특례규정은?
> 우정사업 운영에 관한 특례법

11 우체국이 없는 지역의 주민 불편을 없애기 위해, 국가에서 위임을 받은 일반인이 건물과 시설을 마련하여 운영하는 우체국은?
> 별정우체국

12 개인이 국가의 위임을 받아 운영하는 별정우체국의 업무, 직원 복무·급여 등에 대한 사항을 규정한 법령은?
> 별정우체국법

13 아시아와 태평양 지역에 있는 우정청 간에 광범위한 협력관계를 설정하고 이를 발전시킬 것을 목적으로 창설된 국제기구는?

아시아 · 태평양우편연합(APPU)

14 APPU 회원국간의 조약으로 회원국 상호간의 우편물의 원활한 교환과 우편사업 발전을 위한 협력증진을 목적으로 체결된 것은?

아시아 · 태평양우편연합(APPU) 조약

15 누구든지 제1항과 제5항의 경우 외에는 타인을 위한 서신의 송달 행위를 업(業)으로 하지 못하며, 자기의 조직이나 계통을 이용하여 타인의 서신을 전달하는 행위를 하여서는 안된다는 우편사업의 보호규정은?

서신독점권

16 의사전달을 위하여 특정인이나 특정 주소로 송부하는 것으로서 문자 · 기호 · 부호 또는 그림 등으로 표시한 유형의 문서 또는 전단을 무엇이라고 하는가?

서신

17 우편업무를 집행 중인 우편운송원, 우편집배원과 우편물을 운송중인 항공기, 차량, 선박 등이 사고를 당하였을 때에 주위에 도움을 구할 수 있는 권한은?

운송원 등의 조력청구권

18 우편운송원, 우편집배원과 우편물을 운송중인 항공기, 차량, 선박 등이 도로의 장애로 통행이 곤란할 경우에는 담장이나 울타리 없는 택지, 전답, 그 밖의 장소를 통행할 수 있는 권한은?

운송원 등의 통행권

19 선박이 위험에 직면하였을 때 선장이 적하되어 있는 물건을 처분할 수 있는데, 이때의 손해에 대하여 그 선박의 화주전원이 적재화물비례로 공동 분담하는 것을 무엇이라고 하는가?

공동해상 손해부담

20 우편물이 전염병의 유행지에서 발송되거나 유행지를 통과할 때 등에 검역법에 의한 검역을 최우선으로 받을 수 있는 권한은?

우편물의 우선검역권

02 우편서비스 종류와 이용조건

01 국가가 국민에게 제공하여야 할 가장 기본적인 보편적 통신서비스로 전국에 걸쳐 효율적인 우편송달에 관한 체계적인 조직을 갖추어 모든 국민이 공평하게 적정한 요금으로 보내고 받을 수 있는 기본 우편서비스는?

보편적 우편서비스

02 보편적 우편서비스에 부가하거나 부수하여 제공하는 서비스로 이용자가 선택적으로 이용할 수 있는 서비스는?

선택적 우편서비스

03 우정사업본부가 약속한 우편물 배달에 걸리는 시간은?

배달기한

04 서신 등 의사전달물, 통화(송금통지서 포함), 소형포장우편물을 무엇이라고 하는가?

통상우편물

05 의사전달을 위하여 특정인이나 특정 주소로 송부하는 것으로서 문자·기호·부호또는 그림 등으로 표시한 유형의 문서 또는 전단을 무엇이라고 하는가?

서신

06 의사 전달이 목적이지만 '서신'의 조건을 갖추지 못한 것과, 대통령령에서 정하여 서신에서 제외한 통상우편물을 무엇이라고 하는가?

의사전달물

07 유통 수단이나 지불 수단으로 기능하는 화폐, 보조 화폐, 은행권 등을 무엇이라고 하는가?

통화

08 우편물의 용적, 무게와 포장방법 고시 규격에 맞는 작은 물건을 무엇이라고 하는가?

소형포장우편물

09 50g까지 규격외 엽서에 적용하는 요금은?

450원

10 문자로 기재된 수취인의 주소정보를 일정한 기준에 따라 숫자로 변환한 것은?

우편번호

11 우편물의 구분·운송·배달에 필요한 구분정보를 가독성이 높은 단순한 문자와 숫자로 표기한 것은?

집배코드

12 통상우편물 외의 물건을 포장한 우편물을 무엇이라고 하는가?

소포우편물

13 소포우편물의 최대 중량은?

30kg

14 접수에서 배달까지의 송달과정에 대해 기록하는 소포우편물은?

등기소포

15 소포우편물 방문접수의 공식 브랜드 및 업무표장은?
    우체국소포

16 방문소포 중 발송인의 요청에 따라 방문하여 접수하는 등기소포 우편물은?
    개별방문소포

17 방문소포 중 발송인과 우편관서 간 우편물 발송(수취)에 관한 별도의 계약에 따라 접수하는 소포우편물은?
    계약소포

03 우편물의 접수

01 우편물을 접수할 때 먼저 확인해야 하는 내용은?
    발송인·수취인 등 기재사항

02 검사 결과 규정에 위반된 것을 발견하였을 때 이에 대하여 누가 보완 제출하여야 하는가?
    발송인

03 통상우편물의 최소 무게와 최대 무게의 범위는?
    최소 2g ~ 최대 6,000g

04 소포우편물의 최대부피는 가로·세로·높이 세 변을 합하여 얼마까지 허용되는가?
    160cm

05 소포우편물의 최소부피는 가로·세로·높이 세 변을 합하여 얼마 이상이 되어야 하는가?
    35cm(단, 가로는 17cm 이상, 세로는 12cm 이상)

06 소포우편물의 무게는 얼마까지인가?
    30kg 이내

04 국내우편물의 부가서비스

01 우편물의 접수번호 기록에 따라 접수에서부터 받는 사람에게 배달되기까지의 모든 취급과정을 기록하며 만일 우편물이 취급 도중에 분실되거나 훼손된 경우에는 그 손해를 배상하는 제도는?
> 등기취급제도

02 다른 여러 특수취급을 위해 기본적으로 전제되어야 하는 부가서비스는?
> 등기취급

03 등기취급을 전제로 우체국장과 발송인과 별도의 계약에 따라 접수한 통상우편물을 배달하고, 그 배달결과를 발송인에게 전자적 방법 등으로 알려주는 부가취급제도는?
> 계약등기 우편제도

04 계약등기우편 중 등기취급을 전제로 부가취급서비스를 선택적으로 포함하여 계약함으로써, 고객이 원하는 우편서비스 제공하는 상품은?
> 일반형 계약등기

05 계약등기우편 중 등기취급을 전제로 신분증류 등 배달시 특별한 관리나 서비스가 필요한 우편물로 표준요금을 적용하는 상품은?
> 맞춤형 계약등기

06 계약등기우편의 계약기간은?
> 1년(1년 단위로 자동연장 가능)

07 일반형 계약등기와 맞춤형 계약등기에서 모두 가능한 부가취급 서비스는?
> 회신우편, 본인지정배달, 착불배달, 우편주소 정보제공 등(반송수수료 사전납부는 일반형 계약등기에서만 가능)

08 계약등기 우편물의 요금을 배달할 때 수취인에게서 받는 부가취급 제도는?
> 착불배달

09 발송인이 사전에 배달과 회신에 대한 상세한 사항을 계약관서와 협의하여 정한 계약등기 우편물은?
> 회신우편

10 등기취급을 전제로 우편물을 수취인 본인에게만 배달하여 주는 부가취급제도는?
> 본인지정배달

11 등기취급을 전제로 이사 등 거주지 이전으로 우편주소가 바뀐 경우 우편물을 바뀐 우편주소로 배달하고, 수취인의 동의를 받아 발송인에게 바뀐 우편주소정보를 제공하는 부가취급제도는?
> 우편주소 정보제공

12 우편물 접수 시 우편요금 반송률을 적용한 반송수수료를 합산하여 납부하는 부가취급제도는?
> 반송수수료 사전납부

13 일반형 계약등기의 요금 체계는?
> 통상요금 + 등기취급수수료 + 부가취급수수료

14 맞춤형 계약등기의 요금 체계는?

> 표준요금 + 중량 구간별 요금 + 부가취급수수료

15 상품별 서비스 수준에 맞추어 과학기술정보통신부장관 고시로 정한 요금은?

> 표준요금

16 등기번호 및 발행번호가 부여된 선납라벨을 우체국 창구 등에서 구매하여 첩부하면 창구 외(우체통, 무인우편접수기)에서도 등기우편물을 접수할 수 있도록 하는 서비스는?

> 선납 등기 라벨

17 준등기번호 및 발행번호가 부여된 선납라벨을 우체국 창구 등에서 구매하여 첩부하면 창구 외(우체통, 무인우편접수기)에서도 준등기우편물을 접수할 수 있도록 하는 서비스는?

> 선납 준등기 라벨

18 우편요금과 발행번호가 부여된 선납라벨을 우체국 창구에서 구매 후 일반통상우편물에 우표 대신 첩부하여 우편물을 접수할 수 있도록 하는 서비스는?

> 선납 일반통상 라벨

19 선납 라벨의 사용권장기간은?

> 구입 후 1년 이내

20 우편을 이용해서 현금을 직접 수취인에게 배달하는 제도로서 만일 취급하는 중에 잃어버린 경우에는 통화등기 금액 전액을 변상하여 주는 보험취급의 일종은?

> 통화등기

21 귀금속, 보석, 옥석, 그 밖의 귀중품이나 주관적으로 가치가 있다고 신고하는 것을 보험등기봉투에 넣어 수취인에게 직접 송달하고 취급 도중 분실되거나 훼손한 경우 표기금액을 배상하는 보험취급제도는?

> 물품등기

22 현금과 교환할 수 있는 우편환증서나 수표 따위의 유가증권을 보험등기봉투에 넣어 직접 수취인에게 송달하는 서비스는?

> 유가증권등기

23 우체국과 금융기관과의 계약을 통해 외국통화(현물)를 고객에게 직접 배달하는 맞춤형 우편서비스는?

> 외화등기

24 고가의 상품 등 등기소포우편물을 대상으로 하며, 손해가 생기면 해당 보험가액을 배상하여 주는 부가취급제도는?

> 보험소포(안심소포)

25 발송인이 수취인에게 어떤 내용의 문서를 언제 발송하였다는 사실을 우편관서가 공적으로 증명해 주는 우편서비스는?

> 내용증명

26 내용증명의 재증명 청구기간은?
    내용증명 우편물을 접수한 다음 날부터 3년 이내

27 수취인에게 우편물을 배달하거나 교부한 경우 그 사실을 배달우체국에서 증명하여 발송인에게 통지하는 부가취급 우편 서비스는?
    배달증명

28 당초 등기우편물을 발송할 당시에는 배달증명을 함께 청구하지 않고 발송하였으나, 사후 그 등기우편물의 배달사실의 증명이 필요하게 된 경우에 발송인이나 수취인이 우체국에 청구하는 것은?
    발송 후의 배달증명 청구

29 우체국을 방문하지 않고 인터넷으로 조회하여 프린터로 직접 인쇄하는 배달증명서비스는?
    인터넷우체국 발송 후 배달증명 서비스

30 등기취급을 전제로 수발하는 긴급한 우편물을 통상의 송달 방법보다 더 빠르게 송달하기 위하여 접수된 우편물을 약속한 시간 내에 신속히 배달하는 특수취급제도는?
    국내특급

31 당일특급의 배달기한은?
    접수한 날 20시 이내

32 익일특급의 배달기한은?
    접수한 다음 날까지

33 다른 법령에 따라 「민사소송법」이 정하는 방법으로 송달하여야 하는 서류를 내용으로 하는 등기통상우편물을 송달하고 그 송달의 사실을 우편송달통지서로 발송인에게 알려주는 부가취급 서비스는?
    특별송달

34 국민들의 일상생활에 필요한 각종 민원서류를 관계기관에 직접 나가서 발급받는 대신 우편이나 인터넷으로 신청하고 그에 따라 발급된 민원서류를 등기취급하여민원우편 봉투에 넣어 일반우편물보다 우선하여 송달하는 부가취급 서비스는?
    민원우편

35 등기취급 소포우편물과 계약등기우편물 등의 요금을 발송인이 신청할 때 납부하지 않고 우편물을 배달 받은 수취인이 납부하는 제도는?
    착불배달 우편물

05 그 밖의 우편서비스

01 전국 각 지역에서 생산되는 특산품과 중소기업 우수 제품을 우편망을 이용해 주문자나 제삼자에게 직접 공급하여 주는 서비스는?

> 우체국쇼핑

02 고객이 우편물의 내용문과 발송인·수신인 정보를 전산매체에 저장하여 우체국에 접수하거나 인터넷우체국을 이용하여 신청하면 내용문 출력과 봉투제작 등 우편물 제작에서 배달까지 전 과정을 우체국이 대신하여 주는 서비스는?

> 전자우편서비스

03 전자우편서비스와 함께 이용 가능한 부가서비스는?

> 내용증명, 계약등기, 한지(내지) 서비스

04 봉함식(소형봉투와 대형봉투) 전자우편을 이용할 때 내용문 외에 다른 인쇄물을 추가로 동봉하여 보낼 수 있는 서비스는?

> 동봉서비스

05 전자우편을 다량으로 발송할 때 봉투 표면(앞면·뒷면) 또는 그림엽서에 발송인이 원하는 로고나 광고문안(이미지)을 인쇄하여 발송할 수 있는 서비스는?

> 맞춤형 서비스

06 토요일 자 발행 조간신문과 금요일 자 발행 석간신문(주3회, 5회 발행)을 토요일이 아닌 다음주 월요일에 배달(월요일이 공휴일인 경우 다음 영업일)하는 일간신문은?

> 월요일 배달 일간신문

07 팩스(팩시밀리)를 수단으로 통신문을 전송하는 서비스는?

> 모사전송(팩스)우편서비스

08 우정사업본부에서 발행하는 우편엽서에 광고내용을 인쇄하여 광고주가 원하는 지역에서 판매하는 제도는?

> 광고우편엽서

09 개인의 사진, 기업의 로고·광고 등 고객이 원하는 내용을 신청받아 우표를 인쇄할 때 비워놓은 여백에 컬러복사를 하거나 인쇄하여 신청고객에게 판매하는 IT기술을 활용한 신개념의 우표서비스는?

> 나만의 우표

10 우편엽서에 고객이 원하는 그림·통신문과 함께 발송인과 수취인의 주소·성명, 통신문 등을 인쇄하여 발송까지 대행해 주는 서비스는?

> 고객맞춤형 엽서

11 고객맞춤형 엽서 중 우편엽서의 앞면 왼쪽과 뒷면에 고객이 원하는 내용을 인쇄하여 신청고객에게 판매하는 서비스는?

> 부가형 고객맞춤형 엽서

12 축하·감사의 뜻이 담긴 축하카드를 한국우편사업진흥원(위탁 제작처) 또는 배달우체국에서 만들어 수취인에게 배달하는 서비스는?

우체국 축하카드

13 고객이 인터넷우체국을 이용하여 발송 우편물에 해당하는 우편요금을 지불하고 본인의 프린터에서 직접 우표를 출력하여 사용하는 서비스는?

인터넷우표

14 우편물의 접수에서 배달 전(前)단계까지는 등기우편으로 취급하고 수취함에 투함하여 배달을 완료하는 제도로 등기우편으로 취급되는 단계까지만 손해배상을 하는 서비스는?

준등기 우편

15 준등기 우편의 대상은?

200g 이하의 국내 통상우편물

06 우편에 관한 요금

01 동일인이 동시에 우편물의 종류, 중량, 우편요금 등이 동일한 우편물을 다량으로 발송할 경우에 개개의 우편물에 우표를 첨부하여 요금을 납부하는 대신 일괄하여 현금(신용카드 결제 등 포함)으로 별도 납부하는 제도는?

우편요금 별납

02 우편물의 요금(부가취급수수료 포함)을 우편물을 발송할 때에 납부하지 않고 1개월간 발송 예정 우편물의 요금액의 2배에 해당하는 금액을 담보금으로 제공하고 1개월간의 요금을 다음달 20일까지 납부하는 제도는?

우편요금 후납

03 배달우체국장(계약등기와 등기소포는접수우체국장)과의 계약을 통해 그 우편요금을 발송인에게 부담시키지 않고 수취인 자신이 부담하는 제도는?

요금수취인부담

04 우편이용의 편의와 우편물의 원활한 송달을 확보할 수 있는 방법으로 발송하는 다량의 우편물에 대하여 그 요금 등의 일부를 감액하는 제도는?

우편요금 감액

05 발송인이 요금납부 후 우편의 서비스를 제공받지 못한 경우 또는 요금을 초과 납부한 경우에 요금의 반환을 청구하는 제도는?

우편요금 등의 반환청구

07 손해배상 및 손실보상

01 우편관서가 고의나 잘못으로 취급 중인 국내우편물에 끼친 재산적 손해에 대해 물어 주는 제도는?

　　　　　　　　　　　　우편물 손해배상제도

02 우편관서의 적법한 행위 때문에 생긴 손실을 보전하는 제도는?

　　　　　　　　　　　　우편물 손실보상제도

03 우정사업본부장이 공표한 기준에 맞는 우편서비스를 제공하지 못할 경우에 예산의 범위에서 교통비 등 실비의 전부나 일부를 지급하는 제도는?

　　　　　　　　　　　　이용자 실비지급제도

04 손해배상 및 손실보상의 청구권을 행사할 수 있는 기간은?

　　　　　　　　　　　　1년 이내

05 보수 또는 손실보상의 결정에 대하여 불복하는 사람이 소송을 제기할 수 있는 기간은?

　　　　　　　　　　　　통지를 받은 날부터 3개월 이내

06 이용자 실비지급제도를 이용하기 위해 해당 우체국에 신고해야 하는 기간은?

　　　　　　　　　　　　사유가 발생한 날부터 15일 이내

08 그 밖의 청구와 계약

01 우편물이 배달되기 전에 발송인이나 수취인이 수취인의 주소나 성명을 바꾸려고 하는 경우 우편관서에 요청하는 청구는 무엇인가?

　　　　　　　　　　　　수취인의 주소·성명의 변경청구

02 발송인이 우편물을 보낸 후, 그 우편물이 배달되지 않아야 하는 이유가 생겼을 때 우편관서에 요청하는 청구는 무엇인가?

　　　　　　　　　　　　우편물 반환 청구

03 수취인 청구에 의한 주소변경 시의 취급 수수료는?

　　　　　　　　　　　　등기취급수수료

04 교통 불편 등의 이유로 일반적인 방법으로 접근하기 어려운 지역으로 배달하는 우편물로서 배달우체국의 창구에서 보관한 후 수취인에게 내어주는 우편물은?

　　　　　　　　　　　　보관우편물

05 신청인이 우체국장과 계약을 하여 우체국에 설치된 우편함에서 우편물을 직접 찾아가는 서비스는?

　　　　　　　　　　　　우편사서함

06 사서함 사용계약 우체국장은 사서함에 배달된 우편물을 정당한 사유 없이 얼마간 수령하지 않을 경우에 사용계약을 해지할 수 있는가?

　　　　　　　　　　　　30일 이상

07 사서함 사용자가 사서함의 사용을 해지하려 할 때에는 언제까지 계약우체국에 통보해야 하는가?

해지예정일 10일 전

2. 우편물류

01 우편물류

01 우편물의 접수부터 배달까지의 전반적인 처리 과정을 무엇이라고 하는가?
　　　우편물의 일반취급

02 우편물의 발송순서는?
　　　특급우편물 → 일반등기우편물 → 일반우편물

03 작업을 쉽게 하기 위하여 여러 형태의 우편물을 함께 넣는 경우 적재순서는?
일반소포 → 등기소포 → 일반통상 → 등기통상 → 중계우편물

04 행선지별로 구분한 우편물을 효율적으로 운송하기 위하여 운송거점에서 운송용기(우편자루, 우편상자, 운반차 등)를 서로 교환하거나 중계하는 작업은?
　　　우편물의 교환

05 우편물(운송용기)을 발송국에서 도착국까지 운반하는 것을 무엇이라고 하는가?
　　　우편물의 운송

06 우편물 운송의 1순위는?
　　　당일특급우편물, EMS우편물

07 물량의 증감에 따라 정기운송편 이외 방법으로 운송하는 것은?
　　　임시운송

08 우편물의 일시적인 폭주와 교통의 장애 등 그 밖의 특별한 사정이 있다고 인정되는 경우에는 우편물의 원활한 송달을 위하여 전세차량·선박·항공기 등을 이용하여 운송하는 것은?
　　　특별운송

09 집배국에서 근무하는 집배원이 우체통에 투입된 우편물을 지정한 시간에 수집하고, 우편물에 표기된 수취인(반송하는 경우에는 발송인)의 주소지로 배달하는 우편서비스를 무엇이라고 하는가?
　　　집배

10 배달의 우선순위 중 제1순위에 해당하는 우편물은?
　　　기록취급우편물, 국제항공우편물

11 수취인이 장기부재신고서에 15일 이내로 돌아올 날짜를 미리 신고한 경우의 배달 방법은?
　　　돌아올 날짜의 다음날에 배달

12 등기취급 우편물 중 맞춤형 계약등기(외화 제외)의 배달방법은?
　　　3회 배달, 2일 보관 후 반송

13 국제특급 우편물은 어떤 우편물에 준하여 배달 처리하는가?

　　　　　　　　　　　　　당일특급

14 우체국 축하카드 및 온라인환은 어떤 우편물에 준하여 배달처리하는가?

　　　　　　　　　　　　　익일특급

3. 국제우편

01 국제우편 총설

01 국가 또는 그 관할 영토의 경계선을 넘어 상호간에 의사나 사상을 전달, 매개하거나 물건을 송달하는 제도를 무엇이라고 하는가?

    국제우편

02 우편수요의 증가와 이용조건 및 취급방법의 상이함에서 오는 불편 등을 해소하기 위하여 결성한 범세계적인 국제우편기구는?

    만국우편연합(UPU)

03 국제우편 서비스를 관장하기 위한 최초의 국제협약은?

    1874 베른 조약

04 만국우편연합의 조직 중 우편에 관한 정부정책 및 감사 등과 관련된 사안을 담당하는 상설기관은?

    관리이사회(CA)

05 만국우편연합의 조직 중 우편업무에 관한 운영적, 상업적, 기술적, 경제적 사안을 담당하는 상설기관은?

    우편운영이사회(POC)

06 만국우편연합의 조직 중 연합업무의 수행, 지원, 연락, 통보 및 협의기관으로 기능하는 상설기관은?

    국제사무국(IB)

07 만국우편연합의 기준화폐로 사용되는 국제통화기금(IMF)의 국제준비통화는?

    SDR(Special Drawing Right)

08 만국우편연합의 공용어는?

    프랑스어

09 한국과 필리핀이 공동 제의하여 1961년 1월 23일 마닐라에서 한국, 태국, 대만, 필리핀 4개국이 협약에 서명함으로써 창설된 국제우편기구는?

    아시아·태평양우편연합(APPU)

10 아·태지역의 우편업무 개선·발전을 위한 우정직원 훈련을 목적으로 1970년 9월 10일에 4개국(우리나라, 태국, 필리핀, 대만)이 유엔개발계획(UNDP)의 지원을 받아 창설한 지역훈련센터는?

    아시아·태평양우정대학(APPC)

11 국제통상우편물 중 서장과 소형포장물의 무게 한계는?

    2kg

12 국제통상우편물을 취급속도에 따라 구분할 때 우선적 취급을 받으며 최선편으로 운송되는 우편물은?

    우선취급우편물

13 우정당국 간에 교환하는 소포를 무엇이라고 하는가?

　　　　　　　　　　　　　　　　국제소포우편물

14 2kg 이하 소형물품의 해외배송에 적합한 우편서비스로 우체국과의 계약을 통해 이용하는 전자상거래용 국제우편서비스는?

　　　　　　　　　　　　　　　　K-Packet

15 서류와 상품의 우편으로써 실물 수단에 따른 국제우편물 중 다른 우편물보다 최우선으로 취급하는 가장 신속한 우편업무는?

　　　　　　　　　　　　　　　　국제특급우편물(EMS)

16 30kg 이하 물품의 해외 다량발송에 적합한 서비스로서 우체국과 계약하여 이용하는 전자상거래 전용 국제우편서비스는?

　　　　　　　　　　　　　　　　한중 해상특송서비스

17 한·중 해상특송서비스의 운송수단은?

　　　　　　　　　　　　인천-위해(威海)를 운항하는 여객선 및 화물선

18 국제통상우편물 중 특정인에게 보내는 통신문을 기록한 우편물은?

　　　　　　　　　　　　　　　　서장(Letters)

19 국제통상우편물 중 항공통상우편물로서 세계 어느 지역이나 단일요금으로 보낼 수 있는 국제우편 특유의 우편물은?

　　　　　　　　　　　　　　　　항공서간(Aerogramme)

20 국제통상우편물 중 종이, 판지나 일반적으로 인쇄에 사용되는 재료에 접수국가 우정당국이 인정한 방법에 따라 여러 개의 동일한 사본으로 생산된 복사물은?

　　　　　　　　　　　　　　　　인쇄물(Printed papers)

21 국제통상우편물 중 소형으로 무게가 가벼운 상품이나 선물 등 물품을 그 내용으로 하는 것은?

　　　　　　　　　　　　　　　　소형포장물(Small packet)

22 국제통상우편물 중 시각장애인이나 공인된 시각장애인기관에서 발송하거나 수신하는 경우에 해당하며, 녹음물, 서장, 시각장애인용 활자를 표시한 금속판을 포함하는 것은?

　　　　　　　　　　　　　　시각장애인용 우편물(Items for the blind)

23 국제통상우편물 중 동일인이 동일수취인에게 한꺼번에 다량으로 발송하고자 하는 인쇄물 등을 넣은 우편자루를 한 개의 우편물로 취급하는 것은?

　　　　　　　　　　　　　　　　우편자루배달 인쇄물(M-bag)

24 우편자루배달 인쇄물(M-bag)의 제한무게는?

　　　　　　　　　　　　　　　　10kg 이상 30kg까지

25 국제소포우편물 중 내용품을 보험에 가입하여 만일 내용품의 전부나 일부가 분실·도난·훼손이 된 경우에는 보험가액 한도 내에서 실제로 발생된 손해액을 배상하는 소포는?

　　　　　　　　　　　　　　　　보험소포

26 국제소포우편물 중 우편업무와 관련하여 만국우편협약 제7조제1.1항에서 정한 기관 사이에서 교환하는 것으로서 모든 우편 요금이 면제되는 소포는?

    우편사무소포

27 국제소포우편물 중 전쟁 포로에게 보내거나 전쟁 포로가 발송하는 우편소포 및 「전쟁 포로의 대우에 관한 1949년 8월 12일의 제네바협약」에서 규정한 민간인 피억류자에게 보내거나 민간인 피억류자가 발송하는 우편소포는?

    전쟁 포로 및 민간인 피억류자 소포

02 국제우편물 종별 접수요령 ~ 07 국제우편물 및 국제우편요금의 반환

01 국제우편물의 우편이용관계 발생 시점은?

    우편물의 접수

02 국제우편물의 일반적인 접수 방법은?

    우편물의 우체통 투함 또는 우체국 접수

03 우편자루배달인쇄물(M bag)의 국명표와 송달증에 어떤 표시를 하는가?

    M

04 보험소포우편물의 보험가액을 표시하는 화폐 단위는?

    원(Won)화

05 EMS의 보험취급 한도액은?

    4,000 SDR(7백만원)

06 EMS프리미엄의 보험취급 한도액은?

    5천만원

07 우편물 접수시 발송인의 청구에 따라 우편물을 수취인에게 배달하고 수취인으로부터 수령 확인을 받아 발송인에게 통지하여 주는 제도는?

    배달통지

08 국제우편요금의 구성내용은?

> 국내취급비 + 운송요금 + 도착국 내에서의 취급비

09 한 사람이 한 번에 같은 우편물(동일무게)을 보낼 때에 우편물 외부에 'POSTAGE PAID' 표시를 하여 발송하고 우편요금은 우표첩부 없이 별도로 즉납하는 제도는?

> 국제우편요금의 별납

10 국제우편물의 요금(특수취급수수료 포함)을 우편물을 접수할 때에 납부하지 않고 발송우체국의 승인을 얻어 1개월 간 발송예정 우편물 요금액의 2배에 해당하는 금액을 담보금으로 제공하고 1개월 간의 요금을 다음달 20일까지 납부하는 제도는?

> 국제우편요금의 후납

11 우편물을 외국으로 발송하는 자가 국내 배달우체국과 계약을 체결하여 회신요금을 자신이 부담할 수 있도록 하는 제도는?

> 국제우편요금 수취인부담(IBRS)

12 외국에서 도착된 IBRS 우편물은 국내우편물 중 무엇에 준하여 배달하고 요금을 징수하는가?

> 국내우편요금 수취인부담

13 인터넷쇼핑몰 등을 이용하는 온라인 해외거래 물량 증가에 따라 늘어나는 반품 요구를 충족하기 위해 기존의 국제우편 요금수취인부담제도를 활용하여 반품을 수월하게 하는 제도는?

> 해외 전자상거래용 반품서비스(IBRS EMS)

14 수취인에게 회신요금의 부담을 지우지 아니하고 외국으로부터 회답을 받는데 편리한 제도는?

> 국제회신우표권

15 발송인이나 수취인의 청구에 따라 국제우편물의 행방을 추적 조사하고 그 결과를 청구자에게 알려주는 제도는?

> 행방조사청구제도

16 행방조사청구제도의 청구대상 우편물은?

> 등기우편물, 소포우편물, 국제특급우편물

17 행방조사 결과 우편물의 분실 및 파손 등으로 발송인 또는 수취인이 재산상으로 손해를 입은 것으로 확정 되었을 때 일정한 조건과 규정에 따라 손해를 보전하는 제도는?

> 국제우편 손해배상제도

18 국제우편 등기우편물이 분실, 전부 도난 또는 전부 훼손된 경우의 배상금액은?

> 52,500원 범위 내의 실손해액과 납부한 우편요금(등기료 제외)

19 국제우편 등기우편낭 배달 인쇄물이 일부 도난 또는 일부 훼손된 경우의 배상금액은?

> 262,350원 범위 내의 실손해액

20 국제우편 보통소포우편물이 일부 분실·도난 또는 일부 훼손된 경우의 배상금액은?

> 70,000원에 1kg당 7,870원을 합산한 금액범위 내의 실손해액

21 국제우편 보험서장 및 보험소포우편물이 분실, 전부 도난 또는 전부 훼손된 경우의 배상금액은?

> 보험가액 범위 내의 실손해액과 납부한 우편요금(보험취급수수료 제외)

22 내용품이 서류인 국제특급우편물이 분실된 경우의 배상금액은?

> 52,500원 범위 내의 실손해액과 납부한 국제특급우편요금

23 국제우편물 반환의 청구권자는?

> 발송인

24 접수우체국 발송 전 수취인 주소·성명 변경 청구와 우편물 반환청구 수수료는?

> 무료

25 접수우체국 발송 후 수취인 주소·성명 변경 청구와 우편물 반환청구 수수료는?

> 국내등기취급수수료

26 납부한 국제우편요금에 상응하는 역무를 이용자에게 제공하지 아니하였을 때 제한된 범위 내에서 청구에 의해 요금을 환불하는 것을 무엇이라고 하는가?

> 국제우편요금의 반환청구

27 국제우편요금 반환청구의 청구기한은?

> 우편물을 발송한 다음날로부터 기산하여 1년 이내

28 부가취급 국제우편물의 국제우편요금 등을 받은 후 우편관서의 과실로 부가취급을 하지 아니한 경우 국제우편요금 반환액은?

> 부가취급 수수료

29 행방조사청구에 따른 조사결과 우편물의 분실 등이 우편관서의 과실로 발생하였음이 확인된 경우 국제우편요금 반환액은?

> 행방조사청구료

에듀콕스(educox)는 책에 관한 소재와 원고를 설레는 마음으로 기다리고 있습니다.
책으로 만들고 싶은 좋은 소재와 기획이 있으신 분은 이메일(educox@hanmail.net)로 간단한 개요와 취지, 연락처 등을 보내주시면 됩니다.

북적북적
저절로 **암기노트 우편상식**

초판발행 2023년 3월 30일

편 저 자 이종학

발 행 인 이상옥

발 행 처 에듀콕스(educox)

출판등록번호 제25100-2018-000073호

주   소 서울시 관악구 신림로23길 16 일성트루엘 907호
경기도 안양시 석수로40 1동 1303호

팩   스 02)6499-2839

홈페이지 www.educox.co.kr

이 메 일 educox@hanmail.net

저자와의
협의하에
인지생략

이 책에 실린 내용에 대한 저작권은 에듀콕스(educox)에 있으므로 함부로 복사·복제할 수 없습니다.

정가 16,000원
ISBN 979-11-90377-86-7